国家社科基金
后期资助项目
GUOJIA SHEKE JIJIN HOUQI ZIZHU XIANGMU

能源环境
一般均衡分析

General equilibrium analysis of energy and
environment policies

鲁传一 著

中国财经出版传媒集团
经济科学出版社
Economic Science Press

国家社科基金后期资助项目
出版说明

　　后期资助项目是国家社科基金设立的一类重要项目，旨在鼓励广大社科研究者潜心治学，支持基础研究多出优秀成果。它是经过严格评审，从接近完成的科研成果中遴选立项的。为扩大后期资助项目的影响，更好地推动学术发展，促进成果转化，全国哲学社会科学规划办公室按照"统一设计、统一标识、统一版式、形成系列"的总体要求，组织出版国家社科基金后期资助项目成果。

全国哲学社会科学规划办公室

前　言

　　本书是国家社会科学基金后期资助项目的研究成果，是在作者参与和承担的国家自然科学基金重大项目、国家科技部"十一五""十二五"攻关课题、国家科技部"973"科技支撑项目、清华大学亚洲研究中心资助课题、清华大学低碳经济研究院资助课题、世界银行资助项目、美国能源基金会资助项目等项目和课题的研究成果基础上提炼而成的。

　　本书主要从理论和应用上探讨可计算一般均衡（CGE）模型方法及其在能源环境领域的应用。在介绍一般均衡模型原理和方法及其在国内外的应用进展基础上，分别建立了我国多部门动态可计算一般均衡模型和我国多区域、多部门动态可计算一般均衡模型。接着，基于最新的数据，应用所建立的 CGE 模型分别模拟分析了国际油价上涨、征收碳税、能源技术转移、可再生能源投资增加和我国西部开发投资增加等对我国经济增长和产业转型的影响。

　　本书可为我国有关能源、环境问题的理论和实证分析提供理论和方法参考；对于相关热点问题的深入研究和定量分析，可为人们充分认识这些问题的经济影响，提供理论依据和数量经济分析的结果。

　　对于本书中可能出现的错误和不足之处，敬请各位读者，特别是相关领域的专家、学者、政策研究和咨询界的同仁提出宝贵的意见和建议。

　　最后，向所有对本书的出版提供支持和帮助的领导、专家和同事，表示衷心的感谢。

鲁传一

2018 年 7 月　于北京清华园

目　　录

第 1 章　绪　　论

可计算一般均衡模型，英语名为 Computable general equilibrium model，简称 CGE 模型。自挪威经济学家约翰森（Johansen）在 1960 年建立第一个 CGE 模型以来，经过半个多世纪的发展和应用，CGE 模型在发达国家和发展中国家、在多个领域都获得了广泛的应用。

CGE 模型被广泛用来研究税收、贸易、环境保护、收入分配、发展战略等方面的问题。从 20 世纪 80 年代起，CGE 模型已经被认可为非常有效的政策分析工具。20 世纪 90 年代开始，我国有一些学者开始应用 CGE 模型研究中国经济问题。

本章首先简单介绍 CGE 模型的一些基本知识，接着综述近年来 CGE 模型在国内外一些主要领域的应用情况，再介绍 CGE 模型在国内的应用情况，最后介绍本书的主要内容。

1.1　CGE 模型发展简介

CGE 模型是应用政策分析的重要模型类别。一般认为，在市场经济或混合经济条件下，可计算一般均衡模型是进行宏观经济政策定量化分析的最合适的工具之一。CGE 模型具有一致的理论基础和灵活的模型框架，可以对现实经济进行多方面的综合描述，同时当今快速发展和应用的计算机技术，使 CGE 模型不同于以往的任何一类经济模型，具有广泛的应用优势。

CGE 模型的发展基于瓦尔拉斯（Walras）的一般均衡理论。1874 年，瓦尔拉斯在《纯粹经济学要义》中提出了一般均衡的理论模型，用抽象的数学语言表述了一般均衡的思想。1936 年，列昂惕夫（Leontif）首次引入了投入产出模型，并假定成本是线性的、技术系数是固定的。不过，这些理论一般均衡模型解的存在性至此时还没有得到解决。20 世纪 50 年代由阿罗（Arrow）、阿罗和德布鲁（Arrow and Debru，1954）证明了理论一般均衡模型解的存在性、唯一性、优化性和稳定性。此时，尽管理论一般均衡模型的研究取得了进步，但是要将其应用于实际问题，还需解决相应模型解的算法问题。

挪威经济学家约翰森（Johansen）在1960年建立第一个CGE模型。在他的模型中包括了20个成本最小化的生产部门和一个效用最大化的家庭部门，价格在其中起了很重要的作用，影响消费者和生产者决策。他利用挪威的投入产出数据对挪威的经济增长作了量化的和多部门的描述。

在约翰森的贡献之后，CGE模型的应用研究进入一段平淡期，直到20世纪70年代才有较大的发展。在这段时期内，大规模计量经济模型得到发展和应用。与CGE模型相比，计量经济模型更关注时间序列分析，而忽视经济理论，但它仍具有广泛的应用性，也可以在动态框架下分析结构滞后的问题，即分析某一年的一些外生变量变动如何影响下一年内生变量的变动。

在20世纪60年代虽然CGE模型的应用研究较少，但是在一般均衡的理论研究方面取得了发展。1967年斯卡夫（Scarf）研制了一种开创性的算法，用于对数字设定的一般均衡模型进行求解。斯卡夫关于均衡价格开创性的算法使得一般均衡模型从纯理论结构转化为可计算的实际应用模型成为可能，并大大地促进了大型实际CGE模型的开发和应用。就其算法本身来讲，斯卡夫算法并没有约翰森算法或牛顿－拉夫逊（Newton－Raphson）算法及欧拉（Euler）算法简单，但斯卡夫的工作很有启发性。他认为投入产出表数据给出了一个初解，从这个初解出发一定可以求解方程，进而分析诸如税收、关税等政策变动的影响，从而把模型应用到实际层面。

20世纪70年代石油冲击使西方许多国家都陷入了巨大的困境，并对国际货币体系产生重大影响，需要对油价大幅上涨产生的经济影响进行分析。由于计量经济模型依赖于过去稳定的石油价格的数据，所得出的回归系数非常小，但事实上石油冲击引发了20世纪30年代以来最严重的经济衰退。20世纪70年代世界经济遭受诸如能源价格上涨、实际工资水平迅速提高、环境问题日益严峻等一系列的冲击，而原有的经济计量模型由于缺乏严格理论设定、不能对此类问题提供有效模拟方法，因此人们将注意力转向CGE模型的应用研究。CGE模型分析与之前其他模型的不同之处在于，它考虑经济主体对价格变动的反应，比如因为价格上升，消费者可能寻找替代品或改变偏好，厂商可能会改变生产计划，等等。一个好的

CGE 模型会很好地刻画这些特征，虽然可能也会有误差，但不会出现计量经济模型的纯粹依赖过去数据的情况。

20 世纪 80 年代后，一般均衡理论在阿罗和德布鲁体系的基础上进一步发展，引入了信息理论、交易费用、区位选择等概念，或更加抽象化，引入更一般的分配机制和激励机制问题。

在模型的数据处理方面，先是发展了斯卡夫算法。但斯卡夫算法求解模型规模较小，难以应对较大的模型和差异较大的均衡解。为了解决这个问题，发展了牛顿迭代法。牛顿迭代法具有较快的收敛速度，比较适用于较大规模的模型和方程组的求解。20 世纪 80 年代后期起，随着 CGE 求解算法的成熟和计算机的迅速普及，基于各种算法的软件求解包陆续面市，例如由世界银行开发的一般数学规划模型系统（The General Algebraic Modeling System，简称 GAMS）、澳大利亚莫纳什大学（Monash University）开发的一般均衡建模软件系统（General Equilibrium Modelling PACKage，简称 GEMPACK）。

20 世纪 90 年代以来，CGE 模型领域最重要的发展是全球贸易分析模型（Global Trade Analysis Project model，简称 GTAP）在世界范围内的广泛应用。它是美国普渡大学（Purdue University）汤姆·赫特尔（Tom Hertel）及其同事共同合作的成果。通过使用全世界数以百计的研究人员所提供的投入产出数据以及其他数据，该模型构建了一个包括 50 多个国家和地区、60 多种产品的多国模型。该模型理论上基于澳大利亚的奥拉尼模型（ORANI model），在许多操作上，使用了澳大利亚政策研究中心肯·皮尔森（Ken Pearson）及其同事的 GEMPACK 软件。GTAP 模型如今已被广泛应用于自由贸易协定的分析中，CGE 模型也成为很多国家政策分析的工具。

近 20 年来，人们在提高模型质量、扩大模型规模、改进建模和计算方法以及实现模型由比较静态向跨时动态发展等方面的研究取得了一些新的进展。现在，世界上多数发达国家和发展中国家都已经建立了自己的 CGE 模型。这些模型在分析宏观公共政策、微观产业政策、国际贸易政策以及对国民经济进行动态模拟方面，显示出明显优越性。特别是在能源、环境及气候变化等政策分析方面的应用效果非常明显。

在世界银行、国际货币基金组织、世界劳工组织和国际粮农组织的大力推广之下，CGE 模型被应用于许多政策问题，如宏观结构调整、资本流动、农业发展和工业化、贸易自由化和区间贸易、税收政策、劳动力转移和城镇化问题、收入分配和福利效应政策、环境政策、能源政策等问题的分析，并逐渐成为应用政策分析模型的主流。

在国际组织的引领下，CGE 模型广泛应用于各种问题的分析，包括分析税收、公共消费和社保支付、关税和其他国际贸易干预、环境政策、技术进步、国际商品价格和利率、工资设定和工会行为，以及资源探明储量和可开采量等变动对于宏观变量、产业变量、区域变量、劳动力市场、收入分配以及环境等的影响。

可计算一般均衡模型在世界范围内得到广泛而迅速的开发和应用，主要原因在于 CGE 模型是投入产出模型和线性规划模型的结合和完善。这主要表现为 CGE 模型通过引入经济主体（agents）的优化行为，刻画了生产之间的替代关系和需求之间的转换关系，用非线性函数取代了传统的投入产出模型中的许多线性函数。另一原因在于 CGE 模型在传统的投入产出均衡的基础上，引入了价格，通过价格激励发挥作用的市场机制和政策工具，从而将生产、需求、国际贸易和价格有机地结合在一起，以刻画在一定经济条件下，不同产业生产者、不同产品消费者对由一定政策冲击所引致的相对价格变动的反应。

一般均衡分析的特点在于全面考察一个经济系统中各种商品和生产要素之间的供给和需求关系。即由于供求关系不均衡将导致价格的变动，从而促使供求趋向均衡的运动过程。

一般均衡与局部均衡的区别在于局部均衡分析考察单一的市场，除了所研究的商品和要素价格外，其他商品和要素的价格都是固定的。而一般均衡分析中，所有商品和要素的价格都是变量，所有商品和要素的市场都必须出清。二者的区别并不在于引用的模型变量数量的多少和规模的大小。

在现实经济生活中，均衡是相对的，不均衡才是绝对的、普遍的。均衡总是不均衡状态的度量基础。因此，CGE 模型被广泛用于灵敏度分析，特别用来研究外生政策变化对经济系统的影响。

1.2 CGE 模型的应用

经过 50 多年的发展，CGE 模型已经被广泛应用于世界各国特别是发展中国家的宏观经济政策分析和研究，并逐步成为应用经济学的一个重要分支，为各国政府部门制定政策提供了有力的分析工具。国内外 CGE 模型的应用大致可分为以下几个方面：一是，宏观公共政策，如税收政策、货币金融政策等；二是，经济部门政策，如水资源政策、矿产资源政策、能源环境政策、科技政策、结构调整政策等；三是，国际贸易政策，特别是在关税和非关税贸易壁垒政策上的应用；四是，其他经济改革以及经济发展政策的研究，如人口和收入分配、社会保障等政策的各种深层次分析，以及对政策变化效果的模拟、外生冲击对经济系统和产业部门的影响和情景预测等。

1.2.1 国际贸易政策

20世纪80年代开始，全球化逐步成为经济发展的主要趋势，任何一个开放的国家，都不可避免地参与到全球化的进程中。按照大卫·李嘉图的比较优势理论和赫克歇尔—俄林的国际贸易模型，每一个国家都有其各自的比较优势和劣势，因此，各国参与到全球化的分工与合作，根据各自的资源禀赋状况，按照比较优势原则合理安排国内的生产和贸易，就可以实现资源的最优配置，增进社会福利，从而在国际贸易自由化中获益。然而，众多发展中国家参与全球化的实践经验表明，事实结果可能并非如此。更多的人逐渐意识到自由贸易可能是一把双刃剑，它一方面在促进发展中国家的优势产业发展的同时，另一方面也可能使发展中国家的国内工业产品和服务业牢牢地被发达国家所控制，从而使发展中国家的贸易条件恶化，并为发达国家的剥削提供便利。在国际贸易中，贸易规则起着至关重要的作用。如何在谈判中形成有利于各自的政策环境和制度，成为各国在贸易谈判中争论的焦点。在贸易谈判过程中，各个国家都普遍感觉到，必须有一种分析工具，能够全面评估各项贸易制度对自身的冲击程度，以此来增强对自身谈判依据的衡量。由于CGE模型的自身优势，各国几乎不约而同地建立起了自身的CGE模型，以支撑对自身谈判立场的分析。因此，运用CGE模型估计贸易自由化的经济影响是成为其应用的一个最为主要的方面。

估计和分析贸易自由化的条件对经济的影响，是CGE模型一个主要的应用领域。20世纪90年代，在世界银行和其他国际组织的推动下，有许多研究分析和估计了有关乌拉圭回合贸易自由化的影响，这些研究通常采用多区域的CGE模型分析乌拉圭回合的全球影响。也有一些研究运用CGE方法着重分析中国加入世界贸易组织（World Trade Organization，简称WTO）的影响。

在贸易领域的CGE模型中，澳大利亚的ORANI模型是一个大规模的单国贸易模型，它包括了113个部门、115个国内商品类别及相等数量的进口商品类别、9类劳动力和7类农业土地和113类资本，成为国际贸易模型的样本。

　　普渡大学开发的多国贸易模型（Global Trade Analysis Project，简称 GTAP）是 CGE 模型研究应用领域的重要发展，主要应用于全球贸易问题的分析。GTAP 项目组雇请了全球近 400 多名经济学家建立了 87 个国家和地区的 CGE 模型，每个模型均通过贸易与要素流动互相连接。目前该模型保持着世界上最大规模的世界贸易数据库，以 GTAP 模型为框架以及与其相链接的各国子模型已被广泛地应用于世界各国的贸易政策分析之中。

　　国内 CGE 模型的应用虽晚于国外，但发展很快。在贸易领域，王直等（1997）运用动态递推可计算一般均衡模型，就中国加入世贸组织对世界劳动密集产品市场与美国农业出口的影响进行了分析。李雪松（2000）参与了中国社会科学院数量经济与技术经济研究所同荷兰中央计划局合作，研制了一个中国经济多部门动态的 CGE 模型，模拟了加入 WTO 对中国经济影响。刁（X. Diao，2002）也曾采用 CGE 模型就中国加入 WTO 对中国农业和农村居民收入的影响进行了分析。研究结果显示，如果仅有农业自由化，那么中国的农业部门将会受损；如果同步取消农业和非农业贸易壁垒，则从全国整体上而言，居民的整体福利将有所增加，但是农村居民收入增长水平将低于城镇居民，欠发达地区的农民甚至会严重受损，这意味着城乡居民收入差距将进一步扩大。樊明太等（2005）应用中国农业 CGE 模型，就中国在 WTO 后过渡期进一步的贸易自由化对经济和粮食安全的影响进行了模拟和分析。孟猛等（2015）利用可计算一般均衡模型对东亚地区不同形式自由贸易区的经济影响进行比较分析。

　　涂涛涛（2014）基于中国 CGE 模型，解析了劳动力市场分割对中国农产品贸易自由化福利效应的影响。研究表明，劳动力市场分割诱发的资源配置扭曲会对生产效率造成负面冲击，并导致劳动力、资本和土地要素收益率的下降；在资源配置扭曲的情形下，降低农产品关税的贸易自由化政策将导致国民福利损失，并加剧中国农村和城市居民的收入分化。提升劳动者人力资本、消除户籍制度等制度性障碍有助于国民福利的增进与收入差距的缩小。

　　董婉璐等（2014）利用改进的全球贸易分析模型 GTAP，全面分析了中国在 2010 年对非洲 26 个最不发达国家减免进口关税的经济影响。中国对非洲最不发达国家减免进口关税是中国政府加强中非经贸合作的重要举措。研究发现，中国对非洲国家降低进口关税将促进非洲国家的经济增长，并提高其经济福利；减让关税对中国从非洲国家的进口有非常积极的促进作用；非洲国家不同产业部门所受到的经济影响取决于关税减让幅度和对中国市场的依赖程度。中国需考虑贸易政策以外,加大双边投资和技术合作。

李继峰等（2012）以发达国家对我国出口品征收碳关税为例,基于CGE 模型定量分析国际贸易绿色壁垒对我国经济的影响。美、欧发达国家为促进本国绿色产业发展,以"碳关税"为突破口,在国际贸易中试图设置绿色壁垒。研究表明,碳关税对我国实体经济的影响要小于对名义价格水平的影响;对高耗能产品出口抑制作用明显,而对高附加值产品出口影响很小,甚至会有刺激作用。

陈虹等（2015）基于CGE 模型分析了"一带一路"倡议的国际经济效应。中国与"一带一路"辐射国家和地区展开投资贸易合作,解决投资贸易便利化问题,消除投资和贸易壁垒,共同商建自由贸易区是"一带一路"建设的重点内容。结果表明,中国与"一带一路"沿线国家和地区建成自由贸易区后,参与"一带一路"各国的GDP 增长率、进出口总额均将有不同程度提高;参与"一带一路"各国的贸易平衡趋于稳定而中国贸易顺差进一步扩大;中国的福利、贸易条件得到明显改善。

魏巍贤（2017）基于单一国家和多国的动态CGE 模型,研究了人民币汇率双向波动对中国及世界经济的影响。随着人民币国际化进程的加快,人民币汇率波动的国际效应进一步加强。该研究基于全球贸易分析项目（GTAP）数据库和中国2012 年投入产出表,分别模拟了2016～2030年人民币持续贬值和先贬值后升值的两种情景,并从物价水平、国际贸易、经济总量、行业产出等多个方面分析了人民币汇率变动对中国及世界主要经济体的影响。

1.2.2　宏观公共政策

CGE 模型在宏观公共政策分析中的主要应用,在于税收政策的分析。财政政策和收入分配是CGE 模型的另一个重要研究领域。在市场化国家里,税收政策经常被视为政府调控经济的重要手段。由于财政税收制度及税率的变化不仅影响国家财政收支平衡,而且税收变化还会影响价格,并且通过价格体系把冲击传递到经济系统的各个部分,这使得局部均衡模型很难描述这种错综复杂的关系。各国进行财政税收制度改革的原因大致有两种:一是调节税负在生产部门间分布,促进经济增长;二是通过税收调节居民间的收入分配,促进社会的公平与稳定。因此,税制改革的CGE模型多以经济增长、收入分配和社会福利等作为财政税收政策分析的主要方面。

20 世纪 50 年代，一般均衡理论被引入财政税收研究领域，形成现代税收一般均衡分析的基本模式。此后，国外学者纷纷建立了许多著名的理论和应用税收 CGE 模型。这些模型的发展进程，可以划分为 3 个阶段：

（1）应用一般均衡模型（AGE, Applied General Equilibrium Model）阶段

该阶段的突出代表为美国经济学家阿伯格（Harberger），他于 1962 年建立了用于分析美国公司所得税税负分布的两部门、两要素应用一般均衡模型。该模型被认为开创了一般均衡模型在税收管理领域中应用，但由于受计算理论与计算技术的局限，该发展阶段建立的税收模型一般都采用线性逼近求解方法，不但造成较大误差，而且限制了模型规模扩大，难以用来分析复杂的税收管理问题。

（2）可计算一般均衡（CGE）模型阶段

20 世纪 60 年代，由于经济学家对一般均衡模型解的存在性、唯一性、最优性和稳定性研究的进步，先后出现了斯卡夫算法和默锐（Merril）算法，放松了计算约束条件，节约了计算时间和成本。同时由于计算机技术的进步，使得一般均衡的计算过程更加容易实现，为 CGE 模型的计算在理论上和实现手段上扫清了路障。该阶段荷兰、西班牙、英国、美国等西方发达国家纷纷建立了财税金融税收的 CGE 模型。

（3）大规模可计算一般均衡（CGE）模型阶段

20 世纪 80 年代至今，随着计算机技术的飞速发展，新的功能更强大的计算程序不断出现。其中使用得比较广泛的有通用数学建模系统（GAMS）、一般均衡建模工具包（GEMPACK）和一般均衡数学编程系统（MPSGE）。这些计算工具的出现，极大地促进了税收 CGE 模型的发展。这个阶段的税收 CGE 模型的特点是：规模巨大，描述细致，有由静态模型向动态模型、由单国模型向多国模型发展的明显趋势。

自 20 世纪 80 年代以来，大规模税收 CGE 模型逐渐得到推广和应用。科瑞斯托夫等（Christoph Boehringer et al. , 2005）建立了一个税收和失业的 CGE 模型，用来研究德国削减劳动税对就业和失业的影响。该模型假定工资是在部门水平上由公司和劳动力组织议价决定的；将劳动力分为高技能和低技能两种类型，假定在存在失业时期，劳动力可以在部门间流动，失业者和空缺职位之间匹配是随机的；模型还假定资本市场完全竞争。在这个模型中，生产过程采用嵌套的里昂惕夫（Leontief）生产函数或不变替代弹性生产函数（constant elasticity of substitution production function, 简称 CES function），要素需求采用柯布和道格拉斯生产函数

（Cobb – Douglas production function，简称 C – D function），效用函数采用嵌套的 CES 函数，并用不变替代弹性函数（CES）和常转换弹性函数（constant elasticity of transformation，CET）函数描述进出口的不完全替代和转换性。模型考察了削减工薪税、边际劳动收入税、收入总税额，以及消费税对就业和失业的影响。

自 20 世纪 90 年代以来，CGE 模型在我国税收领域研究中逐渐得到推广和应用。翟凡（1996）模拟了在税收中性条件下，不同税收替代政策对实行贸易自由化的社会福利效果及其收入分配效应。在政府财政收入中性假设条件下，选择累进的个人所得税、企业税和统一的消费税替代进出口关税削减。研究表明，在适当的政策条件下，贸易自由化可以提高经济效率并促进分配平等，但其所导致的效率收益的大小与政府选择的税收替代手段有关。

杨元伟（2000）与加拿大工商研究院合作，建立了一个税收政策分析的 CGE 模型，对税收政策与国民经济相互关系进行了一般均衡分析。该模型着重关注不同税收政策调整所产生的收入总水平、税收负担、国民收入分配、生产和消费结构以及就业的变化。

周建军等（2004）建立了一个研究中国整体经济的 CGE 模型，对中国现行税制间接税税率调整、间接税向直接税转化、间接税调整对储蓄和投资的影响等措施的宏观经济效应进行分析。

李洪心等（2004）利用一个可计算的一般均衡模型，模拟了税收改革政策对生产、消费和政府收入所产生的一系列影响。研究结果表明，对不同行业根据污染的强度设置不同的税率按产值征税，可以在控制污染行业产量、保护环境的同时，促进整体税制改革，减轻企业的所得税负担和居民的纳税负担，增加政府收入，从数字上说明环境税的"双盈"效应假说是可行的。

胡宗义等（2008）利用动态 CGE 模型研究了统一外资企业所得税率对中国宏观经济的冲击效果。模型的动态化过程体现在资本的积累、金融资本的积累以及劳动力市场的跨期链接上。研究结果表明，短期内两税合并的确会对部分产业产生一定的负面冲击，同时也会降低政府税收，但对各地区的产出却呈正向冲击，长期来看，两税合并最终有利于中国产业的优化发展，有利于促进经济社会的全面发展。

汪昊等（2017）运用一般均衡方法，从收入来源端和使用端两方面测量居民间接税负担。在对间接税归宿机制进行理论分析的基础上，进一步构建可计算一般均衡（CGE）税收模型，运用差别税收归宿的测算方法，对中国 2010 年农村和城镇不同收入组居民负担的主要间接税进行测算。结果表明，中国城乡居民间接税负担均呈 U 形，且农村居民间接税负担重于城镇居民；来源端税负对总税负的影响大于使用端，总的税负累进（退）性更接近来源端。居民收入与支出结构是影响累进（退）性的决定因素，要素替代弹性与来源端税负呈反向关系，与使用端呈正向关系，与累进（退）性呈反向关系。

1.2.3 能源环境政策

随着经济的快速发展、工业化和城市化进程加快，中国的能源需求快速增加，能源需求和能源安全问题，引起了社会各界的广泛重视。CGE 模型作为一种重要的政策分析工具，被广泛用来分析能源需求的变化和能源政策的影响。

何晓群（2002）建立了一个一般均衡模型，分析了国际石油价格的变化对中国经济增长的影响。曾令秋（2006）基于中国 2002 年的投入产出表，研制了一个中国经济的可计算一般均衡模型，定量分析了国际高油价对我国经济系统的影响，并提出有关的政策建议。王德发（2006）基于 2002 年上海市投入产出表数据，建立了一个上海市 CGE 模型，研究了能源税征收的劳动替代效应。

杨宏伟等（2006）针对电厂气代煤项目，利用中国的投入产出表和能源平衡表，构建了一个 39 个生产部门及 32 种产品的可计算一般均衡模型，通过对国民经济系统部门间的因果关系模拟来客观反映了电力政策对国民经济发展的影响。

毕清华（2013）基于 CGE 模型分析了中国能源需求情景。该研究从我国未来经济社会发展目标出发，根据不同的政策目标设定了 3 种经济发展情景：基准情景、强化低碳情景和粗放型情景。分析了 3 种情景下我国未来的一次能源需求量、能源消费结构及二氧化碳（CO_2）排放趋势。研究表明，为减缓能源需求量的快速增长趋势、实现减排目标，可以从改善产业结构、实行碳税政策等方面采取措施，优化能源结构，实现经济结构转型，从而保障能源供应安全和控制温室气体排放。

姜春海等（2014）以山西省为例，利用可计算一般均衡（CGE）模型，分析了煤电能源输送结构调整的补贴方案。研究发现，对于山西而言，输煤远优于输电。若落实变"晋煤外送"为"晋电外送"能源战略，必须对山西所受损失进行补贴。在山西"扩送电"情况下，分别以"稳增长"和"调结构"为目标，设计了一系列针对山西主要经济部门的年度补贴方案，并比较分析了不同补贴方案对山西的经济和社会影响。

王韬（2014）基于 CGE 模型分析了电力和天然气补贴对经济及产业结构的影响。结果表明，取消电力和天然气补贴对真实 GDP、进出口、就业等宏观经济变量以及部门产出产生了一定的负面影响，其中采掘业、重化工业等电力或天然气消耗较大产业产出下降十分明显；受此影响，居民和企业收入出现下降。由于补贴支出减少，政府收入降低幅度相对较小，但却可以明显降低整个经济的单位 GDP 电力和天然气消耗，提高资源利用效率，同时使得产业结构合理化和高级化程度增强，产业结构得到优化升级。

随着我国能源消费量的快速增加，与能源生产和使用有关的环境污染问题也日趋严重。同时，与能源使用有关的温室气体排放问题，也引起国内外的广泛关注。全球温室气体排放增加，会引起全球气候变化。1992 年联合国环境和发展大会上通过了《气候变化框架公约》，确定了气候变化保护的最终目标是将大气中温室气体的浓度稳定在防止气候系统受到危险的人为干扰的水平上。1997 年在日本京都的第三次缔约方大会上通过了《京都议定书》，规定了发达国家率先承担温室气体减排的义务。随着气候变化谈判的不断推进，作为《京都议定书》的签约国之一，作为发展中国家的中国面临着其他签约国要求中国承担相应减排的压力。2009 年，中国承诺到 2020 年单位 GDP 二氧化碳排放比 2005 年下降 40% ~ 45%。2015 年，我国发布应对气候变化国家自主贡献文件《强化应对气候变化行动》，提出 2030 年左右二氧化碳排放达到峰值并争取尽早达峰、单位 GDP 二氧化碳排放比 2005 年下降 60% ~ 65% 的自主行动目标。在这些能源环境背景下，进行中国的环境能源政策分析，也就成为中国政策研究的一个热点。

张（Zhang，1996）分析了采用碳税手段控制中国二氧化碳排放所造成的各种宏观影响。所采用的模型是一个递推动态 CGE 模型，同时利用能源模型 MARKAL（Market allocation model，简称 MARKAL）来进行二氧化碳减排技术的选择。由于 CGE 模型无法描述生产技术的选择，而结合 MARKAL 这个线性规划模型后，就可以在给定线性目标函数和线性约束下选择最优的技术。模型着重考察能源结构，在生产函数的投入要素中，除了通常的资本和劳动力外，还包含了能源投入的合成要素，合成要素由 4 种不同的能源投入煤炭、石油、天然气和电力构成。

加尔巴乔等（Garbaccio et al.，1999）采用 CGE 模型研究了中国二氧化碳减排问题。在模型中将中国经济处理为计划和市场共存的状况，考虑了人口增长、资本积累、技术变化和需求模式的改变。模拟了征收碳税对中国经济的影响，在模型中考虑了部分税收用于补偿给消费者和生产者，从而促进了投资，验证了征收碳税可得双重红利的结论。

郑玉歆（1999）也采用 CGE 模型分析了采用碳税控制中国二氧化碳排放。模型采用了比较静态分析方法，分析了降低 5%、10% 和 20% 二氧化碳排放需要征收的碳税及其在长期和短期的影响，此外模型还讨论了如果在征收碳税的同时降低企业税，保持政府收入中性时碳税的影响。

贺菊煌（2002）开发了一个分析碳税影响的 CGE 模型。该模型的特点在于区分了增值税和产值税，在中国企业征收的产值税和增值税约各占一半，而在一般的 CGE 模型中基本都作为产值税处理。分析表明，模型的结果对这种区分是相当敏感的。

王灿等（2005）针对中国二氧化碳排放压力，构建了一个中国经济—环境—能源动态 CGE 模型，考察了二氧化碳排放对中国部门经济的影响。模型划分了 10 类生产部门及产品，区分了两种消费者类型，采用了资本积累的递推动态机制，并引入了主要污染物、主要温室气体的排放量、能源环境政策变量、政策评价指标等指标。

汪鹏（2014）基 CGE 模型对广东省碳排放权交易政策进行了评估。为了评估广东省碳排放权交易制度设计对控制二氧化碳排放及经济发展可能发挥的作用，基于 CGE 模型研究了在碳强度约束目标下碳交易政策的实施效果。首先分析了无减排约束情景下广东宏观经济、能源消费总量和碳排放总量的发展趋势；进一步扩展减排约束情景，考察了在全省碳强度减排目标约束下，把电力、水泥、石化、钢铁、造纸、纺织 6 大部门纳入碳交易体系，并分别按照历史法和潜力法确定行业碳排放约束上限时，实施碳交易政策对宏观经济和能源消费量的影响，模拟了碳市场的交易情况和碳价格。

张晓娣（2015）基于 CGE 模型，比较征收碳税与发展可再生能源在未来 35 年对经济增长及居民福利的动态影响。研究发现，两类政策都将抬高平均能源价格，但其宏观经济效应恰恰相反。如果中国逐步提升可再生能源份额至 35%，短期内能源推动型价格上涨将抑制消费、投资及产出增长；长期内可再生能源的发展将加速资本与劳动供给、推动能源节约型技术进步，最终带动增长回升。碳税影响取决于其收入循环方式，如果用于扩大公共转移支付，将提高当前收入和消费，但不利于长期资本深化与技术进步作用；如果用于降低所得税，不仅能够改善短期收入，还将通过要素积累与能源效率改善产生持久增长效应，但却对能源结构提升作用有限。在福利再分配上，发展可再生能源对老年一代损害较小；碳税则具有对年轻一代有利的再分配特征。

相对于全球变暖的问题，中国的二氧化硫（SO_2）和酸雨污染问题、水污染问题研究同样非常重要和紧迫。宣晓伟（2003）采用静态 CGE 模型就中国征收不同硫税的使用方式（留在政府、减少居民税收返还给居民、减少企业税费返还给企业）对经济的影响进行模拟。夏军等人（2006）采用 CGE 模型分析了海河流域水污染以及水资源的短缺对经济发展的影响。

在能源环境领域，由于国内外经济发展的背景存在差别，关注的重点不同，研究的侧重点也有所差别。在能源领域，国外研究主要集中在两个方面，一是资源禀赋优化配置问题，所构建的一般被称为"荷兰病"模型和"最优耗费"模型，一是能源经济相互关系问题，即"能源管理"模型。国内研究则更多集中在能源价格的影响上，如从国内油价和国际油价两个角度分析了能源价格波动的经济影响。在环境领域，评估全球温室气体排放的减缓政策是全球最重要的研究方向，国内学者也进行了一些针对性的研究，如利用 CGE 模型分析了碳税、碳排放交易政策对中国经济的影响；此外，以 CGE 模型分析区域污染治理和生态保护政策的影响，也是国内研究的热点。

1.2.4 其他政策领域

CGE 模型作为一种重要的便利的政策分析工具，不仅在国际贸易、财税金融、能源环境领域得到广泛应用，在其他领域的政策分析中也备受重视。如在市场转型、房价、基础设施投资、区域协调发展、人口、城镇化等领域，得到了应用。

冯珊（1989）较早建立了中国多部门 CGE 模型。该模型采用价格刚性和不完全市场机制，刻画了当时中国计划与市场并存的转型经济。此外，该模型还集成人口模型、多目标评估模型，形成了发展战略研究的仿真模型体系。周焯华等（2000）就中国经济的市场扭曲程度采用 CGE 模型进行了研究。

段志刚（2005）针对改革开放以后中国发展过程中所存在的增长质量问题，建立用于我国省级区域经济与政策分析的双区域递推动态可计算性一般均衡模型，并运用此模型分析地区经济增长、结构变化及其能源环境效应，以及跨地区资源调配的宏观影响等。朱艳鑫等（2006）基于一般均衡理论，将社会福利纳入分析框架，建立了中国的两地区转移支付模型，并以东西部 2000～2002 年的数据为基础，考察了转移支付是如何影响两地区的劳动者流动、工资、消费以及产出和福利的。王飞等（2006）构建了一个地区间的 CGE 模型，并应用该模型进行了比较静态分析和比较动态分析，探讨了劳动自由流动的强度、劳动力流动的量、区域间工资或收入差距这三者之间的关系，同时也考察了扩大政府对西部等特定地区的投资所带来的效果。

马颖奇（2007）针对国民经济和社会生活中的比较突出的房价问题，以北京市投入产出数据为基础，构建了北京市可计算一般均衡模型（CGE），分析了房价上升可能引起的居民生活水平的变化，评估了这可能会给北京市其他各行业带来的影响。

范前进等（2004）构造了一个包含有私人、政府、家庭三部门经济的一般均衡模型，通过比较静态分析研究了基础设施支出的变化对相关产品、价格、产量、专业化分工程度和国际贸易格局的影响。高颖等（2006）针对交通与电信部门的基础设施对减缓贫困的影响问题，将基础设施建设对减贫的三条积极影响途径——增加非农就业机会、降低运输成本及城乡间劳动力转移成本、提高农业劳动生产率，纳入一个 CGE 模型中，模拟分析了中国基础设施建设的减贫效应。米雅奇（Miyagi，2001）利用 CGE 模型分析大型的高速公路建设项目对经济的间接影响。鲁斯拜（Lusby，2003）用 CGE 模型分析了交通基础设施减少对俄克拉荷马州（Oklahoma）经济的影响。

金成晓等（2007）在不考虑政治因素的前提下，利用 CGE 模型对日资减少对中国经济影响进行了考察，并估计了在日资减少的同时增加韩国投资对我国经济的影响情况。魏巍贤（2006）针对人民币持续升值的现象，利用从 1 - 2 - 3 模型（Devarajan 等，1994）推广构建了多部门 CGE 模型，对人民币升值所带来的中国经济变化进行了研究。朱孟楠等（2005）以 1 - 2 - 3 模型为理论依据，构建了一个 CGE 模型来模拟国际资本流动对中国宏观经济的影响。

CGE 模型不但在上述领域有广泛应用，而且在公共卫生、环境健康、区域经济等领域的应用上也发展迅速。

叶等（Ye et al.，2006）利用多部门 CGE 模型分析了香烟税对台湾经济和居民健康的影响。李等（Lee et al.，2004）利用全球模型 G - Cubed 研究了 SARS（severe acute respiratory syndrome）对全球经济的冲击。该研究的模型结构采用 G - Cubed 理论模型框架，建立了一个动态多国 CGE 模型，包括了中国等 18 个国家和地区，每个国家分为 6 个生产部门。模型分析了由 SARS 导致的医疗成本增加，以及对国家和地区间商品、贸易、投资及经济所产生的影响。

宛悦、杨宏伟等（Wan Yue，Yang Hongwei et al.，2005）建立了一个中国 39 个部门、32 种商品的 CGE 模型，用来估算化石能源和生物质燃烧产生的空气污染对人们健康的影响。基于 2000 年的数据，估计得到了居民生病的经济负担占当年 GDP 的 0.38%，并同时采用人力资本方法进行了评估和比较分析。

李洪心（2004）利用 CGE 模型分析了未来 50 年人口老龄化对中国生产发展、政府税收、居民收入、消费水平以及整个社会保障体系的影响。模型中生产函数采用 C - D 型函数，需求采用 CES 型函数。模拟结果表明，在未来 50 年，如果现收现付的养老保险制度不变，中国老年人口的增加将引起国民增长下降甚至出现负增长。如果改革传统的养老金支付方式，则可能缓解人口老龄化对国民经济发展和人民生活水平提高的副作用。

CGE 模型在非传统领域的应用还包括旅游、交通运输、教育、战争与危机等领域。瓦塔纳库加罗斯（Wattanakuljarus，2006）利用国际食品政策研究所（International Food Policy Research Institute，简称 IFPRI）的标准 CGE 模型分析了旅游对经济的影响。俊等（Jung et al.，2003）利用 CGE 模型研究了坦桑尼亚和赞比亚的教育投资对经济的影响。科尔等（Koike et al.，2008）及萨通等（Sato et al.，2012）分别利用空间 CGE（Spacial CGE，简称 SCGE）模型分析公路运输对日本经济的影响。奥柔科（O' Rourke，2006）用 CGE 模型分析了 1807 ~ 1814 年实行的封锁对法国、英国和美国的影响。

1.3　我国 CGE 模型的发展

我国 CGE 模型的开发应用研究，一般是采取与国外合作方式。首先与国外机构合作，消化吸收国外机构 CGE 模型的建模原理和思路，以及模型的程序编码；接着在了解国外机构建模思路和变量方程设置的基础上，结合国内的经济发展形势和阶段，以及研究课题的目标，改进国外的 CGE 模型，并用来模拟应用。这类模型一般规模较大，模型的设置非常细致，程序很复杂，消化起来较困难，但了解和掌握国外模型后，应用起来非常方便。

此外，在国内一些大学和研究所也有一批学者，通过国内外有关 CGE 模型的研究文献，逐渐掌握 CGE 模型建模的思路和特点，自主建立规模较小的 CGE 模型进行学术研究和探讨。随着建模经验的丰富和研究工作的深入，CGE 模型的规模越来越大，模型的设置越来越细致，建模技术逐渐提高。这类模型一般规模较小，模型设置对研究目标的针对性强，比较容易抓住主要矛盾解决问题。同时程序编码是研究者自己编制，改进起来很容易，适应性很强，可以针对不同的研究目标采用 CGE 模型模拟分析。不过，由于属自主研究和编写程序，初期积累工作，需要占用大量的时间和精力，需要不断地调整和修改程序，需要有持之以恒的耐心。

国务院发展研究中心（翟凡、李善同等，1997）与经济合作和发展组织（The Organization for Economic Co-operation and Development，简称 OECD）发展中心合作，以 OECD 发展中心贸易与环境项目的 CGE 模型为基础，根据中国经济实际情况做了一些重要修改，构建了动态递推的中国经济环境 CGE 模型。该模型可应用于贸易政策分析、能源政策和能源贸易、环境政策、收入分配机制以及中国经济的中长期增长和结构变化等方面的分析。

中国社会科学院数量经济和技术经济研究所（郑玉歆、樊明太，1999）与澳大利亚亚莫纳什大学政策研究中心合作构建了中国的 CGE 模型，并应用该模型对中国环境政策进行了分析。

国家计委能源所 2000 年开始有针对性地构建中国能源环境综合政策评价模型（Integrated energy and environment Policy Assessment model for China，简称 IPAC），现已形成一个综合评价模型框架系统。IPAC 模型包括多个模型，如能源排放模型、环境模型和影响模型。作为 IPAC 模型主要构成部分的能源排放模型中的 IPAC – SGM 模型和 IPAC – Material 模型属于 CGE 模型。

中国国务院发展研究中心的李善同、翟凡，原国家发展计划委员会的徐林，与美国农业部经济研究局的王直等人（2000）合作建立中国 CGE 模型对中国加入 WTO 的经济效应进行了分析。

国家税务总局的杨元伟、焦瑞进等人（2000）建立和运用 CGE 模型对中国税收政策进行了定量分析等。

21 世纪以来，随着我国经济的快速增长、市场经济体制的不断完善、可计算一般均衡（CGE）模型的应用优势逐渐得到认可，许多大学和研究机构迅速地开发和应用 CGE 模型进行相关政策分析。近十几年来，CGE 模型在中国各个领域得到了大力的推广和广泛的应用。

可计算一般均衡模型作为数量经济分析和政策研究的一个重要手段，不仅具有重要的应用价值，而且具有重要的学术价值，在数量经济学学科建设中具有不可忽视的地位。尽管 CGE 模型在政策模拟和分析方面进展很快，应用范围越来越广泛，但是我国 CGE 模型在理论和应用方面的进展还存在一些急需解决的问题。通过观察，当前有关的研究前沿问题主要表现在以下几个方面：

第一，基准均衡问题。可计算一般均衡模型依托于基年均衡数据，通过基年均衡数据进行校准（calibration），因此，基年的选择在很大程度上影响着模型的模拟结果。而基年数据的核心是投入产出表或社会核算矩阵（Social Accounting Matrix，简称 SAM），而投入产出表一般每 5 年编制一次，期间会编制一个扩展表。社会核算矩阵的编制需要协调投入产出表、国内生产总值（Gross Domestic Production，简称 GDP）核算表、国际收支表、财政收支表等，因此，基年数据的选择受到很多限制。如何根据有限信息准备协调一致的基年数据，是一个重要的问题。

第二，模型的动态化问题。大部分 CGE 模型的动态机制都是递推（recursive）的而非跨时的。动态机制包括劳动力迁移和增长、投资和资本积累、经济部门和产业结构的变化、生产技术变化和消费偏好变动机制等。如何综合考虑这些因素使 CGE 动态化，是一个重要的问题。按照一般均衡理论，劳动力应该是同质的，不会因部门、地区、城乡而具有不同的工资率。但现实中总是存在市场扭曲，使工资率因部门、地区、城乡而异。同时 20 世纪 80 年代中后期以来，内生增长理论试图使技术进步内生化。另外，现实经济中，有时存在投资过热等非理性的问题，也就是非最优投资的问题。

第三，经济结构的变化和模型动态基准线问题。改革开放以来，我国经济得到了快速的发展，经济结构变化也较快。在动态 CGE 模型研究中，如何设置考虑经济结构变化的动态基准线，是一个较大的挑战。在中长期研究中，需要考虑产业结构的转型和升级、需求结构的变化、消费结构的升级、进出口结构的变化等因素。但目前在大多数动态 CGE 模型研究中，对于结构变化的要素，考虑得很简化。

第四，市场结构问题。不仅产品市场，如石油、矿产资源，而且要素市场如劳动力，都会存在市场非完全竞争的问题。在建模和模拟中，如何解决市场非完全竞争问题，是一个挑战。

第五，CGE 模型和生产技术的引入问题。在目前 CGE 模型的研究中，许多涉及行业研究的模型，大多考虑具体行业技术之间的替代和优化，从而在 CGE 模型中引入行业主流生产技术。在生产技术引入过程中，需要有各种生产技术的固定成本、变动成本等参数，还需要各种技术生产过程的中间投入系数、资本和劳动的收益率等参数，而这些参数都是研究者根据主观判断外生设置的，因此，不同研究者的模型研究结果会导致较大的差距。如何减少不同研究者的模型结构差距，使模拟结果具有可比性，是一个急需解决的问题。

第六，模型的软件化、产品化。目前，中国的 CGE 模型大都是以个人和少数人团队为主体研发的。其中数据处理、程序编写和调试等工作，非常艰巨，也成就了研制者的技术诀窍。如果模型能够软件化、产品化，技术诀窍就体现出市场价值，对模型的研制者和使用者都有利。然而，目前我国 CGE 模型几乎没有产品化，因此，只能是具体的构建者的研究工具，其他人用来运行、模拟的门槛非常高，甚至根本不可行。如何尽快软件化、产品化也成为一个问题。

1.4　本书的结构安排

本书分为 10 章，各个章节之间的关系如图 1 - 1 所示。

第 1 章作为全书的绪论，简单介绍 CGE 模型的发展、CGE 模型的应用领域和我国 CGE 模型的发展态势。

第 2 章将介绍 CGE 模型的基本原理和能源环境应用。首先介绍 CGE 模型的基本原理，包括 CGE 模型的特征和构成、分类、优势及局限性、数据处理和参数标定、求解软件、程序结构和运行、模型检验、模型闭合规则、模拟结果的敏感性分析等方面内容。能源环境 CGE 模型应用部分分别介绍能源经济模型、能源环境模型和环境 CGE 模型，最后介绍能源环境 CGE 模型在我国的应用概况。

第 3 章将介绍 CGE 模型数据库的建立、数据处理和参数校准方面的工作。首先介绍社会核算矩阵及其结构，接着介绍社会核算矩阵的编制方法，包括账户的设置和矩阵的平衡等。再介绍能源环境 CGE 模型的社会核算矩阵的编制，最后介绍参数的校准。

第 4 章介绍在吸收国内外 CGE 模型的建模经验基础上建立的一个分析中国碳税政策的可计算一般均衡模型，包括构建的思路和各个模块方程的设置。

第 5 章介绍构建的一个中国多地区动态可计算一般均衡模型，接着介绍数据的处理和估计以及模型的特点。模型的主要应用目标是为定量分析我国西部能源开发政策对区域经济影响。

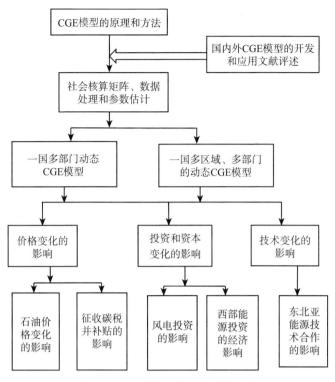

图1-1　本书各个章节之间的关系

第6章将分析国际油价变化的历史轨迹和走势以及目前我国的成品油价格管理的规制，接着述评关于国际油价变化的经济影响的研究，再运用CGE模型研究国际油价变化对我国的经济影响，最后就国际油价上涨的影响提出了有关的应对措施和政策建议。

为了考察征收碳税对国民经济和产业部门的影响，特别是征收碳税的补充政策如同时减征间接税、减征居民收入税的缓冲作用，第7章将采用构建的动态递归可计算一般均衡模型，模拟了不同政策组合下征收碳税对我国国民经济和产业部门的影响。

为探讨东北亚能源合作对中国低碳发展的影响，第8章分析了东北亚能源合作的潜力和可行性，比较了中日韩经济规模、能源结构和二氧化碳排放方面的特点，比较了能源效率、新能源和可再生能源方面的技术差距，重点比较中日在能效水平和新能源技术方面的合作前景，接着采用了自主构建的中国动态递归可计算一般均衡模型，模拟东北亚能源应用技术、生产技术转移对中国国民经济、二氧化碳排放、能源需求和产业部门增加值的影响。

第9章将在介绍国内外风电发展态势的基础上，提出对未来十年风电的预测情景，并将构建一个包括风电部门在内的多部门动态可计算一般均衡模型，运用该 CGE 模型就风电投资对增长的拉动作用、对宏观经济和产业部门的影响进行了定量分析。

为评价西部开发投资的经济效果和环境影响，第 10 章构建了一个两地区十部门动态可计算一般均衡模型，分析了我国西部开发投资的不同规模对区域经济和环境的影响。

第2章　CGE模型的基本原理和
　　　　能源环境应用

本章将介绍CGE模型的基本原理和能源环境应用。CGE模型的基本原理包括CGE模型的特征和构成、分类、优势及局限性、数据处理和参数标定、求解软件、程序结构和运行、模型检验、模型闭合规则、模拟结果的敏感性分析等方面。能源环境CGE模型应用部分分别介绍能源经济模型、能源环境模型和环境CGE模型，最后介绍能源环境CGE模型在我国的应用势态。

2.1　CGE模型的基本原理

2.1.1　CGE模型的特征和构成

可计算一般均衡模型包括三个显著的特征。首先它是"一般的"，即对经济主体的行为做了外在的设定。在模型中，无论是家庭、厂商、政府，还是国外主体的决策者，都遵循着各自的原则对价格变动做出反应，因此在CGE模型中价格起着重要的作用。其次它是"均衡的"，是指它是供求平衡的，价格由供求之间的对应关系所决定，供求又受到价格的影响。供求与价格互相作用，最后达到稳定的均衡状态。最后它是"可计算的"，即模型设定了基于实际的数据，模拟现实经济中的政策问题，得到关于现实经济中宏观政策、产业政策、收入分配、能源和环境政策、就业政策等方面的评估研究的结果。

从总的结构上看，CGE模型是由一系列方程所组成。CGE模型一般可用三组方程来描述供给、需求以及市场供求关系。在这几组方程中，不仅商品和生产要素的数量是变量，而且所有的价格，包括商品价格、资本收益率、工资都是变量。同时，在这几组方程中都包含了相应的优化方程。在一系列优化条件的约束下，生产者达到利润最大化、消费者达到效用最大化等。求解这几组方程，得出在各个市场都达到均衡时的一组商品数量和价格。

尽管 CGE 模型也有一个总的目标函数，但优化过程是分散在生产、消费、进出口等部门完成的。这与投入产出分析、线性或非线性规划分析不一样。在投入产出分析、线性或非线性规划分析中，通常可以找到一个有明确定义的单一的目标函数。因此，这些模型就隐含了一个假设，即假定存在一个具体执行人，促进经济系统达到这一优化解目标。相比而言，CGE 模型的结构更灵活。

CGE 模型中的经济人或经济主体（agent），一般包括生产者、消费者、政府和国外部门。在现代经济学中各学派都有自己的一套理论来描述经济人的经济活动。这些理论和方法可以以各种不同的方程形式进入 CGE 模型，从而使 CGE 的结构富于变化。不同的 CGE 模型反映出不同经济学流派的特点。实际上，CGE 模型之间的主要区别在于对这些经济人的经济活动所采用的不同描述。下面就从生产、消费、政府和进出口四个方面说明 CGE 模型的特点。

（1）生产活动

在 CGE 模型中，生产者力求在生产条件和资源约束下实现利润最大化。模型主要包括两类方程，一类是描述性方程，如生产者的生产过程、中间产品的生产过程等。另一类是优化条件方程。

在 CGE 模型中，生产者行为可以用科布—道格拉斯（Cobb – Douglas，简称 C – D）生产函数或常替代弹性（Constant Elasticity of Substitution，简称 CES）生产函数来描述。也有人采用常差弹性函数（Constant Difference Elasticity，CDE）来描述，使模型的适应性更强。生产者实现利润最大化的条件是支付给各投入要素的报酬恰好等于该要素的边际生产率。

生产方程描述了在不同的技术条件下，生产者使用各种生产要素（资本、劳动、土地、原材料、能源等）生产商品的过程，各生产要素之间存在着不完全弹性的替代关系。对传统的投入产出分析和线性规划分析来说，这是一大进步。同时，各种生产要素可以进一步细分，如在劳动力这一要素里，又可以按照技术水平、收入、教育水平分组，按照 CES 函数组合，以求生产成本最低。

（2）消费行为

在 CGE 模型中，消费者力图实现在给定的约束条件下效用最大化。消费模块也包括两类方程，即描述性方程和优化方程。消费者优化问题实质上是在预算约束和资源约束下选择商品（包括商品、服务、投资以及休闲）的最佳组合以实现尽可能大的效用。CGE 模型的研究按照研究目标的要求和研究者的个人偏好选择不同的消费理论，从而出现了各种各样的消费方程。消费者的优化方程是使各类消费品（商品、投资、休闲等）的边际效用等于价格。

（3）政府行为

一般来说，政府的作用首先是制定有关政策和规划，如管制价格、制定宏观规划、分配公共品及生产资料、制定收入分配规则、制定税收、利率、关税和财政补贴政策等。在 CGE 模型中，通常根据研究需要设定政府政策的控制变量，研究政府实施某项具体政策将会对整个经济系统产生什么样的影响。通过对 CGE 模型模拟结果的分析和比较，可以探讨一项政策对经济系统所带来的冲击程度，从而定量分析应当如何调整这些政策以达到预期的政策目标。

同时政府也作为消费者出现。政府收入来源于各种税收、资本的分红及转移支付，政府开支包括各种公共事业的花费以及转移支付和补贴。

（4）对外贸易

国内生产的商品在国内与国外两市场之间配置，需要进行权衡。在 CGE 模型中采用不变转换弹性函数（Constant Elasticity of Transition，简称 CET）来刻画，以实现收益最大化。国内销售和出口的最优组合，取决于国内和国外两个市场产品的相对价格和转换弹性的大小。

国际市场对某种商品的需求，通常有两种处理方式，一种是采用"小国假设"，即假设商品出口需求的价格弹性为无穷大，也就是说，中国的商品出口量不会对国际市场的价格造成影响。对于那些出口的商品在国际市场上所占的份额非常小或者对国际市场的影响非常小的情况下，可以采用这种假设，表明中国这种商品在国际市场上属于价格接受者。另一种处理方式是采用向下倾斜的需求曲线形式。价格弹性取决于中国商品的出口对国际市场的影响。通常在国际市场上占较大份额的商品，选择的价格弹性较大。

对于进口量的需求配置，利用传统的阿明顿（Armington）假设，即假定进口品和国内产品是非同质的，具有非完全替代性，采用 CES 函数来刻画。国内商品需求通过选择不同的国内商品和进口的组合，以达到成本最小化。国内品和进口之间的最优组合，取决于两种渠道商品的相对价格和替代弹性的大小。

对于进口供给，采用小国假设，即假设进口对国际市场的影响可以忽略不计，也就是说假设进口供给的价格弹性为无穷大。如果进行的某种商品数量在国际市场上份额较大，或者对国际市场价格的影响较大，如石油的进口，可以采用向上倾斜的供给曲线方式。价格弹性取决于中国商品的进口对国际市场的影响。通常在国际市场上占较大份额的商品，选择的价格弹性较大。

（5）市场均衡

CGE 模型中，市场均衡包括产品市场均衡、要素市场均衡、政府预算收支均衡、居民收支均衡、资本市场均衡、国际市场均衡等。

产品市场均衡，要求各部门产品的总供给必须等于对这一产品的总需求。产品均衡不仅要求在数量上，而且要求在价值上。如果某一部门出现不均衡，供求之差可表达为库存。包括库存变量在内的 CGE 模型所描述的是广义的均衡。

要素市场均衡，主要指劳动力市场的均衡。资本市场均衡，最简单的情况是投资等于储蓄。如果投资规模与储蓄不符，其差额可以由出售债券、引入外资或增减政府财政储备来弥补。政府预算均衡，要求政府开支等于政府收入。如果政府开支大于政府收入，可以考虑财政赤字变量。居民收支均衡，要求居民收入等于居民支出。国际市场均衡，主要是指进出口的价值与国外储蓄和投资的均衡。在市场经济中，价格是实现市场出清和获得均衡的唯一一组变量。

一般均衡理论要求上述各项都同时达到均衡。但在一般情况下是做不到的，只能达到有条件的均衡。在各个均衡状态下，差额变量（如库存、失业、节余、赤字等）的变化趋势为现实经济的不均衡状态研究提供了重要的分析依据。

2.1.2　CGE 模型的分类

20 世纪 60 年代以来，国内外关于 CGE 模型及其经济分析的文献很多，但是这些开发出来的 CGE 模型主要有三个派别，每个派别分别与一位著名的经济学家的贡献相联系。这三位经济学家分别是列夫·约翰逊（Leif Johansen）、赫伯特·斯卡夫（Herbert Scarf）和戴尔·乔根森（Dale W. Jorgenson）。下面就三个派别的模型特点进行分析。

（1）列夫·约翰逊和多部门增长模型

在论文《经济增长的多部门研究》（1960）中，挪威经济学家列夫·约翰逊提出了一个数量经济学分析模型，后来被广泛称为 MSG 模型（Multi – Sectoral Growth model，简称 MSG 模型）。这个模型通常被视为全球第一个 CGE 模型，主要作为长期经济预测和经济政策评估的工具。在最初的版本中，有 20 个生产部门和一个综合的家庭部门，公共消费、净投资和出口外生给定。约翰逊将 MSG 模型当作投入产出模型的一个扩展应用。因此，中间投入保存了固定的投入系数。约翰逊加入了增加值的生产函数和要素市场，而在要素市场，劳动和资本的市场供求决定了出清的价格。

虽然 MSG 模型有瓦尔拉斯一般均衡理论的明显特色，但是它也包含了特定的假定，以决定资本的报酬率和工资。因此，尽管劳动和资本可以在部门间流动，但是资本的报酬率和工资存在着部门间差别。与瓦尔拉斯一般均衡理论的这些偏离，是由模型中没有明确涉及的因素和约束条件引起的，但对经济中产业部门发展有影响。在约翰逊提到的约束因素和条件中，有长期的部门间劳动力构成方面、工作条件、不确定性和产品市场的垄断程度的差异。考虑到这些约束条件，一个完全基于瓦尔拉斯一般均衡理论的模型被认为是不适当的，相反 MSG 模型被看作复杂的现实世界的一个近似描述。

MSG 模型在挪威很快成为一个长期经济规划和预测主要工具，而且分阶段、多方向被扩展，特别是结合了要素替代、能源部门、能源使用和环境污染等有关因素，并进行了非常详细的处理。它也是 ORANI 模型的样本模型，而 ORANI 是澳大利亚经济的一个详细的 CGE 模型。MSG 模型对 20 世纪 90 年代以来发展中国家 CGE 模型的设计和开发方面具有较大的影响力。在中国和挪威政府的联合资助项目中，国家统计局 2002 年开发了一个中国经济的一般均衡模型 CNAGE（China Applied General Equilibrium model，简称 CNAGE），分析环境保护对经济发展的影响。

（2）赫伯特·斯卡夫和斯卡夫运算法则

应用赫伯特·斯卡夫的著名运算法则（Scarf，1967）计算瓦尔拉斯一般均衡，是 CGE 模型发展的另一条研究路线。约翰·肖分（John Shoven）和约翰·瓦尔利（John Whalley）使用赫伯特·斯卡夫的运算法则，证明了包括税收的一般均衡的存在性，并设计了计算程序（Shoven and Whalley，1984），结合阿诺德·哈伯格（Arnold Harberger，1962）早期的工作，在瓦尔拉斯和赫克歇尔－奥林（Heckscher－Ohlin）一般均衡模型框架下开展了税收和贸易政策的一般均衡分析。诺曼和哈兰德（Norman and Haaland，1987）应用相同的思路研究了一个小的开放经济的国际贸易和资源配置问题。

与约翰逊的 MSG 模型相反，基于斯卡夫—肖分—瓦尔利（Scarf －

Shoven – Whalley）传统发展起来的模型，紧紧根植于瓦尔拉斯一般均衡理论。在某种程度上，这类模型的目的是用数字验证理论。约翰逊类型的模型显然非常关注模型反映现实世界的能力，而在斯卡夫—肖分—瓦尔利传统的模型研究者往往强调透明性和与基本经济理论的一致性。当约翰逊派的研究者把研究重心集中在经济增长和长期的结构变化时，大多数斯卡夫—肖分—瓦尔利派的研究者已经从静态福利经济视角研究经济效率和各种不同经济政策措施的分配效果。

（3）戴尔·乔根森和计量经济 CGE 模型

戴尔·乔根森对 CGE 模型的贡献，是将计量经济学方法系统地用于模型参数的估计，这与其他类型的 CGE 模型形成了鲜明的对比。其他模型中的供给和需求函数参数，大多数都采用简单的校正方法设置，而乔根森和合作研究者做的计量经济的一般均衡模型分析和发展，使生产和效用函数的分析成为可能。

乔根森的方法，在某种程度上结合了 CGE 模型的约翰逊传统和斯卡夫—肖分—瓦尔利传统。因此，乔根森学派研究者一个关注点是资本的积累和经济增长。然而，当约翰逊学派模型只会在特定的时间点计算关键经济变量的变化率时，乔根森学派则基于一国（美国）经济的完全动态模型进行分析。类似斯卡夫—肖分—瓦尔利学派的传统，乔根森模型紧紧基于新古典主义的经济理论，而且已经用于分析各种不同形式的税制改革的福利效果。在斯卡夫—肖分—瓦尔利学派模型把重心集中在静态配置效果上，而乔根森的动态模型政策研究集中在各种不同税政策的增长效果上。

CGE 模型除了按照以上的派别分类外，还可以按照不同的标准来分类。CGE 模型尽管模型结构基本类似，但在不同 CGE 模型之间也有一些重要的差别。首先，CGE 模型之间有静态和动态模型的区别。静态模型描述的是某一年份经济系统中各个经济主体的经济行为。而动态模型描述的是从某一基准年份开始至某一终止年份期间经济系统中各个经济主体的经济行为及其变化情况。至于动态 CGE 模型，根据动态的设置方式不同，又分为跨时动态 CGE 模型和递推动态 CGE 模型。

跨时动态模型假定家庭和公司在行为上向前看，存货积累关系也明确地包括在模型设置中，模型的目标函数是在整个动态时间区间内的目标最大化。因此，这类模型的模拟结果是长期的、具有远见的预测结果。而递推动态的 CGE 模型的模拟结果是短视的预期，因为递推动态模型是多期比较静态 CGE 模型的分析。在一些连续年份中，得到每年模型的解。某一年的模型的解被用来定义下一年的资本存量和其他有关的资产，资源配置决策完全以某一期的情况为基础。

除了静态、动态区分外，还有区分为单一国家模型、单国多地区模型、多国家模型和全球模型。单一国家模型，一般在生产部门和家庭类型方面更详细，一般用于特定的国家政策议题的分析。而单国多地区模型、多国模型和全球模型，倾向于有较少的部门细节，用于分析提议的多边政策，如区域协调发展政策、多国自由贸易协议等。在环境 CGE 模型中，大多数情况下单国多地区模型、多国模型和全球模型可用于分析跨界污染问题和全球环境问题。

当然，每个种类里面的模型，各自都有许多不同的特点。特别是，它们在生产部门的数量、一次要素的数量和国际贸易关系的设置方面可能不同。

2.1.3　CGE 模型的优势及局限性

2.1.3.1　CGE 模型的优势

CGE 模型一般用于政策分析。与其他模型技术如宏观计量模型、投入—产出模型和线性规划模型相比，典型的 CGE 模型有以下四个方面的优势：

第一，基于严密的理论体系。CGE 模型的优势在于其坚实的理论基础。CGE 模型在经济各个组成部分之间建立了系统的数量联系，使人们能够考察来自经济某一部分的扰动对其他经济部分的影响，这是局部均衡模型所难以做到的。典型的 CGE 模型往往与关于代表性消费者行为和生产者行为的标准新古典微观经济理论密切联系。CGE 模型的这一优势使模型构建者更容易探究模型结果的经济学含义，使政策制定者更容易判断模型结果的可行性。

这也是 CGE 模型与宏观计量模型的区别之一。CGE 模型建立在坚实的微观经济理论基础之上，且把宏观和微观变量有机地结合在一起，与宏观计量经济模型相比具有更牢固的分析基础，适应性也更强。宏观经济计量模型往往缺乏这样严密的理论联系。由于缺乏严密的理论联系，宏观经济计量模型往往不能对使经济脱离其基准线的冲击的经济效应提供有益的模拟结果。另外，CGE 模型大多是"校准"的，以便其可以复制某一基准年度，而宏观计量模型则往往是估计的，以便其拟合观察到的某一时间段序列的历史数据。

第二，经济范围内协调一致的相互作用机制。应用 CGE 模型用于政策分析的第二个优势，在于 CGE 模型能按照某种协调的方式同时考虑整个经济范围内的相互作用机制。任何冲击，无论是外生冲击还是政策变动，只要它影响了某经济主体的供给或需求决策，它就会反馈于其他经济主体的供给和需求决策，并将其效应传导到整个经济系统。CGE 模型是多部门模型，既考虑直接效应，又考虑间接效应，因此应用 CGE 模型进行的评估往往比用行业技术模型进行的评估更详细、更全面。CGE 模型的强项在于可以定量分析所有经济主体在市场中相互作用的综合结果。

第三，存在替代可能和非线性关系。CGE 模型将投入—产出模型拓展到包括国内产品和进口品之间的不完全替代、国内销售和出口之间的不完全转换的可能性。通过刻画这些替代性和可转换性，CGE 模型用非线性函数取代了投入产出模型中的许多线性函数。CGE 模型对投入产出模型的这种拓展，使其在进行政策分析时比投入产出模型和线性规划模型更有力。当然这种拓展也导致了 CGE 模型算法的复杂性。

第四，价格内生和混合经济机制。CGE 模型将价格激励机制引入模型中，能够将生产消费、供给需求、价格和国际贸易等有机地结合在一起，并模拟在混合经济（即既有市场机制的作用，又有政府的干预）的条件下，不同行业生产者和消费者对政策冲击所带来的相对价格变动的反应，而一般的投入产出模型难以做到这一点。由于所有价格必须同时调整，直至生产决策与居民和其他决策主体的最终需求决策相一致，CGE 模型为价格内生模型。在 CGE 模型框架内，由成本确定的价格并不能独立于需求之外，CGE 模型包含通过价格机制使供给和需求达到均衡的反馈机制。CGE 模型强调经济主体之间的相互作用、自主性优化行为和市场出清过程。CGE 模型包含了通过价格激励发挥作用的市场机制和政策工具，可以刻画生产、供给、需求和国际贸易的相互作用。CGE 方法适合混合经济条件下的政策分析。正是由于其所具有的独特优势，CGE 模型目前已成为政策分析的重要系统工具。

尽管 CGE 模型作为一种分析工具仍存在着不完善之处，但是 CGE 模型所存在的问题，例如模拟结果的精确性问题，并不是该模型所独有的，其他模型所获得的分析结果也并不具备完全的准确性。模型在客观上提供了一种对所研究问题的大致结论，并作为决策的依据。作为一种建立在一般均衡理论基础上的描述经济系统全局性模型，CGE 模型的均衡结果给出了经济系统中各部门之间相互作用后的均衡关系，至少可以得到相对可靠的均衡结果的变化趋势，这是大多数其他模型所不具备的。因此，尽管 CGE 模型存在需要进一步发展和完善的空间，但是仍不失为一种有效的经济政策分析工具。

2.1.3.2　CGE 模型的局限性

与许多分析工具一样，CGE 模型也有其局限性。事实上，CGE 模型的优势和局限性都与其自身的方法论密切相关。例如，CGE 模型经常由于其对主体行为的假定（效用最大化和成本最小化）缺乏现实的有效性而遭到批评。然而，正是由于使用了这些假定，CGE 模型才可能对历史上从未出现过的冲击所造成的影响进行分析。CGE 模型的局限性与成功之处是相伴的。CGE 模型的局限性主要表现在以下几个方面：

（1）CGE 模型的假定与现实经济的差异

CGE 模型基于最优化的行为假定、基于完全竞争的市场和变化的相对价格。同时，数据需求量大和数据的缺乏通常阻止了主要供给和需求函数参数的计量经济分析。从这方面看，CGE 模型模拟得到的政策评估结果的有效性常遭到质疑。实际上，最优化的行为、完全竞争的市场，是对经济系统的理想状态假定，是对现实经济系统的一种对照，宛如物理学中的理想状态。

（2）CGE 模型的动态预测功能不强

CGE 模型的应用是通过模型对政策变动的影响进行模拟，在此基础上对宏观经济总量和结构的变化进行预测。但这种基于政策变化的模拟预测必须结合对未来经济增长基本趋势的预测。而对宏观经济基本趋势的预测还必须依靠宏观计量模型。换言之，要先利用宏观计量模型提供一个基准状态（即不存在政策变动）下的预测线，即动态基准线，然后利用 CGE 模型模拟出政策变动后经济总量和结构的状态，最后将两状态进行对照和比较，才能大致得到政策变动带来的影响。因此，为了将 CGE 模型变为一个有效的预测工具，还必须充分利用宏观计量模型预测基准线。

为把 CGE 模型变为一个有效预测工具，一些经济学家进行了不懈努力。然而由于动态模型的复杂性，单纯依靠 CGE 模型进行预测是不可靠的，必须和宏观经济计量模型进行连接。为建立一个能够与外生给定的宏观预测相连接的 CGE 模型，要充分利用宏观模型专家以及产业、企业、宏观经济学家在研究世界经济及本国宏观经济方面的已有成果。另外，不断更新的投入产出数据，对产业划分以及对产业统计含义的正确理解等方面，对进行合理的基准线预测都是非常重要的。

（3）数据的缺失限制了 CGE 模型的应用

从某种意义上讲，CGE 模型可以看作是信息组合和加工的一种有效工具。CGE 模型包含的大量信息是其相对于其他方法和模型独有的优势，但这也恰恰成为其局限，因为这就意味着 CGE 模型对数据的要求远高于其他模型方法。建模过程中，人们经常发现由于缺少统计数据，一些信息需要做专项调查才能得到，而专项调查往往由于各项条件制约而难以实施。有时一些数据虽然存在，但本身并不符合模型的需要，必须进行烦琐的调整和预处理。数据问题在很大程度上限制了 CGE 模型的应用。

2.1.3.3 CGE 模型的争议

CGE 模型作为一种方法论，与其他分析工具相比，其具有更为坚实的经济理论基础，模型结构反映了各经济部门之间的相互联系，因而研究更具全局性。但是，如同任何一个经济学派都存在着反对者一样，对于 CGE 模型也存在着许多争议。对 CGE 模型的争议主要存在以下几个方面：

第一，现实中均衡是否存在。尽管 CGE 模型是对经济系统的一种全局性的描述，但是这种描述仍是高度简化和抽象的理想状态。而现实世界中不均衡是普遍存在，均衡是很少出现的。因此，对于模型中所得到的均衡结果是否能在现实世界中存在是值得商榷的问题。

第二，对 CGE 模型模拟结果精确性的质疑。不可否认，应用中 CGE 模型确实存在着许多精确性问题。①CGE 模型往往采用基年基准数据，采用标定法确定模型的各项参数，然而基准年的选取并没有一个确定的原则，随意性很大，这就使得模型的质量过分依赖于选定的基准年。②模型中的各种生产和消费函数有时并不能代表经济现实情况，且函数中的各种弹性值的选择也很少能通过统计学意义上的检验，而这些参数对模型的结果起着重要的影响。③CGE 模型是对实体经济的一种描述，大多数 CGE 模型中不包括金融资本市场和货币因素，而这些因素对实物经济会产生影响。

第三，CGE 模型用于政策分析时，往往忽略政策情景变化间的政策调整成本和相应外部性成本，而这些成本数据对于决定许多政策是否可行时非常重要。

对 CGE 模型持肯定态度的人们认为，绝对的事物是不存在的，任何事物都只是相对的。在均衡与不均衡这对矛盾中，均衡也是相对的，它反映的是非均衡状态的一种变化趋势，而这种趋势正是宏观经济政策研究中最为关注的焦点。对于 CGE 模型模拟结果存在的准确度问题，无法否认 CGE 还需要收集更多、更精确的数据、做更多的工作。将金融资本市场纳入模型结构之中是 CGE 模型研究未来重要的发展方向之一。需要更进一步从消费者、生产者持币动机着手，分析存在现金约束和交易成本时的个体持币效用，将货币需求在模型中内生化，从而更好地描述现实经济的运行状态。对于政策调整成本与外部性问题而言，这不是 CGE 模型需要解决的问题，而是基础经济学需要解决的问题。这是经济学基础理论需要解决的描述政策手段变化过程方面的缺陷，而并非 CGE 模型本身的缺陷。尽管 CGE 模型存在着各种各样有待继续完善、不断发展的问题，但其以严密透明的理论基础、灵活的模型框架等特点，逐渐成为经济政策分析的主流和发展方向之一。

2.1.4 数据处理和参数标定

CGE 模型对基础数据的要求较全面，需要采用一种全面的国民经济核算的表现形式，即社会核算矩阵（Social Accounting Matrix，SAM）来解决基础数据问题。要编制详细的社会核算矩阵，通常必须先构造一个宏观经济的汇总 SAM，以提供有效的宏观控制数字、保证宏观经济平衡，然后根据模型所讨论问题的细致程度，将汇总 SAM 分解为更为详尽的 SAM。

CGE 模型的参数标定一般采用校准法（Calibration Procedure），即运用 SAM 中数据和模型方程来计算模型中待定的参数。在没有任何外生冲击的情况下，标定后的模型重新运行，应能够得到与基年一致的均衡数据。采用该方法的好处是不要求经济的时间序列数据，只要有一个基准期的截面数据即可，但劣势是没有严格的计量经济学检验所支持。如果数据来源充分，也可以采用计量经济学模型和经济的时间序列数据，模拟 CGE 模型的参数。

另外，基准年均衡 SAM 数据通常不能够决定模型的全部参数。如各种弹性参数，无法通过基年 SAM 进行标定，仍需要外生确定。CGE 模型的标定方法和过程目前已经相当成熟，下一章将详细阐述。

2.1.5 CGE 模型的求解软件

当 CGE 模型所有的数据处理工作完成之后，最终就要在计算机上实现编程与实现。现在已有一些较先进的专业求解软件，可用于求解规模较大的 CGE 模型。如目前较为流行的世界银行开发的 GAMS 软件和澳大利亚莫纳什大学开发的 GEMPACK 软件包。

GAMS 是世界银行推出的"通用数学建模系统"（General Algebraic Modelling System，简称 GAMS），是最普遍应用的软件之一。它是针对线性、非线性和混合整数优化模型而开发的一种通用的建模系统，特别适合于求解非线性规划。GAMS 以一种简洁和接近自然语言的代码方式来处理建模问题，本质上是一个高度集成的高级语言接口，对不同的算法实现使用统一编程语言和调用接口，可以较方便地对模型进行代码编写、修改、调试和除错，因此特别适合于在 GAMS 中建立那些需要反复修改调试的大型模型。使用者只需要按照 GAMS 程序的书写规则逐项给出程序的输入部分，如定义集合、变量、方程、参数、输入数据、方程形式、目标函数、设置变量的初值和取值范围，而不需要考虑求解算法的具体细节。GAMS 能够让模型开发者把精力集中到建模工作上，其本身结构良好的建模框架、简洁准确的规范为模型开发者提供了较好的帮助，模型开发者无需考虑纯技术的计算机系统问题，如算法实现的问题等。GAMS 语言形式上与通常使用的编程语言相似，有编程经验的人比较容易掌握。因此这种建模环境方便实用，大大降低了研究者在计算机方面的技术要求。GAMS 软件中有多个求解工具可用于求解 CGE 模型，如 MINOS 可用于求解非线性规划类的 CGE 模型，PATH 和 MILES 可用于求解混合互补类（Mixed Complementary Problem，简称 MCP）的 CGE 模型等。

在 CGE 模型建模求解中经常使用的软件还有 GEMPACK（General Equilibrium Model Package，简称 GEMPACK），该软件是由澳大利亚莫纳什大学政策研究中心（CoPS，Monash university）开发维护的，是一个为 CGE 模型专用的建模求解软件。虽然已经应用于很多大型 CGE 模型开发中，但是对于普通研究者来说，其在通用性、代码可读性和学习资源方面不及 GAMS。GEMPACK 软件的求解原理是将非线性的问题线性化。

2.1.6 CGE 模型的程序结构和运行

GAMS 软件平台有一套语义表达规则，使用者需按照规则输入部门集合、模型参数和变量、模型方程和基年数据，在完成模型的标定和检验后，才能调用模型求解器求解模拟情景。

模型的 GAMS 程序由集合命名和定义、数据读入和检验、参数命名和定义、参数校准、变量的命名和初始化、方程命名和定义、模型定义、闭合条件定义、求解命令、结果输出、结果报告、情景条件设置以及动态条件设置等部分构成。

CGE 模型的 GAMS 程序在每次运行时，首先读入 SAM 数据和所有外生数据，存储在各种数据结构（如参数和表格）中。然后运行校准程序，获得基期的参数。模型从基期开始运行，直到最后一期结束。每期运行时，更新当期参数，根据动态机制的规则以及上期求解得到的变量值，计算当期的参数值，然后进行下一次 CGE 模型的求解，并存储求解得到的当前变量值。

2.1.7 CGE 模型的检验

CGE 模型是数量分析模型，必须对其求解得到正确、合理的均衡解，才可能检验模型正确性，进而开展政策模拟工作。

模型正确运行前，必须通过几类检验，即基年 SAM 数据平衡性检验、语法编译和方程变量数校对、模型一致性检验、规模齐次性检验、价格齐次性检验及支出方的 GDP 和收入方的 GDP 是否有相同方向的变动等。

（1）基年 SAM 数据平衡性检验

CGE 模型的数据基础 SAM 包含大量经济数据，首先要检查模型的基准数据是否平衡。由于在 SAM 的编制过程中因数据缺失、数据来源不一致，再加上统计误差等因素，会导致 SAM 的不平衡。因此，需要在一定的约束条件下对 SAM 进行调整以满足平衡性的要求。这种调整往往导致模型的基础数据与实际经济数据有所偏离。

（2）语法编译和方程变量数校对

语法编译、检查所有语句的语法错误，GAMS 具有很好的查错功能。根据语法错误的提示，建模者可以较容易地纠正错误。在语法完全正确无误后，将进行模型的变量数和方程数的校对。根据瓦尔拉斯（Walras）规则，模型中的实际变量数比所编写的方程数多一个，因此在模型求解过程中需要外生一个价格因子作为价格基准（Numeraire），以使内生变量数与方程数目相等。在实际中可任将一个价格变量处理为价格因子。

（3）模型一致性检验

一旦模型的标定过程结束，模型即成为可计算的数值模型。如果模型的表示和标定过程正确，在外生参数不变情况下，代入校准参数，模型的基期运行结果应该能够还原所有的基期变量的数值。因此，在不改变外生变量的情况下，模型运行一期，检查模型求解的结果是否与基期的数值一致。在实践中可通过模型的瓦尔拉斯变量检验模型的一致性。如果一旦模型的基年解与基年 SAM 不相一致，则瓦尔拉斯变量将不等于零。这可能由于以下方面存在问题：①基年 SAM 不存在一致性，有部分账户存在非平衡状况，需要重新校对基年 SAM；②模型闭合规则存在着遗漏。此时需重新检验闭合规则。

（4）规模齐次性检验

规模报酬不变是一般均衡理论的一个基本假设。在模型中除价格以外的所有外生变量都发生等幅度变动，则所有非价格变量会同比例变动，而价格变量保持不变。

（5）价格齐次性检验

在 CGE 模型中，所有经济主体的行为主要取决于相对价格的变动，而不是绝对价格的变动。模型中所有价格变量发生等幅度变动时，模型中所有价值变量将会同比例变动，而所有表示产品和要素数量的变量将保持不变。

（6）支出方的 GDP 和收入方的 GDP 是否有相同方向的变动

这需要进行一个相对价格发生显著变动的模拟，并确保模拟结果足以显示大多数变量的变动程度。在模拟完成后，应检查支出方 GDP 的变化率是否与收入方 GDP 的变化率有显著差异。如果有差异，就需要对初始数据和方程进行检查并修正。

2.1.8　模型闭合规则

经济学领域无论有多少流派，只要这种流派的观点可以用数学公式来表达，就可以建立起相应学派的 CGE 模型。如凯恩斯学派、新古典学派和货币学派对消费理论的叙述各有特色，因而反映各个学派的消费方程都可以纳入 CGE 模型中，使得 CGE 模型形式多种多样。

在 CGE 模型研究中需要注意两点：第一，要仔细分析所研究的课题目标特征和外部环境约束，从而选取一个合适的理论框架。第二，一旦选取了某一种理论作为基础，在同一 CGE 模型中一定要保持这一理论在各个模块都一致，应避免在同一模型中采用两种或两种以上的基本理论模式。

建立 CGE 模型的目的是求出均衡解，并且从均衡解中得到更多的经济系统信息，因此 CGE 模型应用研究的关键问题是 CGE 模型是否有解；如果有解，这个解是否是稳定的、唯一的。

在求解过程中，针对所研究的问题设置相应的闭合规则是非常重要的。在一般均衡框架中存在商品市场均衡、要素市场均衡、储蓄投资均衡、政府预算均衡和国际收支均衡五个均衡条件。经森（Sen，1963）和德卡鲁（Decaluwe，1988）等学者证明，并不是按照这些均衡条件建立起来的模型就一定能够获得稳定、唯一的均衡解，因此，必须通过破坏一个均衡条件来实现模型的一般均衡。对这个被破坏的均衡条件进行宏观衔接就被成为宏观闭合问题。

为了保证解的唯一性，一般说来在 CGE 模型中方程总数应当等于变量总数。可是在大多情况下，变量数并不等于方程数，模型独立方程的个数比全部方程少 1 个。在这样的模型中，必然产生闭合问题。这时，需要去掉一个方程，或是增加一个变量。闭合就是通过增加变量或删减若干方程来封闭模型的规则。

德瑞斯等（Dervis et. al., 1982）将 CGE 模型闭合问题分为新古典（Neoclassical）闭合、金汉森（Johansen）闭合、凯恩斯（Keynes）闭合、科多润（Kaldorian）闭合四种规则。这四种规则选择，可以从经济增长结构上的驱动因素来解释。宏观经济模型封闭理论之所以重要，是因为它从数学模型角度证明了各个主流经济学派能够同时存在。下面就分别介绍这几种模型闭合规则。

（1）新古典（Neoclassical）闭合规则

假定商品及劳动力市场出清，在保持生产者利润最大化的条件下，如果政府开支水平是外生给定的，则必须把投资水平看作内生变量。投资与储蓄的均衡可以由模型外生的利率调节机制来出清。在这种情况下，如果国外储蓄低于外生水平，汇率贬值的同时，进口产品数量减少，出口量增加，可以达到该账户的均衡。在充分就业时，投资也可以由居民储蓄决定。本期的投资成为下一期的生产资本，因而经济的运动是由储蓄来推动的。采用这种闭合的模型称为储蓄驱动（Saving Driven）式模型。这符合新古典学派的假设，常被称为新古典模型。

（2）金汉森（Johanson）闭合规则

假定商品及劳动力市场出清，在保持生产者利润最大化条件下，如果总投资水平是外生给定的，为了封闭模型、求得唯一解，必须把政府开支看作内生变量，或者通过政府预算节余或赤字来弥补投资—储蓄差额，或者通过某种税收或补贴，或者将国外储蓄作为内生变量，使总储蓄与总投资相等。与新古典闭合相对应，在金汉森闭合中储蓄是由投资决定的，而且整个经济由投资驱动，因此采用该闭合的模型称为投资驱动（Investment Driven）式模型。

上面两种宏观闭合都假定商品市场及劳动力市场出清，从而决定了商品价格及工资。然而在短期中存在工资刚性及价格刚性，劳动力市场存在失业。模型假定要素市场出清，选择的宏观闭合规则并不会影响劳动力总量，对国内生产总值等宏观变量几乎也没有影响。在这种情形下，不同的宏观闭合规则将产生整体效果，即实现总投资、总消费、政府支出以及国际贸易等宏观变量之间的总体均衡，且没有对实际经济活动和劳动力供给产生影响。

在劳动力市场没有达到均衡的情况下，可以通过工资水平的调整使之实现均衡，这被称为要素市场的闭合规则。假定劳动力市场不均衡，此时闭合规则主要包括凯恩斯（Keynes）闭合和科多润（Kaldorian）闭合两种。

（3）科多润（Koldorian）闭合规则

如果投资水平是外生给定的，为了达到一般均衡的目的，只能牺牲生产要素的优化条件。假定不同组的劳动者有不同的储蓄率，在 CGE 求解过程中调整各组劳动力的收入分配，以使真实储蓄与投资规模相适应。在这种情况下，工资率不一定等于劳动生产率的边际值。此时，总价格水平是均衡变量，称为科多润（Koldorian）闭合规则。

假定从初始均衡开始实际投资增加，储蓄必须增加，才能达到投资储蓄均衡。储蓄增长的唯一方式就是收入增长，这就要求劳动力和产出增加。随着劳动力和产出的增加，实际工资下降，这也就要求总价格水平增长。

在开放经济模型中，假定贸易平衡固定，可通过实际汇率的调整，改变商品的合成价格水平，实际工资随着价格水平的变化而改变，致使劳动力供给及收入改变，实现了储蓄与投资平衡。此时，汇率作为外生变量，把国外储蓄内生，工资水平作为基准价格，利用合成价格水平调整实际工资。随着价格水平的上涨，降低了实际工资，增加了劳动力供给、收入及储蓄。然而，价格水平上涨也使得实际汇率升值，增加了进口，减少了出口，因此导致国外储蓄增加。此时，投资与储蓄均衡可以通过储蓄的两种来源实现，即增加收入带来更多的储蓄或是增加国外储蓄。

（4）凯恩斯（Keynes）闭合规则

该闭合规则放弃劳动力市场与商品市场同时达到均衡的要求，假设劳动力市场不均衡，即允许存在失业。在这种情况下，就业率被当作内生变量，劳动力实际工资率是固定的，产出价格作为基准价格。各部门的劳动力数量可以依照系统的变化而上下调节，劳动力随时可以补充进生产部门。这实际反映了凯恩斯需求不足、供给过剩的假设。所以，如果在 CGE 模型中各部门劳动力需求量为内生变量，这类模型通常被称为凯恩斯式模型。此时投资可以作为外生变量，而工资仍由劳动的边际生产率决定，通过就业的变化来达到储蓄与投资的均衡。

在国际粮食政策研究所（The International Food Policy Research Institute，简称 IFPRI）的标准 CGE 模型（Lofgren et al.，2002）中，提供了许多不同的闭合规则供选择，可以针对不同的均衡条件选择不同的闭合规则。具体如下：

对于政府部门的均衡，可以将政府储蓄（政府收入与政府支出的差额）作为内生变量，而将所有的税率固定为外生变量；或是将政府储蓄作为外生变量，将国内居民、企业等非政府机构的直接税率内生调整到固定的政府储蓄水平。

对于国外部门的均衡，可将汇率作为内生变量，而国外储蓄作为外生变量；或者国外储蓄和贸易平衡作为内生变量，汇率外生。

对于储蓄投资均衡，可以设定模型的投资量固定。为了使储蓄等于固定的投资，可以内生调节国内非政府机构的储蓄率，这意味着政府可以通过政策措施使储蓄等于固定的实际投资。或是将模型的投资量固定，把国内非政府机构的储蓄率乘以一个变量，使得储蓄等于固定投资。或是将国内非政府机构的储蓄率固定，将所投资的每种商品的数量乘以一个变量，保证投资成本等于储蓄值。或是将投资和政府消费份额固定，对国内非政府机构储蓄率进行调整，以实现投资与储蓄的均衡。

可以按照上述的闭合方案，针对具体的研究问题进行选择。不同闭合规则的选择对基期结果无影响，只是对其他模拟的结果产生影响（Lofgren et al.，2002）。

2.1.9 敏感性分析

将 CGE 模型用于模拟分析后，还必须对模拟结果的稳定性进行检验，这对于模拟结果的解释是一个强有力的补充。因此，敏感性分析是 CGE 模型应用中的重要一环。

在 CGE 模型中，敏感性分析大体上可以分为两大类：一类是有限敏感性分析（Limited Sensitivity Analysis，LSA），由于肖分和瓦尔利（Shoven and Whalley，1984）的推荐而广泛应用。另一类是系统敏感性分析（Systematic Sensitivity Analysis，SSA）。

有限敏感性分析只是考虑部分自由参数，而系统敏感性分析考虑所有自由参数。系统敏感性分析又可以分为两种情况（Harrison et al.，1993）：一种是条件系统敏感性分析（Conditional Systematic Sensitivity Analysis，CSSA），另一种是非条件系统敏感性分析（Unconditional Systematic Sensitivity Analysis，USSA）。条件系统敏感性分析是指每个自由参数在其他自由参数不变的条件下，考察关键变量对其变化的稳定性；而非条件系统敏感性分析是指在一个自由参数不断变化的同时其他自由参数也变化的情况下，考察关键变量的稳定性。因此，非条件系统敏感性分析面临一个难以克服的缺点，就是需要大量的运算，从而使其可操作性大大减弱。

为了简化非条件系统敏感性分析的计算量，帕根和善农（Pagan and

Shannon，1985）发明了一种近似方法。他们没有采用传统的对弹性值域内的任何点来求解模型，而是在模型均衡解的邻域内通过变化弹性参数来观察解的变化。由于他们的敏感性分析过程依赖于对模型解的线性近似，所以其计算量比条件系统敏感性分析大大减小。

敏感性分析的其他方法包括：蒙特卡洛（Monte Carlo）方法（Wieck et al.，2007；Abler et al.，1999）；高斯积分方法（GAUSS Quadrature）（Arndt，1996；Arndt and Pearson，1996）；确定性等价建模方法（Deterministic Equivalent Modeling Method）（Webster et al.，1998）。

在敏感性分析方法中，阿伯乐等（Abler et al.，1999）认为可推荐的方法仅有蒙特卡洛方法和高斯积分方法。当计算上可行时，采用高斯积分方法，当高斯积分法不可行时采用蒙特卡洛方法。针对 CGE 模型结构，通常采用蒙特卡洛方法更适合。

蒙特卡洛方法亦称随机模拟方法，有时也称作随机抽样试验方法，它的基本思想是：首先建立一个概率模型或随机过程，使它的参数等于问题的解，然后通过对模型或过程的观察或抽样试验来计算所求参数的统计特征，最后给出所求解的近似值，而解的精确度可用估计值的标准差来表示。

蒙特卡洛方法研究的问题大致可分为两种类型：一种是问题本身就是随机的，另一种本身属于确定性问题，但可以建立它的解与特定随机变量或随机过程的数学特征或分布函数之间的联系，因而也可用随机模拟方法解决。

敏感性分析是 CGE 模型应用中的重要一环。给出模拟结果的可信度表示或置信区间，对于结果的解释是一个强有力的补充。利用 GAMS 软件或 Matlab 软件可实现利用蒙特卡洛方法对模型结果的敏感性分析。

2.2　能源环境 CGE 模型

2.2.1　能源经济模型

能源经济模型，是以经济学模型为基础，集中研究经济发展与能源消费和生产的关系，在宏观经济的总体构架下考察经济、能源、环境部门之间的联系，以此来分析不同政策情景下能源消费及环境排放的变化，从而寻求能够实现能源、经济、环境协调发展的政策方法和途径。这类模型一般被称为"自上而下模型"。根据所应用的经济理论不同,能源经济模型可以大致分为三类,分别是投入产出模型、宏观计量经济学模型、可计算一般均衡模型(即 CGE 模型)。

(1)投入产出模型

该类模型利用几组联立的一次线性方程组将经济部门间的复杂关系表示出来,假定总需求为外生且已知,并为如何满足该需求提供了相当详细的部门信息。传统的投入产出模型经过适当的扩展,可以应用于能源和环境政策分析,并主要用来分析能源和环境政策产业效果。由于模型方程中的系数是固定的,难以描述与能源环境政策相关的要素替代、技术变化以及行为变化,因此在分析政策的宏观影响时受到了一些限制。

(2)宏观计量经济模型

该类模型通过经济变量之间在过去的统计关系来预测经济行为,描述了各种不同部门中的投资和消费模式,并突出了与政策相关的短期动态机制。该模型中均衡机制的实现是通过数量的调整而非价格,并利用时间序列数据通过计量经济学估计模型参数。许多宏观经济模型是有效的,它们反映了过去的行为,因而适合于考虑短期和中期政策的经济效果。不过,该类模型是基于过去的数据,在得出对政策变化的预期反应时,并未考虑主体可能做出的有效率或者预见性的反应,因此仅适合于少量政策变化的短期或中期预测。新凯恩斯主义的宏观计量经济模型可以将货币政策、不完全竞争和失业等因素考虑进来集中分析。

(3)可计算一般均衡模型(CGE 模型)

该类模型是在近 50 年间发展起来的,它以微观经济理论为基础,基于微观经济学原理构建经济代理人的行为,来模拟不同行业或部门间复杂的、基于市场的相互作用关系。该模型通过在消费者对商品和服务的需求同生产者供给之间达成平衡的过程中,以消费者和生产者分别寻求福利或利润最大化为假设基础,对市场均衡价格进行模拟。该模型适合于作长期比较静态分析,世界上一些著名的能源环境 CGE 模型,包括温室气体排放预测与政策分析模型(EPPA)、GLOBAL2001、温室气体减排政策地区与全球影响评价模型(MERGE)、一般均衡环境模型(GREEN)等。

2.2.2 能源环境模型

用来研究能源环境问题,包括国际气候政策和国际温室气体减排量贸易问题的模型主要有以下几类:

第一,综合评价模型(Integrated Assessment Model,简称 IAM)。该类

模型综合考虑了人类活动、大气组成、生态系统与经济系统等的相互影响，往往由多个子系统构成，其中经济子系统一般采用 CGE 模型来描述，例如 AIM（The Asia – Pacific Integrated Model）模型和 RICE（Regional Integrated model of Climate and the Economy）模型等。由于该类模型对气候变化的机制有较为详细的描述，因此在研究全球气候变化问题上非常有用。

第二，可计算一般均衡模型（CGE 模型）。该类模型侧重于考察宏观经济层面的问题，往往被称为"自上而下"的模型，能用于分析碳税、资源税、环境税等政策措施对能源环境以及宏观经济和产业的影响。如 OECD 开发的 GREEN 模型、欧盟开发的 GEM – E3 模型、澳大利亚开发的 ORANI – E 模型、普渡大学开发的 GTAP – E 模型。该类模型适用于进行政策评价。

第三，综合能源系统模拟模型。相比 CGE 模型，该类模型在描述能源部门上更为具体，一般采用现有和新的技术的详细数据来表示能源部门，往往被称为"自下而上"的模型。该类模型详细描述能源需求和供给技术，包括最终使用、转换和生产技术。受外生的情景假设驱动的需求和技术进步常常与技术模型和计量经济预测模型相联系。需求部门通常分解为工业部门和建筑、服务、交通等需求。通过技术发展情景，可预测能源供应技术的发展趋势。该类模型最适合于短期和中期研究，其中详细的技术信息有助于解释大部分的能源需求。该类模型的缺点在于假设能源需求外生给定，并且没有很好地考虑能源部门与其他经济部门的联系。因此，该类模型常与 CGE 模型结合起来进行分析。典型的能源系统模型有 MARKAL 模型、PRIMES（Price – Induced Market Equilibrium System energy system model）模型、TIMES 模型（The Integrated MARKAL – EFOM System model）。

2.2.3 环境 CGE 模型

近三十年来，在世界银行、国际货币基金组织和世界劳工组织等国际组织的大力推动下，CGE 被应用于许多政策问题的研究，如宏观经济、经济结构调整、资本流动、农业发展、工业化、贸易自由化和区域间贸易、税收政策、劳动力转移、城镇化问题、收入分配和福利效应政策、环境政策、能源政策、气候变化等分析上，并正逐渐成为应用政策分析模型的主流方法。

从 20 世纪 80 年代以来，全球气候变暖、臭氧层破坏、大气污染、水土流失、生物多样性减少等环境问题日益突出。在这种背景下，旨在减少污染、改善环境的各种国际合作与协定应运而生，各国都在寻求一种既能保持经济增长又能有效削减污染排放的经济控制政策。环境 CGE 模型在这种背景下逐渐成为研究的热点。环境 CGE 模型的研究领域通常包括以温室气体特别是二氧化碳排放控制为主题的研究、能源利用、绿色环境税收的影响等方面。

把环境因素纳入 CGE 分析框架，是从 20 世纪 80 年代开始的。早期的环境 CGE 模型主要是将污染的影响以不同的方式内生到生产函数或效用函数之中。这些模型主要用于评价各种公共政策对环境和经济影响。

对环境 CGE 模型本身而言，如何在模型结构中引入环境反馈因素，是建模过程中需要重点研究的因素。按照污染物在 CGE 模型中的不同表示方式，环境 CGE 模型一般可以分为四类：

第一，应用扩展型。该类模型与标准的 CGE 模型相比没有太多的差别，只是对它进行了扩展，将污染与能源使用、部门中间投入和产出直接联系起来。这些扩展包括用固定的污染系数来估计排放；或在模型结构没有任何改变的情况下外生地改变用于环境管制的价格。总之，这种扩展一般并不改变模型中各种行为主体的行为假定和决策行为，仅仅是从环境角度对生产结果进行更详细的解释，即在标准 CGE 模型中增加了一个外生的污染或能源模块。

第二，环境反馈型。该类模型中引入环境对经济系统的反馈机制，如在生产函数中增加了污染控制成本的方程、考虑环境质量对生产率的影响、考虑环境对效用函数的影响等。例如乔根生和维克森（Jorgenson & Wilcoxen，1994）模型在生产函数中加入了包括污染成本在内的成本控制约束；若宾生（Robinson，1990）在居民消费效用函数中增加了污染排放与削减因素。哈塔纳等（Hatano et al.，2006）利用 CGE 模型研究了中国黄河流域的水资源分配问题。该模型生产要素包括水、劳动力和资本，水权交易通过居民供水和部门需求进行描述，其中主要的需水部门为农业部门。模型模拟了未进行水技术改造和对用水效率低地区进行投资和技术改造情况下，基于水权交易的水资源分配。结果表明，水权交易能提高水利用效率；在水资源约束下，下游集约用水可提高用水效率；对用水效率低地区给予技术改造将改善整个流域的用水状况。

第三，函数扩张型。该类模型中不仅对生产和消费函数进行修正，还设定了污染治理行为或技术的生产函数。例如若宾生（Robinson，1993）在 Cobb – Douglas 生产函数中增加了消除污染的行为。那斯托和帕索卡

（Nestor & Pasurka，1995）在扩展的投入产出分析中增加了控制污染处理过程和环境污染税。他们利用 CGE 模型研究了环境政策对德国经济的影响。模型所需基础数据来自一个扩展的投入产出表，此表包含了对污染治理活动的投入。他们使用该模型，来比较环境政策与关税政策、非关税贸易壁垒及生产补贴等经济政策对国家经济影响方面的差异，其中环境政策主要涉及设定污染减排过程和增加污染治理税率等手段。模拟结果显示，环境项目对德国经济的影响并不比那些扭曲的政府政策差；就合法的资本来源而言，对经济的影响可能会大大超过已观察到的其他经济政策的影响。

第四，结构衍生型。该类模型在均衡框架中增设了污染治理部门，假设其按照与生产部门相同的方式运作。如谢（Xie，2000）利用 CGE 模型研究了中国环境政策对经济发展的影响。该文利用扩展的 SAM，将污染税、污染治理补贴及污染治理活动纳入到标准的 CGE 模型中。生产采用嵌套的 C－D 函数，需求采用 Leontief 函数，进口采用 Armington 假设，进出口分别采用 CES 和 CET 函数。模拟结果表明，当时的污染税体系在减少中国污染排放问题上是无效的，这种无效不仅仅是由污染税过低所致，还由于污染税的执行情况所致；提升技术水平对减少污染是有利的。

2.2.4　能源环境 CGE 模型在我国的应用

20 世纪 90 年代中期以来，随着对能源供给安全、能源价格变化、能源需求和二氧化碳排放、减缓气候变化、低碳发展战略和路径等问题的重视，CGE 模型开始在我国得到应用，并迅速推广和普及。国内应用的 CGE 模型，包括单国 CGE 模型、单国多区域 CGE 模型和全球 CGE 模型。在能源环境领域，主要用来分析能源使用、二氧化碳排放、污染物排放和经济发展的问题。国内能源环境领域发展和应用的 CGE 模型，主要有三种发展路径。

第一，能源环境 CGE 模型在我国得到快速推广和普及，国内外研究机构和大学之间的国际合作，起着很重要的促进作用。这些合作建立起来的 CGE 模型，大多发展成为中国 CGE 模型政策分析的著名模型。比较有代表性的有：

国务院发展研究中心李善同、翟凡等与 OECD 发展中心合作，以 GREEN 模型为基础，构建了中国的动态递推经济环境 CGE 模型 DRC－CGE，并应用于贸易政策、能源环境政策、收入分配机制以及中国经济增长和结构变化等方面的研究。

国家发改委能源所姜克隽等在日本 AIM 模型的基础上开发了中国能源环境综合政策评价模型（IPAC），并进行了中国中长期排放情景研究。

中国社会科学院数量经济和技术经济研究所郑玉歆、樊明太等与澳大利亚亚莫纳什大学政策研究中心合作，构建了 PRCGEM 模型，并应用该模型对中国环境政策进行了分析。

国家统计局魏涛远等与挪威统计局合作，构建了一个中国 CGE 模型 CNAGE，分析征收碳税对中国经济和温室气体排放的影响。

国家信息中心与澳大利亚莫纳什大学政策研究中心合作，基于 ORANI 模型构建了国家信息中心动态 CGE 模型 SIC－GE，并用于减排政策对我国国际贸易及产业竞争力的影响分析。

中国科学院科技政策与管理科学研究所范英等在 Monash 模型的基础上构造我国能源经济动态 CGE 模型 CDECGE，并对中国 2020 年能源需求进行了情景分析。

中国科学院科技政策与管理科学研究所刘宇等与澳大利亚维多利亚大学合作，开发了中国多区域 CGE 模型 TermCO$_2$，用于分析碳交易试点的经济环境影响。

清华大学能源环境经济研究所与美国麻省理工学院（MIT）合作，分别开发了中国省级多区域（C－REM）与全球多区域（C－GEM）递归动态 CGE 模型，并用其对中国低碳政策的区域影响和全球影响进行了分析。

第二，在我国 CGE 模型的推广应用中，中国留学生和访问学者在国外的研究及后续成果，介绍到国内，也起着重要的桥梁作用，促进了我国能源环境领域 CGE 模型的推广应用。比较有代表性的有：

20 世纪 90 年代末，荷兰格罗宁根（Groningen）大学学者张中祥（Zhang ZhongXiang）建立了一个基于中国能源政策的动态 CGE 模型，分析了采用碳税来控制中国二氧化碳排放所造成的各种宏观影响。

谢剑（Jian Xie）将环境因素融入社会核算矩阵 SAM，编制环境社会核算矩阵 ESAM，并模拟了环境政策对控制污染物排放和经济发展的影响。

清华大学曹静基于美国哈佛大学乔根生（Dale W. Jorgenson）团队的 CGE 模型，构建了中国跨期动态的 CGE 模型，分析了中国环境税政策的双重红利效果。

北京大学戴翰程基于国家发改委能源研究所可再生能源中心与日本国立环境研究所（NIES）合作，构建了动态递推 CGE 模型，研究了我国大规模可再生能源发展的经济影响，探讨了绿色增长的路径。

第三，随着CGE模型在我国能源环境领域的应用和推广，对CGE模型感兴趣的学者不断增加，CGE模型的建模和应用技术也逐渐被国内学者掌握，自主构建的CGE模型及其应用研究快速增加。从2000年开始，CGE模型在我国能源、环境和气候变化方面的应用研究数量如雨后春笋般快速增长，研究文献和模型也急剧增加。国内高校的硕士论文和博士论文中，应用CGE模型研究能源环境问题的数量也快速增加。国内中文文献中应用CGE模型的研究也快速上升，同时研究学者纷纷投稿到英文期刊。CGE模型逐渐被大家认可，并接受为广泛和一般的应用工具。如：

中国社会科学院数量经济和技术经济研究所贺菊煌等构建了一个研究中国环境问题的CGE模型，用以分析征收碳税对国民经济各方面的影响。

清华大学王灿等针对中国二氧化碳排放压力，构建了一个中国经济—环境—能源动态CGE模型TED－CGE，考察了二氧化碳排放对中国部门经济的影响。

上海财经大学王德发等建立了一个上海市CGE模型，研究能源税征收的劳动替代效应，分析征收能源税的影响。

对外经济贸易大学魏巍贤将环境反馈机制引入CGE模型，分析我国能源政策在节能减排方面的政策效果及其对宏观经济的影响。

中国科学院虚拟经济与数据科学研究中心李娜、石敏俊等建立了中国八区域递归动态CGE模型，并对中国低碳政策的区域影响进行了研究。

复旦经济学院在GTAP8数据库的基础上建立了全球九区域57部门的递归动态CGE模型，并分析了关税降低对金砖国家的贸易与投资的影响。

中国人民大学庞军、邹骥等利用自主构建的能源—经济—环境CGE模型模拟了中国征收燃油税的经济影响。

国家发改委能源研究所戴彦德等利用自主构建的CGE模型，分析了经济低碳转型和气候变化政策的经济效应和社会效应。

华北电力大学张兴平等根据北京市2010年投入产出表，构建可计算一般均衡（CGE）模型，模拟碳税政策对北京市社会经济的影响。

华北电力大学郭正权等通过建立了一个重点突出化石能源与清洁能源部门以及化石能源二氧化碳排放的CGE模型，分析了我国发展低碳经济中碳税政策对能源需求与二氧化碳排放的影响。

北京化工大学时佳瑞、蔡海琳、汤铃等引入碳交易机制模块，构建了碳交易机制仿真CGE模型定量估计碳交易机制对我国的影响。

中国矿业大学管理学院（徐州）许士春等构建了多部门递归动态可计算一般均衡模型，以征收40元/吨碳税且无税收返还为基准情景分析了碳税对中国经济和碳强度的影响。

中国社会科学院刘小敏和付加锋针对我国 2020 年单位 GDP 的二氧化碳排放强度下降目标，构建了动态 CGE 模型估算了中国碳排放强度目标执行的难易程度。

中国社会科学院数量经济与技术经济研究所张友国对碳排放强度约束与总量限制之间的绩效进行了比较，然后运用 CGE 模型和蒙特卡洛方法对中国应该选择强度约束还是总量限制作为温室气体减排目标进行了研究。

中国科学院科技政策与管理科学研究所马晓哲、王铮等模拟了全球各区域 2008～2050 年的经济发展和碳排放状况，模拟碳税政策的减排效应及其对经济的影响。

中国社会科学院数量经济与技术经济研究所娄峰构建动态可计算一般均衡模型，模拟分析了 2007～2020 年不同碳税水平、能源使用效率、碳税使用方式下对二氧化碳减排、经济发展、社会福利等变量的影响。

财政部财政科学研究所苏明等基于 2005 年投入产出表数据，运用可计算一般均衡模型分析了不同的碳税税率方案对宏观经济、二氧化碳排放以及各行业的产出及价格、进出口等的影响效果，从静态和动态的视角给出了的预测与评价。

北京理工大学能源与环境政策研究中心开发了中国能源与环境政策分析模型 CEEPA（China Energy and Environmental Policy Analysis）。梁巧梅、魏一鸣等基于递推动态 CGE 模型 CEEPA，模拟了碳税减排方案对缩小城乡差距和提高人民生活水平的影响。

清华大学能源环境经济研究所鲁传一及其团队，分别建立了中国动态 CGE 模型和中国两区域动态 CGE 模型，就我国征收碳税及补充政策、中国西部开发能源投资的经济和环境影响进行了分析。

北京师范大学高颖、李善同等应用 DRCCGE 模型分析了征收能源消费税对社会经济与能源环境的影响。

经过近 20 年的发展，我国能源环境经济动态 CGE 模型已经数量众多，研究成果丰富，CGE 模型已经成为常用的能源环境政策的分析工具。我国具有相对完备的能源环境经济 CGE 模型系统，在能源环境税收影响、二氧化碳减排政策效果评价方面，取得了大量研究成果，也产生了大量的中英文文献，国内外能源环境领域影响逐渐增大。

与发达国家发展了几十年的水平相比，国内运用的全球能源环境经济 CGE 模型尚处于起步阶段，模型结构与参数取值大多沿袭发达国家的研究成果，缺乏符合国情的本土化实证分析数据，尚有许多的基础性研究工作积累有待完成。

在国内发展和应用的这些能源环境 CGE 模型中，对能源部门和能源投入的描述成为各种模型重要的特点。对能源部门和能源投入的描述上主要有三种方法。第一种方法侧重对能源部门的生产结构的详细描述，并将其作为一个特殊的部门来处理建立模型。第二种方法侧重对不同生产技术的描述，认为技术的替代带来投入要素之间的替代。第三种方法对所有部门的生产结构进行基本统一的描述，并直接在生产函数中描述要素的替代关系。从 CGE 模型构建的角度看，第三种方法，从理论上和建模实践上都较为成熟。前两种方法的主要缺陷是必须获得非常详细的能源部门或者高耗能部门的信息，才能建立较为完整的模型，且对能源部门局部均衡和过多的特定假设，也会对 CGE 模型一般均衡结果的分析和解释产生干扰和影响。

基于 CES 函数的生产函数形式在 CGE 模型中被广泛使用，已经成为 CGE 模型中标准的生产结构之一。随着分析问题的日趋复杂，这个结构在层次上也在不断地拓展，形成了多层嵌套的要素投入结构。

在 CGE 模型中，污染排放量或温室气体排放量普遍采用了较为简洁的方式，通常使用污染来源商品消费的实物量来直接计算污染的排放量，计算中使用固定的排放系数或者污染含量系数。这种方法的优点在于对数据的要求较少；主要缺陷在于污染排放只与部门产出有关，无法描述在生产过程中投入品之间特别是能源投入品之间的替代效应。

随着能源环境 CGE 模型研究增多，研究需求也不断增加，动态模型也逐渐增多。将静态 CGE 模型扩展为动态 CGE 模型的主要机理，是部分变量基于前期值和跨期行为规则进行更新，特别是对生产要素供给量随时间变化趋势的处理。动态模型需要反映人口、劳动力、科技进步的变化，这些变化通常都是基于历史数据或由其他有关研究进行预测，并外生给定的。从现有研究来看，绝大部分动态 CGE 模型都包括了资本积累的内生机制，但是在劳动力的供给机制、技术进步、经济结构的变化等方面的处理上存在很大的差异。

需要指出的是，使用动态 CGE 模型不仅需要设置未来某一时点上宏观经济指标情景，如 GDP、进出口值及其结构，而且试图把握经济系统长期变化的基本趋势。在现有研究中，动态 CGE 模型的应用主要是分析政策改变或外生政策冲击对经济系统的长期影响效果，把握一些外生因素的变化对经济系统的影响趋势。由于研究结果与长期基准情景的设置有关，动态 CGE 模型较少用来进行宏观经济预测。

第3章 社会核算矩阵及参数校准

政策分析的有效性取决于两个重要因素，一个是方法的正确性，一个是数据的可得性和有效性。上一章介绍了可计算一般均衡模型的原理，本章介绍模型对数据的需求，以及数据的可得性和有效性。

一个可计算一般均衡模型需要的数据包括三类。第一类是详细的经济核算数据，即社会核算矩阵（Social Accounting Matrix，简称SAM）。第二类是结构参数，如生产函数中的转移参数和份额参数等。第三类是一些附加的数据，如资本存量、劳动力总量、社会的投资矩阵等。CGE模型的数据需求量相对其他模型来说比较大，因此，模型数据库的建立和处理是一项艰巨的任务。

本章将详细讨论CGE模型数据库的建立、数据处理和参数校准方面的工作。首先介绍社会核算矩阵及其结构，接着介绍社会核算矩阵的编制方法，包括账户的设置和矩阵的平衡等。再介绍能源环境CGE模型的社会核算矩阵的编制，最后介绍参数的校准。

3.1 社会核算矩阵

3.1.1 部门的归并

社会核算矩阵中商品和部门的划分，根据模型的研究目的不同，划分的方案也各不相同。一般来说，根据某一年份的投入产出表，结合模型的研究目的，对部门进行归并和撤分。

2005年我们课题组构建了一个CGE模型，以分析征收碳税对中国经济的影响。当时最新的投入产出表数据是1997年投入产出表。我们基于中国1997年投入产出表数据，构建了一个CGE模型TCPA（Tsinghua Carbon Policy Analysis model）。

模型研究基于中国 1997 年投入产出表数据，因此需要根据投入产出表的部门划分，结合构建模型的研究目标，对数据进行部门归并。1997 年投入产出表，有 6 个产品部门、40 个产品部门、124 个产品部门的三张表的数据。构建的 TCPA 模型是为了分析碳税对中国经济的影响，因此将煤炭、石油、天然气和电力作为独立的部门，需要将 40 个产品部门与 124 个产品部门的投入产出表结合起来，进行数据的归并。

TCPA 模型的部门与 1997 年投入产出表中的部门对照如表 3 - 1 所示。在 40 × 40 投入产出表中，石油和天然气开采业是作为一个部门出现的，要将它们分开，需要借助 124 × 124 部门投入产出表。同样，电力及蒸汽热水生产和供应业在 40 × 40 投入产出表中也是作为一个部门出现的，需要借助 124 × 124 部门投入产出表将它们分开。

表 3 - 1　　　TCPA 模型的部门与 1997 年投入产出表中的部门对照表

部门序号	模型部门	I/O 表中部门编号	部门序号	模型部门	I/O 表中部门编号
1	农业	1	7	商业饮食业	30 - 31
2	重工业	4，5，12 - 23，24（87），26	8	非物质生产部门	32 - 40
3	轻工业	6 - 10	9	煤炭采选业	02，25
4	建筑业	27	10	石油	03（07），11
5	交通	28	11	天然气	03（08）
6	邮电	29	12	电力	24（86）

注：括号里的编号为 124 个部门投入产出表中的编号，其他均为 40 个部门投入产出表中的编号。

3.1.2　社会核算矩阵的概念

社会核算矩阵是目前常用的组织宏观经济数据的工具之一，它以矩阵的形式提供了一个框架，将分析者所需要的数据组织起来，从而把分析中出现的各行为主体的收支关系一致性地、完整地组织在一起，给数据的使用者提供了一致的信息。社会核算矩阵是以矩阵的形式反映的国民经济账户核算体系（System of National Accounts，简称 SNA）。社会核算矩阵在投入产出表的基础上增加了非生产性部门（机构）账户，如居民、政府、世界其他地区，以二维表的形式全面反映了整个经济活动的收入流和支出流，不仅能反映生产部门之间的联系，还能反映生产部门与非生产部门，及非生产部门和非生产部门之间的联系。

社会核算矩阵是对一定时期国家或地区经济结构的全面描述，它在投入产出表的基础上增加了各类经济主体的信息（如居民、政府、世界其他地区的收支流），将投入产出表和宏观经济账户统一在一致的框架下，以平衡、封闭的矩阵形式表示生产部门、要素和各类经济主体间的相互关系，具有全面、详细、一致的特点。因此，SAM 成为 CGE 模型参数校准过程中最常用的数据组织形式。

从形式上看，SAM 是一个矩阵，每一行和每一列都代表一个账户。如果行和列的名称相同，则都代表同一组账户。矩阵中的非零元素即代表各账户间的交易。SAM 中行数字代表账户的收入，列数字代表账户的支出。具体来讲，可表示如下：

$$T = \{t_{ij}\}, \quad i = 1, \cdots, n \quad j = 1, \cdots, n$$

其中，n 代表矩阵的维数，即 SAM 的账户数目。t_{ij} 表示从账户 j 支出到账户 i 的交易值。

对于每一账户，其行的总合计必须与列的总合计相等，即账户收入流量和等于账户支出流量和。一般来说账户体现了三种含义：①生产的总投入等于生产的总产出；②各机构账户（经济主体）的总收入等于总支出；③商品的总供给等于商品的总需求。

3.1.3 社会核算矩阵的结构

要编制社会核算矩阵，必须了解社会核算矩阵的结构。尽管社会核算矩阵没有固定的标准格式，但一般说来，仍遵循一定的结构形式。表 3 – 2 显示了社会核算矩阵的一般结构。

表 3 – 2　　　　　　社会核算矩阵（SAM）的一般结构

		支出								
		活动	商品	要素	居民	企业	政府	资本核算	世界其他	总计
收入	活动		国内供给						出口	总销售
	商品	中间需求			居民消费		政府消费	固定资产投资和库存增加		总需求
	要素	增加值								增加值

		支出								
		活动	商品	要素	居民	企业	政府	资本核算	世界其他	总计
收入	居民			劳动收入		企业分红	政府居民补贴		国外净汇款	居民收入
	企业			资本收入			政府企业补贴			企业收入
	政府	间接税	关税		个人所得税	企业所得税			国外净借款	政府收入
	资本核算				居民储蓄	企业储蓄	政府储蓄		国外净储蓄	总储蓄
	世界其他		进口				出口补贴			国外收入
	总计	总成本	总供给	增加值	居民支出	企业支出	政府支出	总投资	国外支出	

在社会核算矩阵中，行代表收入账户，列代表支出账户，相应行和列的总额应该是相等的。在社会核算矩阵的一般结构中，将生产活动与商品分开。对"活动"的核算对应的是投入产出核算中的生产部门，由模型中不同行业的生产者组成，反映了中间生产关系。如表3-2中的第1行的货币流动所对应的是各个需求方支付的国内产品的销售额。"商品"账户包括了国产品和进口品。将国内生产产品的供给与进口结合起来，形成国内市场的总供给。出口没有包括在"商品"的核算之中，而是直接由生产者（即"活动"）销售给国外，卖给"世界其他"国家。"要素"账户显示了对生产要素资本和劳动的需求（第3行），以及要素收入在不同要素之间的分配（第3列）。居民、企业和政府账户，反映了居民、企业和政府的收入来源（第4、5、6行）及其支出去向（第4、5、6列）。"资本核算"账户可以理解为一个投资银行的作用，它接受了所有经济主体的储蓄，如居民储蓄、企业储蓄、政府储蓄和国外储蓄（第7行），然后将所有储蓄转化为固定资产投资（第7列）。"世界其他"账户是指经济系统与世界其他经济体的联系，反映了外汇的收支。外汇的收入主要来自出口商品、国外净汇款、国外净借款和国外储蓄（第8列），主要支出就是进口商品及出口补贴（第8行）。

3.1.4 社会核算矩阵的作用

简单地说，社会核算矩阵有两个主要作用：一方面，它提供了一个描述经济体的全面核算框架；另一方面，它被广泛地用作建模和政策分析的工具。

社会核算矩阵补充和扩展了宏观、中观和微观经济统计系统，是对现有基础数据的有机结合。它把不同来源（包括投入产出表、经济循环账户、资金流量表、住户调查资料等）的数据组织在一个统一的框架内，通过一定的方法使之能够相互协调。根据分析的需要，社会核算矩阵能够在世界、多国、单个国家或地区水平等不同的层次上描述一个经济体。社会核算矩阵最大的优点是它描述了整个社会再生产的循环过程，把"生产—收入分配—消费"联系在一起。包含了生产过程、收入的形成和在机构部门之间的分配以及各部门的不同消费。一旦数据以社会核算矩阵的形式组织起来，它便能够较大程度地揭示一个经济体在一个特定时间内的静态经济结构。在国民经济宏观分析中，通过 SAM 可以做到：①基础数据的有机组合将使监控和协调相互关系分析成为可能。比如，就业和收入分配与宏观经济目标如国内生产净值增长、国际收支平衡和价格水平稳定等的关系，在 SAM 中就可以进行细致的分析。②将不同的数据（住户调查数据、人口统计数据、投入产出表、政府账户和国际收支资料及金融数据等）组合在 SAM 中，可以互相印证，从而提高对经济体描述的可靠性。③在某些专题研究中起到重要作用，如在 SAM 中将住户按经济特征分类，特别适用于研究贫困现象及其产生的原因和后果的分析。④与其他资料结合，可以分析一些具体的经济情况。如与商品价格指数等资料结合，SAM 可以跟踪分析商业和产业部门生产率的变化与收入分配的关系或者确定补贴具体居民阶层在消费者价格指数（CPI）中的权重数，等等。

社会核算矩阵的另一个作用是作为建模和政策分析的工具。SAM 提供了一个简单线性模型的框架，与投入产出模型相比，它包括了原始收入和最终支出关系，使就业系数的分析更完整，并可对外生的政府支出和外贸等变化的影响进行分析。SAM 的一个重要的应用是作为可计算一般均衡模型的基准数据集。可计算一般均衡模型是根据瓦尔拉斯的一般均衡理论发展而来的，与其他经济模型相比具有一些显著的特征，如模型中有多个相互作用的实体和多个市场；主体行为由优化条件推出；模型价格是内生的；常用于政策分析等。由于 CGE 模型的特点，它需要有一个包括生产、收入分配、消费各方面数据的一致、完整的数据集作为基年的数据。社会核算矩阵正好提供了这样一个良好的数据组织形式，故逐渐成为 CGE 模型的标准数据组织方式。因此，以 SAM 为基础建立的 CGE 模型在对经济结构特征进行政策分析中有着特别的实用性。

SAM 是 CGE 模型重要的基础数据集。在进行参数标定时，提供给 CGE 模型的数据集必须满足以下三个性质：①平衡性。即各行为主体的收支平衡和所有商品的供需平衡。②闭合性。CGE 模型中假设的宏观闭合条件，应满足基年的数据集。③一致性。参数标定后，模型运行的基年解必须与基年数据实际值相一致。SAM 结构的数据集正好可以满足这些要求。

SAM 在 CGE 模型中一个重要作用就是用于经济结构分析。SAM 中所反映的宏观经济数据是综合而又全面的，它既可以在宏观层次上反映整体经济的概貌，又能在细分的层次上反映经济的内部结构；它能直观反映居民、政府收入来源，经济比例结构、贸易结构等基本信息，还能在已有数据基础上，间接挖掘出诸如部门竞争优势、贸易依存度、居民收入差距（或基尼系数）等的更深层含义的经济信息。因此，SAM 经常成为 CGE 模型运用前理解地区经济特点的出发点。因此，SAM 的一个核心作用是为 CGE 模型参数标定提供一个满足平衡性、闭合性和一致性的数据集。

除此之外，SAM 还可用于模型结果的对比分析。SAM 既是模型运行时数据的出发点，也是集结模型模拟结果的一种有效方式。许多 CGE 模型的结果分析就是通过对比不同情景 SAM 的差异，来反映外生冲击的影响程度。

3.1.5 社会核算矩阵的编制

编制社会核算矩阵的方法有多种，一般常用的有两种方法。一种是利用当年的投入产出表及其他宏观经济数据直接编制。另一种是在往年的 SAM 基础上进行平衡、修正以得到当年的新 SAM。其中比较成熟的方法是传统的 RAS 方法。RAS 方法后面会详细介绍。尽管 SAM 没有固定的标准形式，但一般来说，仍有一些需要遵循的基本原理。

在编制 SAM 过程中，始终坚持平衡原则，即总收入等于总支出。具体体现如下：国内总产出等于国内供给量与出口量之和，也等于中间投入与劳动工资成本支出、资本成本支出、间接税之和。国内消费量等于国内产品的供给量与进口量、进口关税之和，也等于中间投入需求、居民消费、政府消费和投资之和。居民收入为工资收入、企业分红、政府补贴和国外净汇款之和。居民支出包括居民消费、所得税、居民储蓄之和。企业收入包括资本收入和政府补贴。企业支出包括企业分红、企业储蓄、企业所得税。政府收入来源于间接税、关税、企业所得税、居民所得税、国外净借款。政府支出包括政府消费、居民补贴、企业补贴、政府储蓄、出口补贴等。国际收支平衡，即贸易差额等于国外净借款、国外净汇款、国外净储蓄和出口补贴之和。

现实经济的运行是一个极其复杂的过程，其复杂性表现为经济活动多样性、经济行业部门多样性、产品的多样性。把所有的经济活动用 SAM 表示出来，是一个极其复杂的事情。一般情况下都是先编写一个宏观的 SAM，然后根据实际研究需要编制具体细化的 SAM。与细化 SAM 相比，宏观 SAM 只是提供整个经济活动的一个比较粗略的宏观描述，缺乏详细的部门和机构信息。宏观 SAM 是编制细化 SAM 的基础。因此，下面简单描述宏观 SAM 的结构及编制方法。

3.1.5.1 宏观 SAM 的编制

首先各种各样的经济活动统一称为活动，所有经济活动生产的产品统称为商品，资本、劳动、土地、自然资源等投入称为要素投入，企业、居民等机构部门统称为机构，产品的各种非生产性的使用通称为最终使用，这样形成一个极具概括性的宏观 SAM。它包括 5 个账户，分别为活动账户、商品账户、要素账户、机构账户及最终使用账户，这个 5×5 的宏观社会核算矩阵，也是最简单的宏观社会核算矩阵，但是它反映了商品生产、分配到最终使用，从而反映一国的经济运行情况。具体形式如表 3-3 所示：

表 3-3 一个简单的宏观 SAM 矩阵

	活动账户	商品账户	要素账户	机构账户	最终使用账户	合计
活动账户		总产出				总收入
商品账户	中间产品				最终产品	商品总需求
要素账户	增加值					要素收入
机构账户			增加值			部门收入
最终使用账户				最终产品		最终需求
合计	总投入	商品总供给	要素分配	收入使用	最终使用	

这张简单的 SAM 包括如下 5 个账户：

（1）活动账户

列方向反映了产业活动需要中间产品投入及要素投入，即为总投入；行方向反映了产业活动的总收入是源于商品销售收入，即商品的总产出。

（2）商品账户

列方向反映了商品的总供给来源于产业活动；行方向反映了商品账户

的总需求来源于产业活动的中间需求和产品最终使用。

（3）要素账户

列方向反映了要素收入分配给机构部门，即要素收入的分配；行方向反映了要素收入为产业活动的增加值。

（4）机构账户

列方向反映了机构部门消费的最终产品，即收入的使用；行方向反映了机构部门的收入的来源。

（5）最终使用账户

列方向反映了最终使用消费的商品，即最终产品供给；行方向反映了最终使用来自机构部门的最终需求或最终消费。

通过上述宏观SAM账户，可以得到宏观经济中一系列重要的平衡关系，具体归纳如下：

（1）总投入 = 总产出 = 中间投入 + 增加值

（2）总需求 = 总供给 = 中间消耗 + 最终产品

（3）要素收入 = 要素分配 = 增加值

（4）机构收入 = 收入使用 = 增加值

（5）最终使用 = 最终需求 = 增加值

可见，运用SAM反映宏观经济核算数据，确实可以表现宏观经济运行的全过程。

在应用中，视具体情况不同，可以编制不同维度的宏观SAM。一般用于CGE模型中完整体系的宏观SAM基本结构为8×8，即上述的活动账户、商品账户、要素账户保留不动，把机构账户与最终使用账户分解为居民、企业、政府、储蓄及国外。

随着账户的增多，账户中反映内容与5×5的SAM中有所增加。活动账户反映国内活动的总投入与总产出。商品账户，行方向反映中间需求、居民需求、政府需求及投资及出口，也就是商品总需求，列方向反映商品的国内总产出和进口，即为商品总供给。要素账户主要反映要素的投入及要素收益分配。居民账户，行方向反映居民的要素收入、转移收入和政府补贴等，列方向反映居民支出情况，包括消费商品、交给政府的税收、家庭储蓄等。企业账户反映企业的收入与支出情况，行方向反映企业的资本收入、转移收入和政府补贴等，列方向反映企业利润分配，包括交纳政府税收和企业储蓄。政府账户，行方向反映政府收取的间接税、关税、所得税等收入，列方向反映政府消费、政府的转移支付和储蓄等。投资 - 储蓄账户，行方向反映居民储蓄、企业储蓄、政府储蓄及国外储蓄，列方向反映投资品来源商品。国外账户，行方向反映国内对外国的支付，即外汇支出，表现为进口、国外要素支出、企业对国外的支付的盈余、政府对国外转移支付，列方向反映国外对国内的支付，即外汇收入，表现为出口，国外要素收入、国外对家庭的转移、国外对企业的转移及国外投资。具体SAM结构如表 3 – 4 所示。

表 3 – 4　　　　　　　CGE 模型中基本 SAM 的结构

		支出							
		活动	商品	要素	居民	企业	政府	投资储蓄	国外	总计
收入	活动		国内产出							总产出
	商品	中间投入			居民消费		政府消费	固定和流动资本投资	出口	总需求
	要素	增加值							来自国外的要素收入	要素收入
	居民			居民要素收入	居民间的转移支付	企业对居民转移支付	政府居民补贴		国外对居民的转移	居民收入
	企业			企业要素收入			政府企业补贴		国外对企业的转移	企业收入
	政府	间接税	销售税、关税	政府要素收入	个人所得税	企业所得税			国外对政府的转移	政府收入
	投资储蓄				居民储蓄	企业储蓄	政府储蓄		国外储蓄	总储蓄
	国外		进口	国外要素收入		企业向国外的支付	政府对国外的支付及出口补贴			国外收入
	总计	总投入	总供给	要素支出	居民支出	企业支出	政府支出	总投资	国外支出	

3.1.5.2　宏观 SAM 的细化

宏观 SAM 的账户可以细化为各个子账户。编制各国 SAM 的子账户的设置往往是不同的，并没有标准的形式。出现这一现象的主要原因有两点：一是各国的统计基础不同，数据的可获得性不同；二是政策分析的目的和建立的经济模型的形式不同，需要达到的细化程度有差别。原则上，每个账户都可以用两种不同的方式进行分解：

（1）进一步把整个经济 SAM 账户类别细化

首先是生产活动和商品账户的细化。生产活动账户根据产业部门进行分类，商品账户则根据产品部门进行分类，这样这两个账户通过投入产出技术中的制造矩阵与使用矩阵，表示了生产的投入产出关系。其次是要素的细化，往往把要素分成劳动、资本、土地和自然资源等。然后是企业账户的细化。可以根据企业所有制的不同分成国有、股份和外资，也可以根据企业规模的大小划分成大型、中型和小型企业。根据各国的统计现状和研究目的还有其他的划分方法。另外，居民的划分是 SAM 的细化中很重要的一环，可以根据居民生活的地区不同划分成农村和城镇，也可以根据收入水平的高低进行划分，甚至同时运用前两种划分标准进行复合划分。在特别关注一国与世界其他国家之间的不同经济往来的研究中，有时把国外账户分成各个不同的国家或国家集团。投资储蓄账户根据不同的机构部门进行细分，也可以引入金融账户，就把 SAM 扩展成了金融 SAM。也可以引入资产负债账户，形成流量与存量相结合的 SAM。这种方法的实质是宏观 SAM 编制方法中账户法的延续，即账户体系的分解细化。

（2）扩展 SAM 矩阵的另一种办法是分解交易类别

不同机构之间的经常转移可以根据经常转移的不同分解开来。比如可以把居民所得税从居民给政府的经常性转移中单列出来。这种方法的实质是将不同的交易内容直接从一般国民经济账户中提取出来。当资料繁多时，将增加 SAM 编制过程中的平衡难度。

在实际中编制细化的 SAM 通常将两者结合运用，通过投入产出表分解产业部门活动与产品类别，并结合宏观经济资料分解有关机构资料得到细化的 SAM。细化的矩阵包括了产业部门上生产活动的相互关系和机构之间的交易，是描述中观层次经济流量的理想形式，可以为政策分析、模型建立提供有效的数据。

3.1.6 社会核算矩阵的平衡

根据社会核算的原则，账户的支出必定等于收入，在 SAM 中表现为对应行和列的合计相等。但是在实际编制社会核算矩阵的过程中，由于数据来源不同和统计误差的存在，矩阵的行列合计往往并不相等。这时可以在 SAM 中增加一个误差账户保留误差，或者调整账户中的数据使 SAM 平衡。

一般可采取三个步骤来保证编制出的 SAM 行列合计相等。一是在编制社会核算矩阵的时候，采取先编制宏观 SAM，再编制详细 SAM 的顺序。以宏观 SAM 中的数据作为详细 SAM 中各个子矩阵的控制数，使子矩阵中数据的总和等于控制数。二是对不一致的数据进行分析，根据一些辅助信息作出判断，手工调整数据。SAM 把不同的账户组织在一块，这些数据的来源各不相同。原则上，一个账户的收入必定是另一个账户的支出。分析判断这些不一致的数据，实际上也是对现有数据来源的统计资料的检验。三是通过"RAS"法、交叉熵法（Cross Entropy Methods，简称 CE）或最小二乘法等数学方法来调整 SAM 数据，使行列平衡。目前在 SAM 表的平衡方法中最常用的是 RAS 法和 CE 法。

RAS 法是 1960 年由英国著名经济学家斯通等人发展起来的一种方法，是指在已知计划期（预测期）的某些控制数据的条件下，修正原有投入产出表直接消耗系数矩阵，并据此编制计划期投入产出表的方法。该方法在实际应用中不断得到改进，现在已得到十分广泛的普及。

RAS 法又称双边比例法，其实质是对行和列双边比例调整的迭代方法，通过两个主对角矩阵，分别称为替代乘数矩阵和制造乘数矩阵，将 SAM 左乘替代乘数矩阵达到所要求的行目标，右乘制造乘数矩阵达到所需的列目标，如此往复，直至 SAM 达到所要求的行和列精度。

RAS 方法是 SAM 调平最简单和传统的方法，它无需复杂的求解软件工具，可基于 Excel 和 VBA 程序求解，简单易行，这是 RAS 法的优点。不过也正是由于其简单性，RAS 方法具有一些明显的不足：①仅仅从数学的角度满足了一系列约束并迭代出最终结果，但是缺乏一定的经济学基础与解释；②无法将除了行和与列和之外的其他方面的数据来源和新信息包括进来，而且那些被认为是准确的矩阵元素值在迭代过程中无法被固定。

改进的 RAS 法，是指在 RAS 法的基础上，根据其所存在的问题而提出的一种简单的改进方法。亦即在原方法中对某些系数（一般来说，是指那些变动特别大或特别小的系数）可采用事先修订（或确定不变）的数据，而其余的系数则用 RAS 法求得，即在具体计算过程中先从系数矩阵中剔除这些已知的系数，求解以后再加进去。

交叉熵法的原理是使得调整后的 SAM 表与原 SAM 表之间的整体差异最小，这种差异将通过交叉熵距离来衡量。相比而言，交叉熵方法在适用范围和求解简捷性的方面更为出色。自从 CE 法在 GAMS 中实现之后，CE

法在编程实践中应用变得更广泛。利用该 GAMS 程序，采用 CE 法对建立的 SAM 表进行平衡处理，可以得到 SAM 平衡。

3.2　参数的校准

3.2.1　参数的分类

在 CGE 模型构建中，合理地确定和选取恰当的参数值是至关重要的一步。CGE 模型需要的参数很多。有的参数需要根据时序数据和有关的经验数据模拟后外生地给定，如居民的边际储蓄倾向、政府消费的增长率、技术进步率、碳税的税率、碳税的总收入转移支付给居民的比例等。有的参数是由建模者设置，如生产函数中的资本与劳动的替代弹性、能源之间的替代弹性、进口品与国产品的替代弹性、出口与国内销售的转换弹性。有的需要校准，如 CES 生产函数中的转移参数和份额参数、阿明顿函数中的转移参数和份额参数、出口转换函数中的转移参数和份额参数等。因此，可将 CGE 模型中的参数分为三大类：

第一类是各种替代弹性和需求弹性等参数，随着建模者根据研究对象和目标而设置。这类参数多数缺乏实证估计的基础。如果估计方法和数据选用不当，会导致参数值计算的偏差，必将会影响到整个模型计算的准确性。为了避免这一缺陷，一般采用文献研究的方法进行适当的选择。

第二类是外生参数，需要建模者根据历史数据或者经验数据进行计量经济学方法估计而设置。

第三类是校准参数，主要是各类函数的转移参数和份额参数，需要根据外生的参数和基准年 SAM 表的数据，结合模型的方程形式进行校准。CGE 模型最常用的参数确定方法是以基准年均衡数据为基础的校准方法。这种方法基于基准年一年的数据可以确定 CGE 模型中的参数，方便快捷而被广泛使用，成为 CGE 模型中确定参数的主流方法。但这个方法受到一些经济学家的批评，主要集中在两个方面：

一是不能确定所有的参数。存在一些被称为"自由参数"的外生参数，它们必须由其他方法确定。这些"自由参数"是校准方法用以确定其他参数的基础，但这些"自由参数"相对于模型而言可能是不合适的，或者与模型定义的行业、地区集合可能不匹配。

二是基准年的数据选择具有一定的风险。以某一基准年的均衡数据来校准参数，意味着这一年经济运行中的反常变化都会不恰当地影响到被校准参数的确定，从而影响到模型方程的结构。

校准方式的好处是不要求时间序列经济数据，只要有一个基准年的数据即可，但劣势是没有严格的计量经济检验和支持。校准方式虽然受到一些批评，但由于大多缺乏计量经济学方法所要求的时间序列数据，CGE 模型参数的确定基本上局限在校准方法的框架内。校准方法在一段时间内仍将是参数确定的主要方法。

CGE 模型的校准原理是运用 SAM 中数据和模型方程来计算模型中待定的参数。在没有任何外生冲击的情况下，校准后的模型重新运行应能得到与基准年一致的均衡数据。

3.2.2 自由参数的估计

在理想情况下，自由参数必须采用计量经济学方法估计得到，并且可获得相应的不确定性的度量，如标准差、置信区间等。但是，在实际中受限于数据的可得性，通常只是从文献中或者直接主观判断获取选择值，而忽略它们的不确定性度量。

CGE 模型中的自由参数包括生产函数中的各种替代弹性、居民需求函数中的弹性，贸易函数中的弹性系数等。

3.2.3 被校准参数

3.2.3.1 居民消费函数中的参数

居民消费函数，如线性支出函数，或扩展的线性支出系统（Extended Linear Expenditure System，简称 ELES）。ELES 是一个具有明确的经济意义和应用广泛的需求函数形式，它对居民消费的描述基于下列假设：居民消费支出由基本生存需求消费支出和其他消费支出两类组成，其中维持基本生存需要的消费支出与收入水平无关，居民在基本生存需求得到满足之后才将剩余的收入按照一定的边际消费倾向支配给各种非基本生存需求支出。边际消费倾向在同类居民中是相同的，居民对商品的总需求量取决于居民的可支配收入和商品的价格。

3.2.3.2 生产和贸易函数中的参数

在模型生产结构中，除了中间投入比例系数固定以外，其他各个层级的各类要素投入之间都存在一定的替代关系，特别是能源与资本复合投入和劳动投入之间或者能源与资本劳动组合投入之间、资本与劳动投入之间都存在一定的替代关系的假设，这与生产过程中机器设备（资本）、能源投入、劳动力投入之间的替代是相符合的。

在模型贸易模块中，Armington 替代弹性反映国产商品与进口商品之间的替代程度，是一种重要的行为参数。在现有研究中，大多数 CGE 模型都采用国产商品与进口商品之间存在差异的 Armington 假设（Armington，1969），即假设不同国家生产的商品具有差异性，不同国家生产的商品之间具有一个固定的替代弹性。

需要说明的是，虽然弹性参数的取值会对模型结果会产生一定的影响，但是仍然能够借助 CGE 模型这一复杂而细致的数值模拟工具来判断特定的变化趋势和理解所研究的问题，合理的参数设定将有助于结果不出现趋势性或方向性的错误，并将对结果的影响控制在一定范围内。

3.2.3.3 参数校准公式推导

下面就 CES 生产函数中的转移参数和份额参数、阿明顿函数中的转移参数和份额参数、出口需求函数中的转移参数和份额参数的校准公式进行推导。

（1）资本—劳动与能源的 CES 生产函数的转移参数和份额参数

资本—劳动与能源的 CES 生产函数为：

$$KEL_i(t) = A_{Fi} [\omega_{Ei} E_i(t)^{-\rho_{Fi}} + (1 - \omega_{Ei}) VA_i(t)^{-\rho_{Fi}}]^{-1/\rho_{Fi}} \quad (3-1)$$

将资本—劳动与能源的 CES 生产函数对能源求导得：

$$\frac{\partial KEL_i(t)}{\partial E_i(t)} = \frac{\omega_{Ei} KEL_i(t)}{[\omega_{Ei} E_i(t)^{-\rho_{Fi}} + (1 - \omega_{Ei}) VA_i(t)^{-\rho_{Fi}}] E_i(t)^{1+\rho_{Fi}}} \quad (3-2)$$

根据利润最大化原理，有：

$$\frac{\partial KEL_i(t)}{\partial E_i(t)} = \frac{CE_i(t)}{CKEL_i(t)} \quad (3-3)$$

联合上述两式即可求得：

$$\omega_{Ei} = \left[1 + \frac{CKEL_i(t_0) \times KEL_i(t_0) - CE_i(t_0) \times E_i(t_0)}{CE_i(t_0) \times E_i(t_0)} \left(\frac{VA_i(t_0)}{E_i(t_0)} \right)^{\rho_{Fi}} \right]^{-1}$$

$$(3-4)$$

将上式代入资本—劳动与能源的 CES 生产函数，得到：

$$A_{Fi} = KEL_i(t_0) / [\omega_{Ei} E_i(t_0)^{-\rho_{Fi}} + (1 - \omega_{Ei}) VA_i(t_0)^{-\rho_{Fi}}]^{-1/\rho_{Fi}} \quad (3-5)$$

同理，可以得到其他生产函数中的份额参数和转移参数的估计公式。

（2）资本与劳动 CES 生产函数的转移参数和份额参数

$$\omega_{Ki} = \left[1 + \frac{PVA_i(t_0) \times VA_i(t_0) - PK_i(t_0) \times K_i(t_0)}{PK_i(t_0) \times K_i(t_0)} \left(\frac{L_i(t_0)}{K_i(t_0)} \right)^{\rho_{vi}} \right]^{-1}$$

$$(3-6)$$

$$A_{vi} = VA_i(t_0) / [\omega_{Ki} K_i(t_0)^{-\rho_{vi}} + (1 - \omega_{Ki}) L_i(t_0)^{-\rho_{vi}}]^{-1/\rho_{vi}} \quad (3-7)$$

式中，

$$PVA_i(t_0) = CKEL_i(t_0) \times \frac{\partial KEL_i(t_0)}{\partial VA_i(t_0)}$$

$$= CKEL_i(t_0) \times A_{Fi}^{-\rho_{Fi}} \times (1 - \omega_{Ei}) \times \left(\frac{KEL_i(t_0)}{VA_i(t_0)}\right)^{1+\rho_{Fi}} \quad (3-8)$$

（3）能源合成函数的转移参数和份额参数

$$\delta_{ji} = \frac{PC_j(t_0) \times VE_{ji}(t_0)^{1+\rho_{Ei}} \times \sum_j PC_j(t_0) \times VE_{ji}(t_0)^{-\rho_{Ei}}}{CE_i(t_0) \times E_i(t_0)} \quad (3-9)$$

$$A_{Ei} = E_i(t_0) / (\sum_j \delta_{ji} VE_{ji}(t_0)^{-\rho_{Ei}})^{-1/\rho_{Ei}} \quad (3-10)$$

式中，

$$CE_i(t_0) = \frac{A_{Ei}^{\rho_{Ei}}}{\delta_{ji}} \times \left(\frac{VE_{ji}(t_0)}{E_i(t_0)}\right)^{1+\rho_{Ei}} \times PC_j(t_0) \quad (3-11)$$

（4）阿密顿复合商品总需求函数中的转移参数和份额参数

$$\mu_i = \left[1 + \frac{PD_i(t_0)}{PM_i(t_0)} \times \left(\frac{D_i(t_0)}{M_i(t_0)}\right)^{1/\sigma_{IMPi}}\right]^{-1} \quad (3-12)$$

$$\psi_i = S_i(t_0) / (\mu_i M_i(t_0)^{-\xi} + (1 - \mu_i) D_i(t_0)^{-\xi})^{-1/\xi} \quad (3-13)$$

（5）出口和国内销售的总供给函数的转移参数和份额参数

$$\tau_i = \left[1 + \frac{PD_i(t_0)}{PX_i(t_0)} \times \left(\frac{X_i(t_0)}{D_i(t_0)}\right)^{1/\sigma_{EXPi}}\right]^{-1} \quad (3-14)$$

$$\phi_i = Q_i(t) / (\tau_i X_i(t)^{\varphi_i} + (1 - \tau_i) D_i(t)^{\varphi_i})^{1/\varphi_i} \quad (3-15)$$

根据上面推导的公式可以得到各种生产函数、总需求函数、总供给函数的转移参数和份额参数。模型中所有的税率、要素收入分配系数和机构收入的比例系数等都属于校准参数，可结合经济理论，直接依据模型的对应方程和基准年 SAM 中选取相应的数据进行计算，使模型能够重新生成基准年的数据，即模型在基准年的解与基准年的均衡数据一致。对于模型中外生变量，直接利用基期 SAM 中对应的数据赋值。

第 4 章　一个中国经济的 CGE 模型

本章将介绍一个分析碳税政策的可计算一般均衡模型的构建，包括构建的思路和各个模块的方程设置。

4.1　中国碳税政策的 CGE 模型构建思路

为了研究中国的气候变化政策，考察中国 2020 年征收碳税的宏观经济影响，本章构建了一个中国气候变化政策分析的动态可计算一般均衡模型（Chinese Climate Change Policy Analysis Model，or Three – C Policy Analysis Model，简称 TCPA 模型）。

TCPA 模型包括 4 个行为主体和三种生产要素。4 个行为主体分别为家庭、企业、政府及国外，三种生产要素分别为劳动、资本和能源，能源由煤炭、石油、天然气和电力四种组成。假设所有的国内生产者和消费者是同质的，家庭是由国内为数众多同质的消费者组成的，各个经济部门生产者的技术水平发展也是同步的。

TCPA 模型采用以下基本假设：

①生产者以利润最大化为决策目标，消费者以效用最大化为决策目标。市场是完全竞争的，生产者和消费者在决策时，把价格作为外生变量。在任何一年，各部门现有的资本存量是固定的，不能在部门间流动；在年与年之间，各部门资本通过投资和折旧而增减。采用动态递推的方式，实现资本存量的动态变化。在任何时候，劳动力可以在部门间流动，并且是充分就业的。

②生产要素煤炭、石油、天然气和电力之间具有替代性，共同组合成为能源组合要素；资本、劳动之间具有替代性，共同组合成为增加值要素；能源组合要素与增加值要素之间具有替代性。其他非能源中间投入之间没有替代性，它们与能源组合要素、增加值要素一起用于生产部门

产出。

③大部分商品都存在着国内外进出口的双向贸易,进口品与国内生产产品并不具有完全替代性,存在着产品差异。

④总投资在各部门之间的分配,部分依据各部门的资本收入在总资本收入中所占份额来确定。

⑤碳税对能源使用者征收。TCPA 模型将中国国民经济划分为 12 个部门,即农业、重工业、轻工业、建筑业、交通运输业、商业和饮食业、邮电业、非物质生产部门、煤炭、石油、天然气和电力。

4.2 中国碳税 CGE 模型的方程设置

TCPA 模型共包括 11 个模块,它们是生产模块、要素需求模块、价格模块、收入模块、消费模块、投资和资本积累模块、对外贸易模块、能源环境模块、市场均衡模块、能源消费变化分析模块和福利指标分析模块。下面分别对各个模块进行介绍。

4.2.1 生产模块

TCPA 模型的生产函数大都采用 CES 函数,而非能源中间投入品的合成函数采用列昂惕夫(Leontief)生产函数。在中间投入中,煤炭与石油、天然气、电力之间有替代性,它们组成能源要素组。资本、劳动之间也有替代性,共同组成资本劳动要素组。能源与资本劳动要素之间也有替代性,共同组成能源—资本劳动组。其他非能源中间投入彼此之间没有替代性,它们与资本劳动—能源组形成总产出。

描述中国经济的生产模块按照以下途径设置方程。将生产中使用的煤炭、石油、天然气与电力合成能源 $[E_i(t)]$;资本与劳动力结合,构成各部门资本 $[K_i(t)]$ 与劳动力 $[L_i(t)]$ 合成函数增加值 $[VA_i(t)]$;能源 $[E_i(t)]$ 结合增加值 $[VA_i(t)]$,构建各部门的与资本—劳动—能源的合成函数 $[KEL_i(t)]$;各种非能源中间品投入(以投入产出系数 a_{ij} 表示),构建各部门的非能源中间投入函数 $[NE_i(t)]$。各部门的资本—能源—劳动合成要素 $[KEL_i(t)]$ 与非能源中间投入 $[NE_i(t)]$ 结合,构建各部门的总产量函数 $[Q_i(t)]$。TCPA 模型的生产结构如图 4-1 所示。

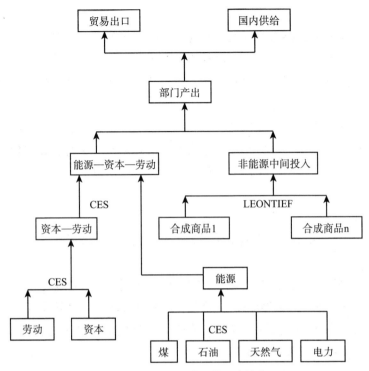

图 4-1 TCPA 模型的生产结构

TCPA 模型生产模块的方程如下：

（1）能源合成函数

能源总投入由不同种类的能源要素通过 CES 函数组合而成。

$$E_i(t) = A_{Ei} e^{AEI_i(t) \times (t-t_0)} \Big[\sum_{j=9}^{12} \delta_{ji} VE_{ji}(t)^{-\rho_{Ei}} \Big]^{-\frac{1}{\rho_{Ei}}} \qquad (4-1)$$

式中，$E_i(t)$ 表示第 i 部门第 t 期的合成能源的投入量；A_{Ei} 为第 i 部门第 t 期合成能源函数的转换系数；e 为指数函数的底数；$AEI_i(t)$ 为在 t 期第 i 部门能源使用效率的提高速度；δ_{ji} 为第 i 部门合成能源投入中第 j 种能源投入的份额系数，$\sum_{j=9}^{12} \delta_{ji} = 1$。$VE_{ji}(t)$ 为第 i 部门第 t 期能源 j 的中间投入；ρ_{Ei} 为能源合成函数中的替代参数，$\rho_{Ei} = (1 - \sigma_{Ei})/\sigma_{Ei}$，$\sigma_{Ei}$ 是第 i 部门各种能源投入之间的替代弹性。

（2）资本劳动函数

资本和劳动要素通过 CES 函数合成资本劳动组合投入，即增加值。

$$VA_i(t) = A_{vi} e^{\lambda_i(t) \times (t-t_0)} \Big[\delta_{vi} K_i(t)^{-\rho_{vi}} + (1 - \delta_{vi}) L_i(t)^{-\rho_{vi}} \Big]^{-\frac{1}{\rho_{vi}}} \quad (4-2)$$

式中，$VA_i(t)$ 表示第 i 部门第 t 期资本劳动的组合投入的数量。$K_i(t)$ 表示第 i 部门第 t 期资本的投入数量。$L_i(t)$ 表示第 i 部门第 t 期投入的标准劳动力数量。A_{vi} 为第 i 部门资本—劳动合成投入函数中的转换系数，δ_{vi} 为资本—劳动合成投入函数中的份额参数，ρ_{vi} 为资本—劳动合成投入函数中的替代参数，$\lambda_i(t)$ 为在 $(t-t_0)$ 期第 i 部门投入使用效率的提高速度。

（3）资本—劳动—能源合成函数

资本—劳动合成投入与能源投入，通过 CES 函数，合成资本—劳动—能源的合成投入。

$$KEL_i(t) = A_{Fi} e^{\theta_i(t) \times (t-t_0)} \left[\omega_{Ei} E_i(t)^{-\rho_{Fi}} + (1 - \omega_{Ei}) VA_i(t)^{-\rho_{Fi}} \right]^{-\frac{1}{\rho_{Fi}}}$$

$$(4-3)$$

式中 $KEL_i(t)$ 表示第 i 部门第 t 期资本—劳动—能源的合成投入数量，A_{Fi} 表示第 i 部门资本—劳动—能源投入的转换系数，$\theta_i(t)$ 为 $(t-t_0)$ 期第 i 部门投入使用效率的提高速度，$VA_i(t)$ 表示第 i 部门第 t 期投入的资本—劳动数量，$E_i(t)$ 表示第 i 部门第 t 期的合成能源的投入量，ω_{Ei} 为能源投入在资本—劳动—能源合成函数中的份额参数，ρ_{Fi} 为资本—劳动—能源合成函数中的替代参数。

（4）总产量函数

总产量由资本—劳动—能源组合投入和非能源中间投入构成。

$$(1 - itax_i(t)) \times Q_i(t) = \sum_{j=1}^{8} a_{ji}(t) Q_i(t) + KEL_i(t) \quad (4-4)$$

式中 $Q_i(t)$ 表示第 i 部门的总产量，$KEL_i(t)$ 表示第 i 部门资本—劳动—能源的合成投入数量，$a_{ji}(t)$ 表示第 i 部门单位产出所消耗的第 j 种非能源中间投入的数量，$itax_i(t)$ 表示第 i 部分的间接税税率。

4.2.2 要素需求模块

TCPA 模型的要素需求函数是根据利润最大化的原则和一般均衡条件推出的。根据利润最大化的原理和一般均衡条件，可以推导出煤炭、石油、天然气、电力的需求函数 $VE_{ji}(t)$，合成能源需求函数（$E_i(t)$），资本—劳动复合投入的需求函数（$VA_i(t)$），资本—劳动—能源复合投入的需求函数（$KEL_i(t)$），各种非能源中间品需求函数（$V_i(t)$）。它们的方程设置如下：

（1）对各种能源的中间需求

$$VE_{ji}(t) = A_{Ei}^{\sigma_{Ei}-1} e^{AEI_i(t) \times (t-t_0) \times (\sigma_{Ei}-1)} \delta_{ji}^{\sigma_{Ei}} \left(\frac{PE_i(t)}{PVE_{ji}(t)} \right)^{\sigma_{Ei}} \times E_i(t) \quad (4-5)$$

此式由 $\dfrac{\partial E_i(t)}{\partial VE_{ji}(t)} = \dfrac{PVE_{ji}(t)}{PE_i(t)}$ 得出。

式中 $PE_i(t)$ 为合成能源的价格，$PVE_{ji}(t)$ 为第 j 种能源的价格。

$\sigma_{Ei} = 1/(1 + \rho_{Ei})$，$\sigma_{Ei}$ 为不同能源品种之间的替代弹性，ρ_{Ei} 为不同能源品种之间的替代系数，$\rho_{Ei} \geqslant -1$。

（2）对合成能源的中间需求

$$E_i(t) = A_{Fi}^{\sigma_{Fi}-1} e^{\theta_i(t) \times (t-t_0) \times (\sigma_{Fi}-1)} \omega_{Ei}^{\sigma_{Fi}} \left(\frac{PKEL_i(t)}{PE_i(t)} \right)^{\sigma_{Fi}} \times KEL_i(t) \quad (4-6)$$

此式由 $\dfrac{\partial KEL_i(t)}{\partial E_i(t)} = \dfrac{PE_i(t)}{PKEL_i(t)}$ 得出。

式中 $PE_i(t)$ 为合成能源的价格，$PKEL_i(t)$ 为 i 部门增加值 – 能源投入的复合价格。

$\sigma_{Fi} = 1/(1 + \rho_{Fi})$，$\sigma_{Fi}$ 为组合能源与资本劳动增加值之间的替代弹性，ρ_{Fi} 为组合能源与增加值之间的替代系数，$\rho_{Fi} \geqslant -1$。

（3）对资本—劳动复合投入的中间需求

$$VA_i(t) = A_{Fi}^{\sigma_{Fi}-1} e^{\theta_i(t) \times (t-t_0) \times (\sigma_{Fi}-1)} (1 - \omega_{Ei})^{\sigma_{Fi}} \left(\frac{PKEL_i(t)}{PVA_i(t)} \right)^{\sigma_{Fi}} \times KEL_i(t)$$

$$(4-7)$$

式中 $PVA_i(t)$ 为劳动—资本合成投入的价格，$PKEL_i(t)$ 为 i 部门增加值—能源投入的复合价格。

（4）对资本的中间需求

$$K_i(t) = A_{Vi}^{\sigma_{Vi}-1} e^{\lambda_i(t) \times (t-t_0) \times (\sigma_V-1)} \delta_{Vi}^{\sigma_{Vi}} \left(\frac{PVA_i(t)}{PK_i(t)} \right)^{\sigma_{Vi}} \times VA_i(t) \quad (4-8)$$

式中 $PVA_i(t)$ 为劳动—资本合成投入的价格，$PK_i(t)$ 为资本的价格。

$\sigma_{Vi} = 1/(1 + \rho_{Vi})$，$\sigma_{Vi}$ 为部门 i 资本和劳动之间的替代弹性，ρ_{Vi} 为部门 i 资本和劳动之间的替代系数，$\rho_{Vi} \geqslant -1$。

（5）对劳动的中间需求

$$L_i(t) = A_{Vi}^{\sigma_{Vi}-1} e^{\lambda_i(t) \times (t-t_0) \times (\sigma_{Vi}-1)} (1 - \delta_{Vi})^{\sigma_{Vi}} \left(\frac{PVA_i(t)}{W_i(t)} \right)^{\sigma_{Vi}} \times VA_i(t)$$

$$(4-9)$$

式中 $PVA_i(t)$ 为劳动—资本合成投入的价格，$W_i(t)$ 为劳动的价格。

（6）对各种非能源中间投入的需求

$$V_i(t) = \sum_{j=1}^{12} a_{ij}(t) Q_j(t) \quad i = 1, \cdots, 8 \quad (4-10)$$

$$V_i(t) = \sum_{j=1}^{12} VE_{ij}(t) \quad i = 9, \cdots, 12 \quad (4-11)$$

式中 $V_i(t)$ 为对第 i 种商品作为中间投入的需求数量。

4.2.3 价格模块

采用"小国假设",即假设中国在世界范围的贸易中为价格接受国,价格由世界市场决定,中国进口与出口商品对国际市场的商品价格没有影响,则中国进出口商品的国内价格可用国际市场价格、关税以及汇率来说明。

国内市场复合供给商品的价格可以表示为进口商品价格与国内生产所提供的商品价格之间的复合关系,假设二者之间满足常替代弹性(CES)关系。国内生产的商品的销售价格也可以表示为用于出口的商品价格与用于国内消费的商品之间的复合关系,假设二者之间满足常转换弹性(CET)关系。这表明消费者在进口商品和国内生产的商品之间进行选择,组成复合商品以最小化总支出;而生产者在国内与国外两个市场上选择,以最大化其利润。

生产部门商品净价格(即增加值价格),是把单位商品的生产价格扣除间接税部分,加上企业补贴部分,再扣除中间投入部分。

资本服务的价格,定义为其来源的各部门资本品的价格的加权平均值。部门资本的使用价格,按照各部门资本品的平均价格和特定的部门份额来确定。

在 CGE 模型中,供给和需求是由相对价格决定的。由于 CGE 模型一般常用于经济增长、贸易、能源和环境等领域的经济问题的分析,而很少用于通货膨胀类问题的分析,因此,在 TCPA 模型中,选取 GDP 的平减指数作为价格的参考系,并作为外生变量处理,并假设其基年价格为1。

TCPA 模型的价格模块方程如下:

(1)进口价格

$$PM_i(t) = (1 + tm_i(t) + mp_i(t) - ms_i(t)) \times PWM_i(t) \times ER(t)$$

$$(4-12)$$

式中,$PM_i(t)$ 表示进口品的国内价格,$tm_i(t)$ 表示进口关税的税率,$mp_i(t)$ 表示进口商品的利润率,$ms_i(t)$ 表示进口商品的补贴率,$PWM_i(t)$ 表示进口商品的国际价格,$ER(t)$ 表示汇率。

(2)出口价格

$$PX_i(t) \times (1 + ep_i(t) - es_i(t)) = PWX_i(t) \times ER(t) \qquad (4-13)$$

式中,$PX_i(t)$ 表示出口商品的国内价格,$ep_i(t)$ 表示出口商品的利润率,$es_i(t)$ 表示出口商品的补贴率,$PWX_i(t)$ 表示出口商品的国际价格,$ER(t)$ 表示汇率。

（3）复合商品的供给价格

$$P_i(t) = (1/\psi_i) \times (\mu_i^{\vartheta_i} \times PM_i(t)^{1-\vartheta_i} + (1 - \mu_i)^{\vartheta_i} \times PD_i(t)^{1-\vartheta_i})^{1/(1-\vartheta_i)} \tag{4-14}$$

或者
$$P_i(t) = PD_i(t) \tag{4-15}$$

式（4-14）中，$P_i(t)$ 表示复合商品的供给价格，$PD_i(t)$ 表示国内生产的商品价格，$PM_i(t)$ 表示进口商品的国内价格，ψ_i 表示进口需求函数中的复合商品转换系数，μ_i 表示进口需求函数中复合商品的份额参数，ϑ_i 表示进口商品和国内生产的商品之间的价格替代弹性。式（4-15）表示没有进口的情况，这时国内的商品供给价格，就等于国内生产的商品价格。

（4）国内销售价格

$$PS_i(t) = (PX_i(t) \times X_i(t) + PD_i(t) \times D_i(t))/Q_i(t) \tag{4-16}$$

或者
$$PS_i(t) = PD_i(t) \tag{4-17}$$

式（4-16）中，$PS_i(t)$ 表示国内生产商品的平均销售价格，$PD_i(t)$ 表示国内市场销售价格，$PX_i(t)$ 表示出口销售价格对应的国内价格，$X_i(t)$ 表示出口商品的数量，$D_i(t)$ 表示国内生产的商品国内销售的数量，$Q_i(t)$ 表示 i 商品的总产出数量。式（4-17）表示没有出口的情况，这时国内的商品销售价格，就等于国内生产的商品的国内销售价格。

（5）单位商品的增加值

$$PVAQ_i(t) = PS_i(t) - \sum_{j=1}^{n} a_{ji} P_j(t) \times (1 + CTR_j(t)) \tag{4-18}$$

式中，$PVAQ_i(t)$ 表示第 i 部门单位商品的增加值，$PS_i(t)$ 表示第 i 部门商品的销售价格，a_{ji} 表示投入产出系数，$P_i(t)$ 表示复合商品的销售价格，$CTR_j(t)$ 为征收碳税对应的第 j 种中间投入商品的价格增量。

（6）单位产品净增加值价格（部门净价格）

$$PEV_i(t) = (1 - itax_i(t)) \times PS_i(t) + gsubi_i(t)$$
$$- \sum_{j=1}^{n} a_{ji} P_j(t) \times (1 + CTR_j(t)) \tag{4-19}$$

式中，$PEV_i(t)$ 表示第 i 部门单位商品的净增加值，$itax_i(t)$ 为间接税的税率，$gsubi_i(t)$ 表示单位商品的政府补贴。

（7）资本服务价格

$$PK_i(t) = \sum_{j=1}^{n} sf_{ji} P_j(t) \tag{4-20}$$

式中，$PK_i(t)$ 为第 i 部门资本价格，sf_{ij} 为资本组成系数，即在 i 部门投资中用到的来源 j 部门资本品的份额，$\sum_{j=1}^{n} sf_{ji} = 1$。$P_i(t)$ 表示商品 i 的市场销售价格。

（8）GDP 价格指数

$$PIGDP(t) = Y(t)/RY(t) = PINDEX(t) \qquad (4-21)$$

式中，$PIGDP(t)$ 为 GDP 价格指数，$Y(t)$ 为名义 GDP，$RY(t)$ 为实际 GDP，$PINDEX(t)$ 为 GDP 的平减指数。

4.2.4 收入模块

劳动的要素收入用工资率与就业量表示，假定各部门的工资率以同样的速度增加。资本的要素收入定义为总产出中的增加值部分（不包括间接税）减去劳动的要素收入。企业净收入定义为企业总收入减去企业所得税后的余额。

家庭收入来源于劳动的要素收入、资本收入分红、政府的转移支付与价格补贴以及国外汇入。家庭收入扣除个人所得税后为家庭可支配收入，家庭储蓄定义为家庭可支配收入乘以边际储蓄倾向。

政府收入来源于企业的所得税与间接税、家庭的收入所得税、关税、预算赤字、外债和碳税等。

总储蓄由企业储蓄与折旧、家庭储蓄、政府储蓄及国外净储蓄组成。

名义 GDP 按照市场价格计算，它由总增加值、关税及外贸净盈利之和，再扣除企业补贴和进出口贸易补贴后的余额得到。

TCPA 模型收入模块的方程设置如下：

（1）劳动要素收入（工资）

$$WB_i(t) = W_i(t) \times L_i(t) \qquad (4-22)$$

式中 $WB_i(t)$ 为第 i 部门劳动收入，$W_i(t)$ 为 i 部门工资率，$L_i(t)$ 表示第 i 部门投入的标准劳动力的数量。

（2）平均工资率

$$W_i(t) = (1 + GRW(t)) \times W_{i0} \times CPI(t) \qquad (4-23)$$

其中，$W_i(t)$ 为 i 部门的平均工资率，W_{i0} 为 i 部门基年的平均工资率，$GRW(t)$ 为 t 时期整个经济的工资增长率，$CPI(t)$ 为 t 时期的消费价格指数。

（3）消费价格指数

$$CPI(t) = \sum_i P_i(t) \times CI_{i0} / \sum_i P_{i0} \times CI_{i0} \qquad (4-24)$$

其中，$P_i(t)$ 为 t 年商品 i 的消费价格，CI_{i0} 为基年商品 i 的消费量。P_{i0} 为基年商品 i 的消费价格。

（4）资本收入（利润）

$$YKI_i(t) = PEV_i(t) \times Q_i(t) - W_i(t) \times L_i(t) \qquad (4-25)$$

式中 $YKI_i(t)$ 为第 i 部门资本收入（利润），$PEV_i(t)$ 表示第 i 部门单位产品的净增加值，$W_i(t)$ 为 i 部门的工资率，$L_i(t)$ 表示第 i 部门投入的标准劳动力的数量。

（5）总资本收入

$$YK(t) = \sum_{i=1}^{n} YKI_i(t) \qquad (4-26)$$

式中 $YK(t)$ 为整个经济的总资本收入。

（6）企业总收入

$$YE(t) = YK(t) + \sum_i TPRT_i(t) - DEPR(t) + GSUB(t) \qquad (4-27)$$

式中 $YE(t)$ 为企业总收入，$TPRT_i(t)$ 为部门 i 的外贸总利润，$DEPR(t)$ 为企业资产存量的总折旧，$GSUB(t)$ 表示政府转移给企业的补贴。

（7）企业净收入

$$YNE(t) = YE(t) - ETAX(t) \qquad (4-28)$$

其中，$YNE(t)$ 为企业所得税后收入，$ETAX(t)$ 为企业所得税。

（8）商品贸易总利润

$$TPRT_i(t) = tprtr_i(t) \times (MPRT(t) + EPRT(t)) \qquad (4-29)$$

其中，$tprtr_i(t)$ 为部门 i 的贸易利润份额，$MPRT(t)$ 为进口总利润，$EPRT(t)$ 为出口总利润。

（9）进口总利润

$$MPRT(t) = \sum_i (tmp_i(t) \times PWM_i(t) \times M_i(t) \times ER(t)) \qquad (4-30)$$

其中，$MPRT(t)$ 为进口的总利润，$PWM_i(t)$ 为进口的国际价格，$tmp_i(t)$ 表示进口利润率，$M_i(t)$ 表示进口数量，$ER(t)$ 表示汇率。

（10）出口总利润

$$EPRT(t) = \sum_i (ep_i(t) \times PWX_i(t) \times X_i(t) \times ER(t)) \qquad (4-31)$$

其中，$EPRT(t)$ 为出口的总利润，$PWX_i(t)$ 为出口的国际价格，$ep_i(t)$ 表示出口利润率，$X_i(t)$ 表示出口数量，$ER(t)$ 表示汇率。

（11）居民收入

$$YH(t) = \sum_i WB_i(t) + eh(t) \times YNE(t) + HHT(t) +$$
$$ER(t) \times REMIT(t) + PSUB(t) \qquad (4-32)$$

式中，$eh(t)$ 为居民从企业收入中分红的份额，$HHT(t)$ 为政府对居民的转移支付，$REMIT(t)$ 为净国外汇款，$ER(t)$ 表示汇率，$PSUB(t)$ 为消费价格补贴。

（12）居民可支配收入

$$YD(t) = (1 - th(t)) \times YH(t) \qquad (4-33)$$

其中，$th(t)$ 为个人所得税率。

（13）政府收入

$$YG(t) = TAF(t) + th(t) \times YH(t) + tei(t) \times YE(t) + INDT(t) +$$
$$TRC(t) + ER(t) \times FBOR(t) + GDEF(t) \qquad (4-34)$$

其中，$TAF(t)$ 为关税，$th(t)$ 为居民所得税率；$tei(t)$ 为企业所得税率；$INDT(t)$ 为间接税，$TRC(t)$ 为碳税，$FBOR(t)$ 为政府向国外净借款，$ER(t)$ 为汇率，$GDEF(t)$ 为预算赤字。

（14）关税

$$TAF(t) = \sum_{i=1}^{n} tm_i(t) \times M_i(t) \times PWM_i(t) \times ER(t) \qquad (4-35)$$

式中，$TAF(t)$ 为关税，$tm_i(t)$ 为关税率，$PWM_i(t)$ 为进口的国际价格，$M_i(t)$ 表示进口数量，$ER(t)$ 表示汇率。

（15）居民所得税

$$THT(t) = th(t) \times YH(t) \qquad (4-36)$$

其中，$THT(t)$ 为居民所得税，$th(t)$ 为居民所得税率，$YH(t)$ 为居民收入。

（16）企业所得税

$$ETAX(t) = tei(t) \times YE(t) \qquad (4-37)$$

其中，$ETAX(t)$ 为企业所得税，$tei(t)$ 为企业所得税率，$YE(t)$ 为企业总收入。

（17）间接税

$$INDT(t) = \sum_{i=1}^{n} itax_i(t) \times PS_i(t) \times Q_i(t) \qquad (4-38)$$

其中 $INDT(t)$ 为间接税，$itax_i(t)$ 为间接税率，$PS_i(t)$ 表示国内生产商品的销售价格，$Q_i(t)$ 表示商品 i 的总产出数量。

（18）生产法名义 GDP

$$Y(t) = \sum_{i=1}^{n} PVAQ_i(t) \times Q_i(t) + TAF(t) + \sum_{i} TPRT_i(t) -$$
$$TSUB(t) - GSUB(t) \qquad (4-39)$$

其中 $Y(t)$ 表示生产法名义 GDP，$PVAQ_i(t)$ 表示第 i 部门单位产品生产的增加值，$Q_i(t)$ 表示 i 产品的总产出数量，$TAF(t)$ 为关税，$TPRT_i(t)$ 为外贸利润，$TSUB(t)$ 表示外贸总补贴，$GSUB(t)$ 表示总企业补贴。

4.2.5 消费模块

消费模块主要表示家庭及政府对商品与劳务的需求。家庭消费用线性支出函数（LES）表示。政府消费需求用政府总消费与固定的部门产品消费份额表示，政府对企业、进口与出口的补贴分别用相应的补贴率乘以总产出、总进口及总出口表示。支出法 GDP 为各项最终消费需求与投资需求以及净出口之和。TCPA 模型的消费模块的方程设置如下：

（1）家庭消费

$$C(t) = (1 - mps(t)) \times YD(t) \qquad (4-40)$$

式中，$C(t)$ 表示家庭消费支出，$mps(t)$ 表示家庭边际储蓄率，$YD(t)$ 表示家庭可支配收入。

（2）家庭最终消费需求

$$CI_i(t) = tr_i(t) \times C(t)/P_i(t)/(1 + CTC_i(t)) \qquad (4-41)$$

式中，$CI_i(t)$ 表示商品 i 的家庭最终消费需求，$tr_i(t)$ 表示商品 i 的消费支出在总消费中的比例系数，$\sum_i tr_i(t) = 1$，$C(t)$ 表示家庭总消费支出，$P_i(t)$ 表示征收碳税前商品 i 的消费价格，$CTC_i(t)$ 表示产品 i 生产过程中征收碳税导致的价格变化量。

（3）政府最终消费需求

$$G_i(t) = eg_i(t) \times TGPUR(t)/P_i(t) \qquad (4-42)$$

式中，$G_i(t)$ 表示商品 i 的政府消费数量，$eg_i(t)$ 表示商品 i 在政府消费支出中的部门份额，$\sum_i eg_i(t) = 1$，$TGPUR(t)$ 表示政府总消费支出。

（4）对企业的补贴

$$GSUB(t) = \sum_i (gsubi_i(t) \times PS_i(t) \times Q_i(t)) \qquad (4-43)$$

式中，$GSUB(t)$ 表示政府对企业的补贴，$gsubi_i(t)$ 表示部门 i 的企业补贴率，$PS_i(t)$ 表示商品 i 的销售价格，$Q_i(t)$ 表示商品 i 的总产出数量。

（5）总贸易补贴

$$TSUB(t) = MSUB(t) + ESUB(t) \qquad (4-44)$$

式中，$TSUB(t)$ 表示总贸易补贴，$MSUB(t)$ 表示进口补贴，$ESUB(t)$ 表示出口贸易补贴。

（6）进口补贴

$$MSUB(t) = \sum_i (ms_i(t) \times PWM_i(t) \times M_i(t) \times ER(t)) \qquad (4-45)$$

式中，$MSUB(t)$ 表示进口补贴，$ms_i(t)$ 表示商品 i 的进口补贴率，$PWM_i(t)$ 表示商品 i 进口的国际价格，$M_i(t)$ 表示商品 i 的进口量，$ER(t)$ 为汇率。

（7）出口补贴

$$ESUB(t) = \sum_i \left(es_i(t) \times PWX_i(t) \times X_i(t) \times ER(t) \right) \quad (4-46)$$

式中，$ESUB(t)$ 表示出口补贴，$es_i(t)$ 表示商品 i 的出口补贴率，$PWX_i(t)$ 表示商品 i 出口的国际价格，$X_i(t)$ 表示商品 i 出口量，$ER(t)$ 为汇率。

（8）支出法名义 GDP

$$
\begin{aligned}
Y(t) = &\sum_i \left(CI_i(t) + G_i(t) + FI_i(t) + SK_i(t) \right) \times P_i(t) + \\
&\sum_i \left(1 + ep_i(t) - es_i(t) \right) \times X_i(t) \times PX_i(t) - \\
&\sum_i \left(1 - tm_i(t) + mp_i(t) - ms_i(t) \right) \times M_i(t) \times PM_i(t)
\end{aligned}
$$
$$(4-47)$$

式中，$Y(t)$ 表示支出法名义 GDP，$CI_i(t)$ 表示家庭消费需求，$G_i(t)$ 表示政府消费，$FI_i(t)$ 表示固定资产投资，$SK_i(t)$ 表示库存增加量，$ep_i(t)$ 表示出口利润率，$es_i(t)$ 表示出口补贴率，$X_i(t)$ 表示出口量，$tm_i(t)$ 表示进口关税税率，$mp_i(t)$ 表示进口利润率，$ms_i(t)$ 表示进口补贴率，$M_i(t)$ 表示进口量。

（9）支出法实际 GDP

$$
\begin{aligned}
RY(t) = &\sum_i \left(CI_i(t) + G_i(t) + FI_i(t) + SK_i(t) \right) \times P_i(to) + \\
&\sum_i \left(1 + ep_i(t) - es_i(t) \right) \times X_i(t) \times PX_i(to) - \\
&\sum_i \left(1 - tm_i(t) + mp_i(t) - ms_i(t) \right) \times M_i(t) \times PM_i(to)
\end{aligned}
$$
$$(4-48)$$

式中，$RY(t)$ 表示支出法实际 GDP，$P_i(to)$ 表示基准年 to 时产品 i 的价格，$PX_i(to)$ 表示基准年 to 时产品 i 的出口价格，$PM_i(to)$ 表示基准年 to 时产品 i 的进口价格。

4.2.6 投资与资本积累模块

TCPA 模型中总投资等于总储蓄。总储蓄为居民储蓄、企业储蓄和折旧、政府储蓄和国外储蓄之和。居民储蓄定义为家庭可支配收入乘以边际储蓄倾向。企业储蓄为企业所得税后的收入减去分配给居民的利润分红后的余额。政府储蓄为政府收入扣除政府消费支出、政府对家庭的转移支付、政府消费价格补贴、总贸易补贴和企业补贴后的余额。

投资可分为两类，即固定资产投资与存货增加。存货增加用外生的存货增加系数与产出的积表示。总的名义固定资产投资等于名义总投资减去名义库存增加总额及总预算赤字。假设部门的固定资产投资占总固定资产投资中一定的份额。部门固定资产投资定义为部门 i 的名义投资除以该部门的资本价格。部门投资份额设置为部门 i 的资本收入在总资本收入中的份额。对投资品 i 的需求定义为不同部门实际投资与资本构成系数的乘积的加权和。固定资产折旧用各部门相应的折旧率换算得到。TCPA 模型的投资和资本积累模块的方程设置如下：

（1）总储蓄

$$TSAV(t) = HSAV(t) + ESAV(t) + GSAV(t) + DEPR(t) + FSAV(t) \times ER(t)$$

$$(4-49)$$

其中，$TSAV(t)$ 为总储蓄，$HSAV(t)$ 为居民储蓄，$ESAV(t)$ 为企业总储蓄，$GSAV(t)$ 为政府储蓄，$DEPR(t)$ 为企业固定资产折旧，$FSAV(t)$ 为国外总储蓄，$ER(t)$ 为汇率。

（2）居民储蓄

$$HSAV(t) = mps(t) \times YD(t) \qquad (4-50)$$

其中，$HSAV(t)$ 为居民储蓄，$mps(t)$ 为居民边际储蓄率，$YD(t)$ 为居民可支配收入。

（3）企业储蓄

$$ESAV(t) = (1 - eh(t)) \times YNE(t) \qquad (4-51)$$

其中，$ESAV(t)$ 为企业总储蓄，$eh(t)$ 为居民得到的企业收入分红的份额，$YNE(t)$ 为企业所得税后收入。

（4）政府储蓄

$$GSAV(t) = YG(t) - \sum_i (P_i(t) \times G_i(t)) - HHT(t) -$$
$$PSUB(t) - TSUB(t) - GSUB(t) \qquad (4-52)$$

其中，$GSAV(t)$ 为政府储蓄，$YG(t)$ 为政府收入，$G_i(t)$ 为商品 i 的政府消费需求，$P_i(t)$ 为消费品 i 的价格，$HHT(t)$ 为政府对家庭的转移支付，$PSUB(t)$ 为政府对居民的消费品价格补贴，$TSUB(t)$ 表示总贸易补贴，$GSUB(t)$ 表示企业补贴。

（5）总投资

$$INV(t) = TSAV(t) \qquad (4-53)$$

其中 $INV(t)$ 为总投资，$TSAV(t)$ 为总储蓄。

（6）库存增加

$$SK_i(t) = ac_i(t) \times Q_i(t) \qquad (4-54)$$

其中，$SK_i(t)$ 表示部门 i 的库存增加量，$ac_i(t)$ 为部门 i 单位产出所需要的库存增加量，$Q_i(t)$ 为部门 i 的总产出。

（7）总固定资产投资

$$DK(t) = INV(t) - \sum_i (P_i(t) \times SK_i(t)) - GDEF(t) \qquad (4-55)$$

其中，$DK(t)$ 为总固定资产投资，$INV(t)$ 为总投资，$SK_i(t)$ 表示部门 i 库存增量，$P_i(t)$ 为商品 i 的价格，$GDEF(t)$ 为预算赤字。

（8）部门固定资产投资

$$DKI_i(t) = ak_i(t) \times DK(t)/PK_i(t) \qquad (4-56)$$

其中，$DKI_i(t)$ 表示部门 i 固定资产投资，$ak_i(t)$ 为固定资产投资的部门份额，$DK(t)$ 为总固定资产投资，$PK_i(t)$ 表示部门 i 固定资产的价格。

（9）部门固定资产投资份额

$$ak_i(t) = YKI_i(t)/YK(t) \qquad (4-57)$$

其中，$ak_i(t)$ 为固定资产投资的部门份额，$YKI_i(t)$ 为部门 i 的资本收入，$YK(t)$ 为总资本收入。

（10）投资品需求

$$FI_i(t) = \sum_j (sf_{ij} \times DKI_j(t)) \qquad (4-58)$$

式中，$FI_i(t)$ 表示商品 i 用作投资品的数量，sf_{ij} 为资本转换系数矩阵，$DKI_j(t)$ 表示部门 j 的固定资产投资。

（11）折旧

$$DEPR(t) = \sum_i (dep_i(t) \times PK_i(t) \times K_i(t)) \qquad (4-59)$$

其中，$DEPR(t)$ 为企业固定资产总折旧额，$dep_i(t)$ 为部门 i 固定资产折旧率，$PK_i(t)$ 表示部门 i 固定资产的价格，$K_i(t)$ 为部门 i 固定资产存量。

（12）动态资本量

$$K_i(t+1) = K_i(t) + DKI_i(t) - dep_i(t) \times K_i(t) \qquad (4-60)$$

其中，$K_i(t)$ 为第 t 期部门 i 固定资产存量，$dep_i(t)$ 为部门 i 固定资产折旧率，$DKI_i(t)$ 表示部门 i 固定资产投资。

4.2.7 对外贸易模块

大部分商品都存在着进出口的双向贸易。对于进口商品，可采用阿密顿（Armington）假设，用阿密顿（Armington）因子来描述，即进口品与国内生产的商品并不具有完全替代性，存在着产品的差异。对于国内消费者，将选择一组进口品与国产品，按照 CES 函数组成复合商品。进口需求函数可以通过 CES 函数按照成本最小化条件导出。对于进口商品，同时采用小国假设，即进口商品的国际价格是固定不变的，不会随着进口量的增加而变化。

国内厂商生产的商品，也需要在国内市场和国际市场进行权衡，以达到收益最大化。对于出口商品，采用不变转换弹性函数（CET 函数）来描述。即国内生产的商品，可以在国内和国际两个市场进行销售，为了达到收益最大化，国内销售和出口量之间存在着替代转换。国内销售和出口量的最优组合将取决于两个市场的相对价格和转换弹性的大小。对于出口商品，同时采用小国假设，即出口商品的国际价格也是固定不变的，不会随着出口量的增加而变化。

当然，随着中国经济的发展和产业产品国际地位的提升，小国假设存在一定的局限性。这时需要考虑进口商品的国际价格随着中国进口数量的增加而提高，出口商品的国际价格随着中国出口商品数量的增加而下降。如中国的石油进口量对原油的国际市场价格会有一定的影响。为了研究方便，暂且使用小国假设。应用小国假设，TCPA 模型中有相应的进口需求与出口供给方程，以反映本国与外国在差别商品的不同供给渠道和销售渠道之间的选择。

进口品数量和国产品的国内销售量的比率变化是由国内外市场商品的相对价格的变化所引起的，国产品与进口品间的替代程度可以用价格替代弹性来衡量。在经典贸易理论中，当价格的替代弹性为无穷大时，国产品与进口品是可以完全替代的。当价格的替代弹性为零时，国产品与进口品之间相互是完全独立品。在其他情况下，价格替代弹性越大，则进口和国产品国内销售的比率对国内外的相对价格越敏感。对于没有进口的商品部门，商品的总需求量等于国内销售量。

出口情况与进口类似，CET 出口转换函数描述了产量是如何在国内与国外市场之间转换的，出口供给函数可以通过 CET 函数根据利润最大化条件即一阶条件导出。出口和国产品国内销售比率的变化也是由国内外市场商品相对价格的变化所引起的，国内销售与出口间的转换程度可以用价格转换弹性来衡量。对于没有出口的部门，国内生产量等于国内销售。TCPA 模型的对外贸易模块的方程设置如下：

（1）阿密顿复合商品总需求

$$S_i(t) = \psi_i \times \left[\mu_i M_i(t)^{-\xi_i} + (1 - \mu_i) D_i(t)^{-\xi_i} \right]^{-1/\xi_i} \qquad (4-61)$$

其中，$S_i(t)$ 表示商品 i 的复合总需求，ψ 表示商品 i 总需求函数中的转换系数，μ_i 表示商品需求函数中进口需求的份额参数，$M_i(t)$ 表示进口需求的数量，$D_i(t)$ 表示商品 i 国内生产用于满足国内需求的数量，ξ_i 阿密顿因子，即 $\xi_i = (1 - \vartheta_i)/\vartheta_i$，$\vartheta_i$ 为阿密顿弹性。

或者，
$$S_i(t) = D_i(t) \qquad (4-62)$$

（2）进口需求
$$M_i(t) = (\mu_i/(1 - \mu_i))^{\vartheta_i} \times (PD_i(t)/PM_i(t))^{\vartheta_i} \times D_i(t) \qquad (4-63)$$

其中，$PD_i(t)$ 表示国内生产和消费的商品 i 的价格，$PM_i(t)$ 表示进口商品 i 的国内价格，ϑ_i 表示进口品和国产品之间的价格替代弹性。

（3）出口和国内销售的总供给
$$Q_i(t) = \phi_i \times \left[\tau_i X_i(t)^{\varphi_i} + (1 - \tau_i) D_i(t)^{\varphi_i} \right]^{1/\varphi_i} \qquad (4-64)$$

其中，$Q_i(t)$ 表示国内商品 i 的总产出，$X_i(t)$ 表示出口供给数量，$D_i(t)$ 表示国内生产和销售的商品数量，ϕ_i 表示总供给函数的转换系数，τ_i 表示出口供给商品的份额参数，φ_i 为 CET 因子，即 $\varphi_i = (1 + \eta_i)/\eta_i$，$\eta_i$ 为出口转换弹性。

或者，
$$Q_i(t) = D_i(t) \qquad (4-65)$$

（4）出口供给量
$$X_i(t) = ((1 - \tau_i)/\tau_i)^{\eta_i} \times (PX_i(t)/PD_i(t))^{\eta_i} \times D_i(t) \qquad (4-66)$$

其中，$PD_i(t)$ 表示国内生产的商品价格，$PX_i(t)$ 表示出口商品的国内价格，η_i 为出口和国内销售之间的价格转换弹性。

（5）贸易赤字
$$FTD(t) = \sum_i PWM_i(t) \times M_i(t) - \sum_i PWX_i(t) \times X_i(t) \qquad (4-67)$$

其中，$FTD(t)$ 为贸易赤字。

4.2.8 能源环境模块

能源环境模块包括温室气体二氧化碳的排放量的计算方程和碳税收入的计算方程。具体如下：

（1）生产过程化石能源使用征收的碳税收入
$$RCT_E(t) = \sum_{i=1}^{12} \sum_{j=9}^{12} rct(t) \times \varepsilon_j \times (1 - fcc_j) \times tran_j \times VE_{ji}(t) \times ox_j$$
$$(4-68)$$

其中，$RCT_E(t)$ 为对生产过程使用化石燃料征收的碳税收入，$rct(t)$ 为碳税税率，即每吨二氧化碳排放所征收的税额，ε_j 为能源 j 燃烧的二氧化碳排放系数，fcc_j 为能源 j 燃烧过程的固碳系数，$tran_j$ 为将能源 j 的燃烧量由价值型转化为实物型的转换因子，如 kJ/元，ox_j 为能源 j 燃烧过程的碳氧化率，$VE_{ji}(t)$ 为部门 i 生产过程使用能源 j 的数量。

（2）对居民消费化石燃料燃烧排放征收的碳税收入

$$RCT_C(t) = \sum_{j=9}^{12} rct(t) \times \varepsilon_j \times tran_j \times CI_j(t) \times ox_j \qquad (4-69)$$

其中，$RCT_C(t)$ 为对居民消费化石燃料燃烧排放所征收的碳税收入，$rct(t)$ 为碳税税率，即每吨二氧化碳排放所征收的税额，ε_j 为能源 j 燃烧的二氧化碳排放系数，$tran_j$ 为将能源 j 的数量由价值型转化为实物型的转换因子，如 kJ/元，ox_j 为能源 j 的碳氧化率，$CI_j(t)$ 为居民消费第 j 种燃料的数量。这里假定居民消费能源的燃烧率为 100%。

（3）生产过程不同生产部门的碳税税率

$$CTR_i(t) = \frac{\sum_{j=9}^{12}(1 - fcc_j) \times rct(t) \times \varepsilon_j \times tran_j \times ox_j \times VE_{ji}(t)}{PS_i(t) \times Q_i(t)}$$
$$j = 9, \cdots, 12 \qquad (4-70)$$

（4）消费端不同类型能源产品消费的碳税税率

$$CTC_j(t) = rct(t) \times \varepsilon_j \times tran_j \times ox_j \qquad j = 9, \cdots, 12 \quad (4-71)$$

（5）水泥工业的碳税收入

$$RCT_{cem}(t) = rct(t) \times Q_{cem}(t) \times tran_{cem} \times \varepsilon_{cem} \qquad (4-72)$$

其中，$RCT_{cem}(t)$ 为对水泥工业排放二氧化碳所征收的碳税收入，$rct(t)$ 为碳税税率，即每吨二氧化碳排放所征收的税额，ε_{cem} 为每吨水泥的二氧化碳排放系数，$tran_{cem}$ 为水泥的数量由价值型转化为实物型的转换因子，如吨/万元，$Q_{cem}(t)$ 为水泥的总产值。

（6）政府碳税收入

$$TRCT(t) = RCT_E(t) + RCT_C(t) + RCT_{cem}(t) \qquad (4-73)$$

（7）部门生产排放量

$$ESI_i(t) = \sum_{j=9}^{12} \varepsilon_j \times (1 - fcc_j) \times tran_j \times VE_{ji}(t) \times ox_j \quad (4-74)$$

其中，$ESI_i(t)$ 为部门 i 生产过程消耗化石能源产生的排放量。

（8）生产过程的总排放量

$$ESP(t) = \sum_i ESI_i(t) \qquad (4-75)$$

其中，$ESP(t)$ 为国民经济生产过程的总排放量。

（9）居民消费的总排放量

$$ESC(t) = \sum_{j=9}^{12} \varepsilon_j \times tran_j \times CI_j(t) \times ox_j \qquad (4-76)$$

其中，$ESC(t)$ 为经济中居民消费化石能源产生的总排放量。

（10）整个经济能源消费产生的总排放量

$$EST(t) = ESP(t) + ESC(t) \qquad (4-77)$$

其中，$EST(t)$ 为整个经济能源消费产生的总排放量。

4.2.9　市场均衡模块

TCPA 模型中包含 4 类均衡关系。第一，商品市场均衡，即一种商品的复合总供给等于全社会对该产品作为中间投入的需求数量、居民的最终消费数量、政府消费数量、企业用作投资品的需求数量和库存增加量之和。商品市场的均衡表明各部门的复合产品总供给等于国内总需求。第二，劳务市场均衡，即劳动力供给等于劳动力需求。TCPA 模型认为，劳务是同质的且能在部门间自由流动，劳动力能够达到充分就业水平，且均衡时各部门劳动力的总和等于外生给定的总劳动力数量。第三，资本市场均衡。TCPA 模型中假设资本在短期内不可在部门间流动。第四，进出口贸易均衡。进出口贸易余额等于净对外借款、净汇入外汇和国外总储蓄之和，扣除贸易赤字后的余额。当然，能源作为部门产品，存在供求均衡。即某种能源的供给量等于能源需求量。此外，还存在政府预算均衡和储蓄投资均衡。政府预算均衡方程见（4-52），储蓄投资均衡方程见（4-53）。

（1）商品市场均衡方程

$$S_i(t) = V_i(t) + CI_i(t) + G_i(t) + FI_i(t) + SK_i(t) \qquad (4-78)$$

其中，$S_i(t)$ 表示对第 i 种复合商品总供给，$V_i(t)$ 为全社会对第 i 种复合商品作为中间投入的需求数量，$CI_i(t)$ 表示家庭对第 i 种复合商品的最终消费需求，$G_i(t)$ 表示政府对第 i 种复合商品的消费，$FI_i(t)$ 表示第 i 种复合产品用作投资品的数量，$SK_i(t)$ 表示第 i 种复合商品的库存增加量。

（2）劳务市场均衡

$$\sum_i L_i(t) = LS(t) \qquad (4-79)$$

其中，$L_i(t)$ 表示第 i 部门投入的标准劳动力的数量，$LS(t)$ 表示全社会劳动力的总供给。

（3）资本市场均衡

$$\sum_i K_i(t) = FK(t) \qquad (4-80)$$

其中，$K_i(t)$ 为部门 i 固定资产存量，$FK(t)$ 表示第 t 期总固定资产存量。

（4）进出口贸易总均衡

$$SBT(t) = FBOR(t) + REMIT(t) + FSAV(t) - FTD(t) \qquad (4-81)$$

其中，$SBT(t)$ 表示国际收支账户余额，$FBOR(t)$ 为政府向国外净借款，$REMIT(t)$ 为净国外汇款，$FSAV(t)$ 为国外总储蓄，$FTD(t)$ 为贸易赤字。

4.2.10 能源消费量变化的分解

对经济系统征收碳税，无疑会引起能源消费需求量的减少。为了描述不同的调整机制对能源消费变化的贡献，模型将征收碳税引起的能源需求减少分解为 4 个组成部分，如下式所示：

$$TOT(t) = VOL(t) + COMP(t) + INP(t) + DIR(t) \qquad (4-82)$$

其中，$TOT(t)$ 为存在碳排放约束与没有碳排放约束时相比能源消费的变化；$VOL(t)$ 为生产结构不变时，由于生产总量的变化而引起的能源消费的变化；$COMP(t)$ 为生产结构变化而引起的能源消费的变化；$INP(t)$ 为单位产出能源投入强度的变化而引起的能源消费的变化；$DIR(t)$ 为居民能源消费的变化。上述各变量的公式如下：

$$TOT(t) = EDEM_c(t) - EDEM_b(t) \qquad (4-83)$$

$$VOL(t) = \sum_i eob_i(t) \times (QQ_i(t) - QB_i(t)) \qquad (4-84)$$

$$COMP(t) = \sum_i eob_i(t) \times (QC_i(t) - QQ_i(t)) \qquad (4-85)$$

$$INP(t) = \sum_i (eoc_i(t) - eob_i(t)) \times QC_i(t) \qquad (4-86)$$

$$DIR(t) = ED_c(t) - ED_b(t) \qquad (4-87)$$

其中，$EDEM_b(t)$ 为基准情景下 t 时期的能源消费总量；$EDEM_c(t)$ 为碳排放限制情景下 t 时期的能源消费总量；$ED_b(t)$ 为基准情景下 t 时期的居民直接消费的能源总量；$ED_c(t)$ 为碳排放限制情景下 t 时期的居民直接消费的能源总量；$QB_i(t)$ 为基准情景下时期 t 商品 i 的总产出；$QC_i(t)$ 为碳排放限制情景下 t 时期商品 i 的总产出；$QQ_i(t)$ 为碳排放限制情景下时期 t 商品 i 的总产出，假定各部门产出的结构构成与基准情景系统，按照 $QQ_i(t) = \dfrac{QB_i(t)}{\sum_i QB_i(t)} \times \sum_i QC_i(t)$ 计算；$eob_i(t)$ 为基准情景下 i 部门在 t 时期单位产出的能源投入强度；$eoc_i(t)$ 为碳排放限制情景下 i 部门在时期 t 单位产出的能源投入强度。

4.2.11 福利指标分析

许多不同的福利指标应用于公共政策的社会福利影响分析。一般来说，希克斯等量变异（Hichsian equivalent variation）指标应用比较普遍。本模型采用该指标分析征收碳税对社会福利的影响。等量变异指标是在给定的政策前的均衡收入和消费者价格情况下，计算为使实施政策后的福利水平达到政策前消费者价格水平下相应的福利水平所需要的收入变化。用公式表示如下：

$$EV(t) = E(US(t), PB(t)) - E(UB(t), PB(t))$$
$$= \sum_i PBI_i(t) \times CIS_i(t) - \sum_i PBI_i(t) \times CIB_i(t)$$

$$(4-88)$$

其中，$EV(t)$ 为 t 时期的等量变化；

$E(US(t), PB(t))$ 为在政策前价格水平 $PB(t)$ 下，达到政策后福利 $US(t)$ 所需要的支出；

$E(UB(t), PB(t))$ 为在政策前价格水平 $PB(t)$ 下，达到政策前福利 $UB(t)$ 所需要的支出；

$PB(t)$ 为 t 时期的政策前消费者价格水平；

$PBI_i(t)$ 为 t 时期的政策前商品 i 消费者价格；

$CIB_i(t)$ 为家庭在 t 时期对商品 i 的政策前的消费量；

$CIS_i(t)$ 为家庭在 t 时期对商品 i 的政策后的消费量。

在每一个时点上，可以根据上面公式计算出 $EV(t)$ 来。如果 $EV(t)$ 是正的，表明政策后福利得到了改善，否则，表明福利水平下降。

4.3 小　结

本章构建了一个分析碳税政策的可计算一般均衡模型 TCPA，为本书的后续研究工作提供了一个有用的分析工具。

TCPA 模型是一个中国多部门动态可计算一般均衡模型。它将中国经济划分为 12 个部门，即农业、重工业、轻工业、建筑业、交通运输业、商业和饮食业、邮电业、非物质生产部门、煤炭、石油、天然气和电力，共包括 11 个模块，即生产模块、要素需求模块、价格模块、收入模块、消费模块、投资和资本积累模块、对外贸易模块、能源环境模块、市场均衡模块、能源消费变化分析模块和福利指标分析模块。采用投入产出表的数据，运用 TCPA 模型可用来模拟中国 2020 年征收碳税对中国经济的影响。

第5章 一个中国多地区动态CGE模型

本章的主要目标是建立一个中国多地区动态 CGE 模型,以定量分析我国西部能源开发政策对地区经济的影响。首先介绍构建的多地区动态一般均衡模型 (Tsinghua University Computable General Equilibrium model, Multi - Regional version,下文简称 THCGE - MR 模型),接着介绍数据和模型的特点。

5.1 多地区动态可计算一般均衡模型

为了研究中国的西部能源开发政策,考察中国西部能源投资、中央对西部地区的转移支付等对西部地区经济的影响,清华大学能源环境经济研究所课题组构建了一个两地区的动态可计算一般均衡模型,即 THCGE - MR 模型。

THCGE - MR 模型包括 6 个行为主体和两种生产要素。6 个行为主体分别为家庭、企业、地方政府、中央政府、国内其他地区及国外。两种生产要素为劳动和资本。假设所有的生产者与消费者都是同质的,家庭由为数众多的同质的该地区消费者组成,该地区各个部门不同生产者的技术水平也是同步发展的。

THCGE - MR 模型采用以下基本假设:生产者以利润最大化为决策目标,消费者以效用最大化为决策目标。市场是完全竞争的,生产者和消费者在决策时,把价格作为外生变量。在任何一年,现有各部门的资本存量是固定不变的,不能在部门间流动;在年与年之间,各部门资本通过投资和折旧而增减。在任何时候,劳动力可以在部门间流动,并且是充分就业的。大部分商品都存在着国内外进出口的双向贸易、国内地区内外的调入和调出的双向流动。进口品与国内调入品之间具有不完全替代弹性,组合成地区外供给品。地区外供给品与地区内生产的商品具有不完全替代弹性，也存在着产品的差异。

THCGE - MR 模型将西部地区的经济系统划分为 6 个经济部门，即农业、重工业、轻工业、建筑业、服务业和能源。模型共包括 9 个模块，它们是生产模块、要素需求模块、价格模块、收入模块、消费模块、投资和资本积累模块、对外贸易模块、市场均衡模块和福利指标分析模块。下面分别对各个模块进行介绍。

5.1.1 生产模块

THCGE - MR 模型的生产函数采用 CES 函数，而中间投入品的合成函数采用列昂惕夫（Leontief）生产函数。地区经济的生产结构和商品流向如图 5 - 1 所示。

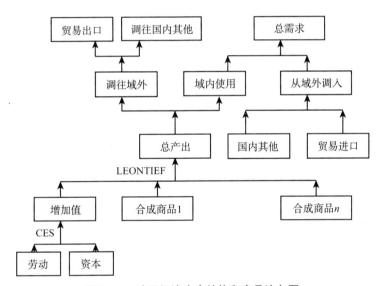

图 5 - 1　地区经济生产结构和商品流向图

从图 5 - 1 可见，地区经济的生产结构为：资本与劳动力结合，构成各部门资本（$K_i(t)$）与劳动力（$L_i(t)$）合成函数，即增加值（$VA_i(t)$）；各部门的增加值（$VA_i(t)$）与中间投入结合，构成各部门的总产量函数（$Q_i(t)$）。THCGE - MR 模型生产模块的方程如下：

（1）生产函数

$$VA_i(t) = A_{vi}e^{\lambda_i(t) \times (t - t_0)}\left[\delta_{vi}K_i(t)^{-\rho_{vi}} + (1 - \delta_{vi})L_i(t)^{-\rho_{vi}}\right]^{-\frac{1}{\rho_{vi}}} \quad (5 - 1)$$

式中，$VA_i(t)$ 表示第 i 部门第 t 期增加值，$K_i(t)$ 表示第 i 部门第 t 期资本的投入数量，$L_i(t)$ 表示第 i 部门第 t 期投入的标准劳动力数量，

A_{vi} 为第 i 部门生产函数中的转换系数，δ_{vi} 为生产函数中的份额参数，ρ_{vi} 为生产函数中的替代参数。$\lambda_i(t)$ 为在 $(t-t_0)$ 期第 i 部门投入使用效率的提高速度。

（2）总产量函数

$$(1 - itax_i(t)) \times Q_i(t) = \sum_{j=1}^{6} a_{ji}(t) Q_i(t) + VA_i(t) \quad (5-2)$$

式中，$Q_i(t)$ 表示第 i 部门的总产量，$VA_i(t)$ 表示第 i 部门资本 – 劳动的合成投入数量，即部门的增加值，$a_{ji}(t)$ 表示第 i 部门单位产出所消耗的第 j 种中间投入的数量，$itax_i(t)$ 表示第 i 部门的间接税税率。

5.1.2　要素需求模块

THCGE – MR 模型的要素需求函数是根据利润最大化的原则和一般均衡条件推出的。根据利润最大化的原理和一般均衡条件，可以推导出资本、劳动投入的需求函数（$K_i(t)$ 和 $L_i(t)$），各种中间品需求函数（$V_i(t)$）。它们的方程设置如下：

（1）对资本的需求

$$K_i(t) = a_{Vi}^{\sigma_{Vi}-1} e^{\lambda_i(t) \times (t-t_0) \times (\sigma_V - 1)} \delta_{Vi}^{\sigma_{Vi}} \left(\frac{PVA_i(t)}{PK_i(t)} \right)^{\sigma_{Vi}} \times VA_i(t) \quad (5-3)$$

式中，$PVA_i(t)$ 为劳动—资本合成投入的价格，$PK_i(t)$ 为资本的价格。$\sigma_{Vi} = 1/(1+\rho_{Vi})$，$\sigma_{Vi}$ 为部门 i 资本和劳动之间的替代弹性，ρ_{Vi} 为部门 i 资本和劳动之间的替代系数，$\rho_{Vi} \geq -1$。

（2）对劳动的需求

$$L_i(t) = a_{Vi}^{\sigma_{Vi}-1} e^{\lambda_i(t) \times (t-t_0) \times (\sigma_{Vi}-1)} (1 - \delta_{Vi})^{\sigma_{Vi}} \left(\frac{PVA_i(t)}{W_i(t)} \right)^{\sigma_{Vi}} \times VA_i(t)$$

$$(5-4)$$

式中 $PVA_i(t)$ 为劳动—资本合成投入的价格，$W_i(t)$ 为劳动的价格。

（3）对各种中间投入的需求

$$V_i(t) = \sum_{j=1}^{6} a_{ji}(t) Q_i(t) \quad (5-5)$$

式中 $V_i(t)$ 为全社会对第 j 种中间投入的需求数量。

5.1.3　价格模块

在现实经济中，几乎不存在完全封闭的经济体，几乎所有的国家和地区都参与区域外的经济活动。在开放型多区域 CGE 模型中，对外经济活动包括与国外的商品进出口贸易、与国内其他地区的商品调入和调出。

CGE 模型中一般采用"小国假设"来刻画国际的贸易。"小国假设"是指某国的商品进出口量在国际市场上占的份额非常小，其商品的进出口对国际市场商品的价格不产生影响，其仅为价格的接受者，而不能对贸易条件施加影响。因此国际市场商品价格为外生设定的。

作为一个国家内部的省（市）级地区，除了一般与国外的商品进出口贸易外，还包括与国内其他地区广泛的商品贸易往来。模型中为了区分省级区域与国内其他地区之间商品调入调出和国外商品进出口的两种不同贸易方式，采用嵌套的常弹性转换（Constant Elasticity Transformation，CET）函数描述可贸易商品在不同区域市场间销售的替代关系，采用嵌套的 CES 函数描述不同区域的商品在被研究的省级地区最终消费的组合关系。该省级地区的商品调入构成国内其他地区的商品调出，反之亦然。

模型采用阿明顿（Armington）假设来描述调入和进口商品和地区产品之间的不完全替代关系，通过 CES 函数描述最终消费过程在成本最小化的原则下，对合成调入商品和地区产品之间的优化选择。而合成调入商品则进一步采用 CES 函数被分解为对国内其他地区调入和国外进口的两部分需求。企业生产出的产品根据收入最大化原则按 CET 函数在调出和出口与区域内市场间分配。模型如果采用小国假设，即区域外部市场商品的价格波动不受区域进出口量的影响，价格维持恒定。如果不采用小国假设，区域外对该地区的出口和调入需求用不变弹性的需求曲线描述，即需求量的变化可以表示为区域外的商品价格与中国该地区出口和调出商品离岸价格（FOB）之比的指数函数。

复合商品价格表示进口——调入组合商品的价格与省内所提供的商品价格之间的复合关系，假设二者之间满足常替代弹性（CES）关系；区域内销售价格（即生产价格）表示用于出口——调出组合商品的价格与用于省内消费的商品价格之间的复合关系，假设二者之间满足常转换弹性（CET）关系。这表明消费者在进口——调入组合的商品和国内生产的商品所组成的复合商品之间最小化其支出；而生产者在省内与省外两个市场上最大化其利润。

部门增加值价格是把商品生产价格扣除中间投入部分的余额，即扣除中间投入系数与对应的中间投入商品的复合价格的乘积后的余额。

资本服务的价格，定义为资本来源各部门的商品价格的加权平均值。资本的部门使用价格，按照资本平均使用价格在各部门特定的份额来确定。

在 CGE 模型中，供给和需求是由相对价格决定的。由于 CGE 模型一般常用于经济增长、贸易和环境等经济问题的分析，而很少用于通货膨胀类问题的分析，因此，在 THCGE - MR 模型中，选取 GDP 的平减指数作为价格的参考系，并作为外生变量处理，而其他基年价格均假设为 1。

THCGE - MR 模型的价格模块方程如下：

（1）进口价格

$$PFM_i(t) = (1 + tm_i(t)) \times PWM_i(t) \times ER(t) \qquad (5-6)$$

式中，$PFM_i(t)$ 表示进口品的国内价格，$tm_i(t)$ 表示进口关税的税率，$PWM_i(t)$ 表示进口商品的国际价格，$ER(t)$ 表示汇率。

（2）出口价格

$$PFX_i(t) \times (1 + te_i(t)) = PWX_i(t) \times ER(t) \qquad (5-7)$$

式中，$PFX_i(t)$ 表示出口商品的国内价格，$te_i(t)$ 表示出口商品的补贴率，$PWX_i(t)$ 表示出口商品的国际价格，$ER(t)$ 表示汇率。

（3）调入价格

$$PRM_i(t) = PD_i(t) \qquad (5-8)$$

式中，$PRM_i(t)$ 为国内其他省级区域生产的商品调入价格，$PD_i(t)$ 表示区域生产的商品的价格。

（4）调出价格

$$PRX_i(t) = PD_i(t) \qquad (5-9)$$

式中，$PRX_i(t)$ 为省内生产的商品调出到国内其他省份的调出价格。

（5）进口和调入价格

$$PM_i(t) = (PRM_i(t) \times RM_i(t) + PFM_i(t) \times FM_i(t))/M_i(t)$$

$$(5-10)$$

式中，$PM_i(t)$ 表示进口—调入组合产品的省内价格，$M_i(t)$ 表示进口—调入商品组合产品的数量。$RM_i(t)$ 表示调入商品的数量。$FM_i(t)$ 表示进口商品的数量。

（6）出口和调出价格

$$PX_i(t) = (PRX_i(t) \times RX_i(t) + PFX_i(t) \times FX_i(t))/X_i(t) \qquad (5-11)$$

式中，$PX_i(t)$ 表示出口和调出组合产品的省内价格，$X_i(t)$ 表示出口和调出商品组合的数量，$RX_i(t)$ 表示调出商品的数量，$FX_i(t)$ 表示出口商品的数量。

（7）复合商品的价格

$$P_i(t) = (1/\psi_i) \times (\mu_i^{\vartheta_i} \times PM_i(t)^{1-\vartheta_i} + (1-\mu_i)^{\vartheta_i} \times PD_i(t)^{1-\vartheta_i})^{1/(1-\vartheta_i)}$$

$$(5-12)$$

或者

$$P_i(t) = PD_i(t) \qquad (5-13)$$

式中，$P_i(t)$ 表示复合商品供给的价格，$PD_i(t)$ 表示区域内生产的商品价格，$PM_i(t)$ 表示进口—调入组合商品的价格，ψ_i 表示进口—调入需求函数的转换系数，μ_i 表示进口—调入需求函数的份额参数，ϑ_i 表示进口—调入商品和区域内生产的商品之间的价格替代弹性。式（5-13）表示没有进口—调入情况下，这时区域内的商品供给价格，就等于区域内生产的商品价格。

（8）销售价格

$$PS_i(t) = (PX_i(t) \times X_i(t) + PD_i(t) \times D_i(t))/Q_i(t) \qquad (5-14)$$

或者 $$PS_i(t) = PD_i(t) \qquad (5-15)$$

式中，$PS_i(t)$ 表示区域生产商品的平均销售价格，$PD_i(t)$ 表示区域内市场销售价格，$PX_i(t)$ 表示出口—调出销售价格对应的区域内价格，$X_i(t)$ 表示出口—调出组合商品的数量，$D_i(t)$ 表示区域内生产的商品区域内销售的数量，$Q_i(t)$ 表示 i 商品的总产出数量。式（5-15）表示没有出口—调出情况下，区域内的商品销售价格，就等于区域生产的商品的区域内销售价格。

（9）单位产品的增加值

$$PVAQ_i(t) = PS_i(t) - \sum_{j=1}^{n} a_{ji}P_j(t) \qquad (5-16)$$

式中，$PVAQ_i(t)$ 表示第 i 部门单位商品的增加值，$PS_i(t)$ 表示第 i 部门商品的销售价格，a_{ji} 表示投入产出系数，$P_i(t)$ 表示复合商品的销售价格。

（10）资本服务价格

$$PK_i(t) = \sum_{j=1}^{n} sf_{ji}P_j(t) \qquad (5-17)$$

式中，$PK_i(t)$ 为第 i 部门资本价格，sf_{ij} 为资本组成系数，即在 i 部门投资中用到的来源 j 部门商品的份额，$\sum_{j=1}^{n} sf_{ij} = 1$。$P_i(t)$ 表示商品 i 的市场销售价格。

（11）价格指数

$$PINDEX(t) = Y(t)/RY(t) \qquad (5-18)$$

式中，$Y(t)$ 为名义 GDP，$RY(t)$ 为实际 GDP，$PINDEX(t)$ 为 GDP 的平减指数。

5.1.4 收入模块

劳动的要素收入用工资率与就业量表示，假定各部门的工资率以同样的速度增加。资本的要素收入定义为总增加值减去增值税、劳动的要素收入和资本折旧后的余额。企业对家庭的转移支付定义为企业总收入（包括资本要素收入与折旧），加上政府对企业的转移支付，再减去直接税和企业储蓄的余额。

家庭收入来源于劳动的要素收入、企业对家庭的转移支付、政府的转移支付、国内省外的汇款以及国外汇入。家庭收入扣除个人所得税后为家庭可支配收入。家庭储蓄定义为家庭可支配收入乘以边际储蓄倾向。

中央政府收入来源于间接税、关税及国外借款减去出口补贴。地方政府收入来源于间接税、企业所得税、家庭收入所得税、中央对地方的转移支付及国外借款。

总储蓄由企业储蓄、家庭储蓄、中央政府储蓄、地方政府储蓄及国外净储蓄、国内其他地区总储蓄组成。

THCGE - MR 模型的收入模块的方程设置如下：

（1）劳动要素收入（工资）

$$WB_i(t) = W_i(t) \times L_i(t) \qquad (5-19)$$

式中，$WB_i(t)$ 为第 i 部门劳动收入，$W_i(t)$ 为 i 部门工资率，$L_i(t)$ 表示第 i 部门投入的标准劳动力的数量。

（2）资本收入（净利润）

$$YKI_i(t) = PVAQ_i(t) \times Q_i(t) - itax_i(t) \times PS_i(t) \times Q_i(t) - WB_i(t) - DEPRI_i(t) \qquad (5-20)$$

式中，$YKI_i(t)$ 为第 i 部门资本收入（净利润），$PVAQ_i(t)$ 表示第 i 部门单位产品的增加值，$WB_i(t)$ 为 i 部门的工资，$DEPRI_i(t)$ 表示第 i 部门投入资本的折旧。

（3）企业对家庭的转移支付

$$YE(t) = \sum_i (YKI_i(t) + DEPRI_i(t)) + GENT(t) - ESAV(t) - ETAX(t) \qquad (5-21)$$

式中，$YE(t)$ 为企业对家庭的转移支付，$YKI_i(t)$ 为第 i 部门资本收入（净利润），$DEPRI_i(t)$ 表示第 i 部门投入资本的折旧，$GENT(t)$ 为政府对企业的转移支付，$ESAV(t)$ 表示企业储蓄。$ETAX(t)$ 表示企业所得税。

（4）家庭收入

$$YH(t) = \sum_i WB_i(t) + YE(t) + HHT(t) + ER(t) \times REMIT(t) + REMITR(t) \qquad (5-22)$$

式中，$HHT(t)$ 为政府对居民的转移支付，$REMIT(t)$ 为净国外汇款，

$ER(t)$ 表示汇率，$REMITR(t)$ 为来自国内省外其他地区的汇款。

（5）居民可支配收入

$$YD(t) = (1 - th(t)) \times YH(t) \qquad (5-23)$$

其中，$th(t)$ 为个人所得税率。

（6）中央政府收入

$$YGC(t) = TARIFF(t) + rfg(t) \times INDT(t) + FBORC(t) \times ER(t) - NETSUB(t)$$
$$(5-24)$$

其中，$YGC(t)$ 为中央政府财政收入，$TARIFF(t)$ 为关税，$rfg(t)$ 为间接税的分享比率；$INDT(t)$ 为企业间接税，$FBORC(t)$ 为中央政府向国外净借款，$NETSUB(t)$ 为总出口补贴。

（7）地方政府收入

$$YGR(t) = (1 - rfg(t)) \times INDT(t) + HTAX(t) + ETAX(t) +$$
$$TRCR(t) + FBORR(t) \times ER(t) \qquad (5-25)$$

其中，$YGR(t)$ 为地方政府财政收入，$FBORR(t)$ 为地方政府向国外净借款，$TRCR(t)$ 为中央向地方的转移支付。$HTAX(t)$ 为居民所得税，$ETAX(t)$ 为企业所得税。

（8）关税

$$TARIFF(t) = \sum_{i=1}^{n} tm_i(t) \times FM_i(t) \times PWM_i(t) \times ER(t)$$
$$(5-26)$$

式中，$TARIFFF(t)$ 为关税，$tm_i(t)$ 为关税率，$PWM_i(t)$ 为进口的国际价格，$FM_i(t)$ 表示进口数量，$ER(t)$ 表示汇率。

（9）间接税

$$INDT(t) = \sum_{i=1}^{n} itax_i(t) \times PS_i(t) \times Q_i(t) \qquad (5-27)$$

其中 $INDT(t)$ 为间接税，$itax_i(t)$ 为间接税率，$PS_i(t)$ 表示国内生产商品的销售价格，$Q_i(t)$ 表示商品 i 的总产出数量。

（10）居民所得税

$$HTAX(t) = th(t) \times YH(t) \qquad (5-28)$$

其中，$HTAX(t)$ 为居民所得税，$th(t)$ 为居民所得税率，$YH(t)$ 为居民收入。

（11）企业所得税

$$ETAX(t) = etx(t) \times \sum_{i} YKI_i(t) \qquad (5-29)$$

其中，$ETAX(t)$ 为企业所得税，$etx(t)$ 为企业所得税率，$YKI_i(t)$ 为第 i 部门资本收入（净利润）。

（12）出口补贴

$$NETSUB(t) = \sum_i (te_i(t) \times PFX_i(t) \times FX_i(t)) \qquad (5-30)$$

式中，$NETSUB(t)$ 表示出口补贴，$te_i(t)$ 表示商品 i 的出口补贴率，$PFX_i(t)$ 表示商品 i 出口的区域内价格，$FX_i(t)$ 表示商品 i 出口量。

（13）折旧

$$DEPR(t) = \sum_i (rdep_i(t) \times PK_i(t) \times K_i(t)) \qquad (5-31)$$

其中，$DEPR(t)$ 为企业固定资产总折旧额，$rdep_i(t)$ 为部门 i 固定资产折旧率，$PK_i(t)$ 表示部门 i 固定资产的价格，$K_i(t)$ 为部门 i 固定资产存量。

5.1.5 消费模块

消费模块主要表示家庭及中央和地方政府对商品与劳务的需求。家庭消费用线性消费函数（LES）表示。政府消费需求用政府总消费与固定的部门消费份额表示。THCGE - MR 模型的消费模块的方程设置如下：

（1）家庭消费

$$C(t) = (1 - mps(t)) \times YD(t) \qquad (5-32)$$

式中，$C(t)$ 表示家庭消费支出，$mps(t)$ 表示家庭边际储蓄率，$YD(t)$ 表示家庭可支配收入。

（2）家庭最终消费需求

$$CI_i(t) = tr_i(t) \times C(t)/P_i(t) \qquad (5-33)$$

式中，$CI_i(t)$ 表示商品 i 的家庭最终消费需求，$tr_i(t)$ 表示商品 i 的消费支出在总消费中的比例系数，$\sum_i tr_i(t) = 1$，$C(t)$ 表示家庭总消费支出，$P_i(t)$ 表示商品 i 的消费价格。

（3）中央政府最终消费需求

$$CG_i(t) = gc_i(t) \times GNC(t)/P_i(t) \qquad (5-34)$$

式中，$CG_i(t)$ 表示中央政府对商品 i 的消费数量，$gc_i(t)$ 表示商品 i 在中央政府消费支出中的部门份额，$\sum_i gc_i(t) = 1$，$GNC(t)$ 表示中央政府总消费支出。

（4）地方政府最终消费需求

$$RG_i(t) = gcf_i(t) \times GNR(t)/P_i(t) \qquad (5-35)$$

式中，$RG_i(t)$ 表示区域政府对商品 i 的最终消费需求数量，$gcf_i(t)$ 表示商品 i 在区域政府消费支出中的部门份额，$\sum_i gcf_i(t) = 1$，$GNR(t)$

表示区域政府总消费支出。

5.1.6 投资与资本积累模块

THCGE－MR 模型中总投资等于总储蓄。总储蓄为居民储蓄、企业储蓄和折旧、政府储蓄和国外储蓄之和。居民储蓄定义为家庭可支配收入乘以边际储蓄倾向。企业储蓄为企业所得税后的收入减去分配给居民的利润分红后的余额。政府储蓄为政府收入扣除政府消费支出、政府对家庭和企业的转移支付和补贴后的余额。

投资可分为两类，即固定资产投资与存货增加。存货增加用外生的存货增加系数与产出的积表示。总的名义固定资产投资等于名义总投资减去名义库存增加总额及总预算赤字。假设部门的固定资产投资占总固定资产投资中一定的份额。部门固定资产投资定义为部门 i 的名义投资除以该部门的资本价格。部门投资份额设置为部门 i 的资本收入在总资本收入中的份额。对投资品 i 的需求定义为不同部门实际投资与资本构成系数的乘积的加权和。固定资产折旧用各部门相应的折旧率换算得到。THCGE－MR 模型的投资和资本积累模块的方程设置如下：

（1）总储蓄

$$TSAV(t) = HSAV(t) + ESAV(t) + CGSAV(t) + RGSAV(t) +$$
$$DEPR(t) + RSAV(t) + FSAV(t) \times ER(t) \qquad (5-36)$$

其中，$TSAV(t)$ 为总储蓄，$HSAV(t)$ 为居民储蓄，$ESAV(t)$ 为企业总储蓄，$CGSAV(t)$ 为中央政府储蓄，$RGSAV(t)$ 为区域政府储蓄，$DEPR(t)$ 为企业固定资产折旧，$FSAV(t)$ 为国外总储蓄，$ER(t)$ 为汇率，$RSAV(t)$ 为国内其他区域在该区域的总储蓄。

（2）居民储蓄

$$HSAV(t) = mps(t) \times YD(t) \qquad (5-37)$$

其中，$HSAV(t)$ 为居民储蓄，$mps(t)$ 为居民边际储蓄率，$YD(t)$ 为居民可支配收入。

（3）企业储蓄

$$ESAV(t) = emps(t) \times \sum_i YKI_i(t) \qquad (5-38)$$

其中，$ESAV(t)$ 为企业总储蓄，$emps(t)$ 为企业的储蓄率。

（4）中央政府储蓄

$$CGSAV(t) = YGC(t) - \sum_i (P_i(t) \times CG_i(t)) - TRCR(t) - NETSUB(t)$$
$$(5-39)$$

其中，$CGSAV(t)$ 为中央政府储蓄，$YGC(t)$ 为中央政府收入，$CG_i(t)$ 为商品 i 的中央政府消费需求，$P_i(t)$ 为消费品 i 的价格，$TRCR(t)$ 为中央政府对区域政府的转移支付。

（5）地方政府储蓄

$$RGSAV(t) = YGR(t) - \sum_i (P_i(t) \times RG_i(t)) - GENT(t) - HHT(t)$$

$$(5-40)$$

其中，$RGSAV(t)$ 为区域政府储蓄，$YGR(t)$ 为区域政府收入，$RG_i(t)$ 为商品 i 的区域政府消费需求，$P_i(t)$ 为消费品 i 的价格，$GENT(t)$ 为区域政府对企业的转移支付，$HHT(t)$ 表示区域政府对家庭的转移支付。

（6）贸易赤字

$$FTD(t) = \sum_i PWM_i(t) \times FM_i(t) - \sum_i PWX_i(t) \times FX_i(t)$$

$$(5-41)$$

其中，$FTD(t)$ 为贸易赤字。

（7）国外储蓄

$$FSAV(t) = FTD(t) - FBORR(t) - FBORC(t) - REMIT(t) \quad (5-42)$$

其中，$FSAV(t)$ 为国外储蓄，$FTD(t)$ 为贸易赤字，$FBORR(t)$ 为地方政府的外债，$FBORC(t)$ 为中央政府的外债，$REMIT(t)$ 为国外的汇款。

（8）国内其他地区储蓄

$$RSAV(t) = \sum_i (RM_i(t) \times PRM_i(t) - RX_i(t) \times PRX_i(t)) - REMITR(t)$$

$$(5-43)$$

其中，$RSAV(t)$ 为国内地区外的储蓄，$REMITR(t)$ 为国内地区外的汇款。

（9）出口补贴

$$NETSUB(t) = \sum_i (te_i(t) \times PX_i(t)) \times FX_i(t)) \quad (5-44)$$

式中，$NETSUB(t)$ 为出口补贴，$FX_i(t)$ 为商品 i 的出口量。

（10）总投资

$$INV(t) = TSAV(t) \quad (5-45)$$

其中，$INV(t)$ 为总投资，$TSAV(t)$ 为总储蓄。

（11）库存增加

$$SK_i(t) = ac_i(t) \times Q_i(t) \quad (5-46)$$

其中，$SK_i(t)$ 表示部门 i 的库存增加量，$ac_i(t)$ 为部门 i 单位产出所需要的库存增加量，$Q_i(t)$ 为部门 i 的总产出。

（12）总固定资产投资

$$DK(t) = INV(t) - \sum_i (P_i(t) \times SK_i(t)) - \sum_i GI_i(t) \quad (5-47)$$

其中，$DK(t)$ 为总固定资产投资，$INV(t)$ 为总投资，$SK_i(t)$ 表示部门 i 库存增加量，$P_i(t)$ 为商品 i 的价格，$GI_i(t)$ 表示中央政府在部门 i 的投资额。

（13）部门固定资产投资

$$DKI_i(t) = ak_i(t) \times \frac{DK(t)}{PK_i(t)} + \frac{GI_i(t)}{PK_i(t)} \quad (5-48)$$

其中，$DKI_i(t)$ 表示部门 i 固定资产投资，$ak_i(t)$ 为固定资产投资的部门份额，$DK(t)$ 为总固定资产投资，$PK_i(t)$ 表示部门 i 固定资产的价格。

（14）部门固定资产投资份额

$$ak_i(t) = YKI_i(t)/YK(t) \quad (5-49)$$

其中，$ak_i(t)$ 为固定资产投资的部门份额，$YKI_i(t)$ 为部门 i 的资本收入，$YK(t)$ 为总资本收入。

（15）投资品需求

$$FI_i(t) = \sum_j (sf_{ij} \times DKI_j(t)) \quad (5-50)$$

式中，$FI_i(t)$ 表示商品 i 用作投资品的数量，sf_{ij} 为资本转换系数矩阵，$DKI_j(t)$ 表示部门 j 的固定资产投资。

（16）折旧

$$DEPR(t) = \sum_i (dep_i(t) \times PK_i(t) \times K_i(t)) \quad (5-51)$$

其中，$DEPR(t)$ 为企业固定资产总折旧额，$dep_i(t)$ 为部门 i 固定资产折旧率，$PK_i(t)$ 表示部门 i 固定资产的价格，$K_i(t)$ 为部门 i 固定资产存量。

（17）动态化投资

$$K_i(t+1) = K_i(t) + DKI_i(t) - dep_i(t) \times K_i(t) \quad (5-52)$$

其中，$K_i(t)$ 为第 t 期部门 i 固定资产存量，$dep_i(t)$ 为部门 i 固定资产折旧率，$DKI_i(t)$ 表示部门 i 固定资产投资。

5.1.7 对外贸易模块

大部分商品都存在着国内外间进出口的双向贸易和省内外间调入调出

的国内贸易，可用阿密顿（Armington）因子来反映这一特点，即进口品与国内调入品组合为广义的进口品，与省内生产的产品并不具有完全替代性，存在着产品的差异。与此相对应，THCGE – MR 模型中有相对价格独立的广义进口需求与广义出口供给方程，以反映本省与外国、外省在差别商品的不同供给中进行选择。同时，还假设广义进出口商品的国际价格、省外价格是外生决定的。

根据阿密顿（Armington）假设，省内的生产者与消费者将选择一组组合进口品与省内产品，按照 CES 函数所组成的复合商品。进口需求函数是通过 CES 函数中的成本最小化条件即一阶条件导出。进口占省内销售比率的变化是由省内外市场相对价格的变化所引起的，省内产品与进口品间的替代程度可以用价格替代弹性来衡量。在经典贸易理论中，当价格的替代弹性为无穷大时，省内产品与进口品是可以完全替代的；当价格的替代弹性为零时，省内产品与进口品是可以完全独立的。在其他情况下，价格替代弹性越大，则进口占省内销售的比率对省内外的相对价格越敏感。对于没有进口的部门，复合商品需求被简化为等于省内销售。

出口的情况与进口类似，CET 出口转换函数描述了产量是如何转换到省内、省外与国外市场的，出口供给函数是通过 CET 函数中的利润最大化条件即一阶条件导出。出口占省内销售比率的变化也是由省内外市场相对价格的变化所引起的，省内销售与出口间的转换程度可以用价格转换弹性来衡量。对于没有出口的部门，省内生产被简化为等于省内销售。

THCGE – MR 模型的对外贸易模块的方程设置如下：

（1）阿密顿复合商品总需求

$$Z_i(t) = \psi_i \times [\mu_i M_i(t)^{-\xi_i} + (1 - \mu_i) D_i(t)^{-\xi_i}]^{-1/\xi_i} \qquad (5-53)$$

其中，$Z_i(t)$ 表示商品 i 的复合总需求，ψ_i 表示商品 i 总需求函数中的转换系数，μ_i 表示商品需求函数中进口需求的份额参数，$M_i(t)$ 表示广义进口需求的数量，$D_i(t)$ 表示商品 i 区域内生产用于满足区域内需求的数量，ξ_i 阿密顿因子，即 $\xi_i = (1 - \vartheta_i)/\vartheta_i$，$\vartheta_i$ 为阿密顿弹性。

或者，

$$Z_i(t) = D_i(t) \qquad (5-54)$$

（2）广义进口需求

$$M_i(t) = (\mu_i/(1 - \mu_i))^{\vartheta_i} \times (PD_i(t)/PM_i(t))^{\vartheta_i} \times D_i(t) \qquad (5-55)$$

其中，$PD_i(t)$ 表示省内生产的商品 i 的价格，$PM_i(t)$ 表示广义进口商品 i 的省内价格，ϑ_i 表示广义进口品和省内生产品之间的价格替代弹性。

（3）广义进口供给

$$M_i(t) = im_i \times \left[wf_i \times FM_i(t)^{-imp_i} + (1 - wf_i) \times RM_i(t)^{-imp_i} \right]^{-1/imp_i}$$

$$(5-56)$$

其中，$FM_i(t)$ 表示进口商品的数量，$RM_i(t)$ 表示从国内其他地区调入的商品数量，im_i 表示进口商品和国内地区外调入商品之间的转换系数，wf_i 表示进口商品的份额参数，imp_i 表示进口商品和国内地区外调入商品之间的替代参数。当商品没有进口或调入时，总进口和调入或者等于进口量或调入量。

$$M_{nmm}(t) = FM_{nm}(t) \text{ 或者 } M_{nmm}(t) = RM_{nm}(t) \qquad (5-57)$$

（4）进口和调入数量

$$\frac{FM_i(t)}{RM_i(t)} = \left(\frac{PRM_i(t)}{PFM_i(t)} \times \frac{wf_i}{1 - wf_i} \right)^{1/(1 + imp_i)} \qquad (5-58)$$

其中，$FM_i(t)$ 为进口量，$RM_i(t)$ 为国内其他地区调入量。$PFM_i(t)$ 为进口品的地区价格，$PRM_i(t)$ 为国内其他地区调入品的地区价格。wf_i 为 i 部门进口品的份额参数，imp_i 为部门 i 的进口品和调入品的替代参数。

（5）广义出口和省内销售的总供给

$$Q_i(t) = \phi_i \times \left[\tau_i X_i(t)^{\varphi_i} + (1 - \tau_i) D_i(t)^{\varphi_i} \right]^{1/\varphi_i} \qquad (5-59)$$

其中，$Q_i(t)$ 表示省内商品 i 的总产出，$X_i(t)$ 表示出口和调出供给数量，$D_i(t)$ 表示省内生产的商品的省内销售数量，ϕ_i 表示出口和调出供给函数的转换系数，τ_i 表示出口和调出商品的份额参数，φ_i 为 CET 因子，即 $\varphi_i = (1 + \eta_i)/\eta_i$，$\eta_i$ 为出口转换弹性。

或者

$$Q_i(t) = D_i(t) \qquad (5-60)$$

（6）出口和调出总供给

$$X_i(t) = ((1 - \tau_i)/\tau_i)^{\eta_i} \times (PX_i(t)/PD_i(t))^{\eta_i} \times D_i(t) \qquad (5-61)$$

其中，$PD_i(t)$ 表示省内生产的商品价格，$PX_i(t)$ 表示出口和调出供给商品的省内价格，η_i 为出口和调出供给和省内销售之间的价格转换弹性。

（7）出口的供给

$$X_i(t) = ef_i \times \left[wef_i \times FX_i(t)^{epf_i} + (1 - wef_i) \times RX_i(t)^{epf_i} \right]^{1/epf_i} \qquad (5-62)$$

其中，$FX_i(t)$ 表示出口商品的数量，$RX_i(t)$ 表示往国内其他地区调出的商品数量，ef_i 表示出口商品和往国内地区外调出商品之间的转换系数，wef_i 表示出口商品的份额参数，epf_i 表示出口商品和国内地区外调出商品之间的替代弹性。如果没有商品出口或商品调出，则广义出口量等于出口量或者调出量。

$$X_i(t) = FX_i(t) \text{ 或者 } X_i(t) = RX_i(t) \qquad (5-63)$$

（8）出口量和调出量的比例

$$\frac{FX_i(t)}{RX_i(t)} = \left(\frac{PFX_i(t)}{PRX_i(t)} \times \frac{1 - wef_i}{wef_i} \right)^{1/(epf_i - 1)} \qquad (5-64)$$

其中，$FX_i(t)$ 为出口量，$RX_i(t)$ 为国内其他地区调出量，$PFX_i(t)$ 为出口商品的地区价格，$PRX_i(t)$ 为国内其他地区调出品的地区价格，wef_i 为部门 i 出口商品的份额参数，epf_i 为部门 i 的出口品和调出品的替代参数。

5.1.8 市场均衡模块

THCGE - MR 模型中包含 6 类均衡关系。第一，商品市场均衡。它定义为一种商品的复合总供给等于全地区对该产品作为中间投入的需求数量、居民的最终消费需求数量、中央政府消费数量、地方政府消费数量、企业用作投资品的需求数量、该商品的库存增加量之总和。商品市场的均衡表明各种商品复合总供给等于各种商品的地区内总需求。第二是劳务市场均衡。它定义为劳动力供应等于劳动力需求。THCGE - MR 模型假定，劳务是同质的，且能在部门间自由流动，劳动力能够达到充分就业水平，且均衡时各部门劳动力的总和等于外生给定的总劳动力数量。第三是资本市场均衡。资本市场均衡时各部门均达到了均衡，THCGE - MR 模型中假设资本在短期内不可在部门间流动。第四，广义和实际进出口贸易均衡。进出口贸易均衡余额等于中央政府净对外借款与地方政府净对外借款、净汇入外汇、国外总储蓄之和，减去贸易赤字后的余额。第五，储蓄投资均衡。

（1）商品市场均衡

$$Z_i(t) = V_i(t) + CI_i(t) + CG_i(t) + RG_i(t) + FI_i(t) + SK_i(t)$$

$$(5-65)$$

其中，$Z_i(t)$ 表示对第 i 种复合商品总供给，$V_i(t)$ 为全社会对第 i 种复合商品作为中间投入的需求数量，$CI_i(t)$ 表示家庭对第 i 种复合商品的最终消费需求，$CG_i(t)$ 表示中央政府对第 i 种复合商品的消费，$RG_i(t)$ 表示地方政府对第 i 种复合商品的消费，$FI_i(t)$ 表示第 i 种复合产品用作投资品的数量，$SK_i(t)$ 表示第 i 种复合商品的库存增加量。

（2）劳务市场均衡

$$\sum_i L_i(t) = LS(t) \qquad (5-66)$$

其中，$L_i(t)$ 表示第 i 部门投入的标准劳动力数量，$LS(t)$ 表示本区域总劳动力供给。

（3）资本市场均衡

$$\sum_i K_i(t) = FK(t) \qquad (5-67)$$

其中，$K_i(t)$ 为部门 i 固定资产存量，$FK(t)$ 表示第 t 期总固定资产存量。

（4）国际收支均衡

$$SBT(t) = FBORC(t) + FBORR(t) + REMIT(t) + FSAV(t) - FTD(t)$$
$$(5-68)$$

其中，$FTD(t)$ 为贸易赤字，$FBORC(t)$ 为国外净借款，$REMIT(t)$ 为国外净汇款，$FSAV(t)$ 为国外净储蓄，$SBT(t)$ 为国际收支平衡项。

（5）总储蓄和投资均衡

$$walras = TSAV - INV \qquad (5-69)$$

其中，$walras$ 为总储蓄和总投资均衡项。

（6）生产法名义 GDP

$$TY(t) = \sum_{i=1}^{n} PVAQ_i(t) \times Q_i(t) + TARIFF(t) - NETSUB(t)$$
$$(5-70)$$

其中，$TY(t)$ 表示生产法名义 GDP，$PVAQ_i(t)$ 表示第 i 部门单位产品生产的增加值，$Q_i(t)$ 表示 i 产品的总产出数量，$TARIFF(t)$ 为关税，$NETSUB(t)$ 表示进出口补贴。

（7）支出法名义 GDP

$$
\begin{aligned}
Y(t) = & \sum_i (CHI_i(t) + CG_i(t) + RG_i(t) + FI_i(t) + SK_i(t)) \times P_i(t) + \\
& \sum_i (FX_i(t) \times PFX_i(t) + RX_i(t) \times PRX_i(t)) - \\
& \sum_i (FM_i(t) \times PFM_i(t) + RM_i(t) \times PRM_i(t))
\end{aligned}
$$
$$(5-71)$$

式中，$Y(t)$ 表示支出法名义 GDP，$CHI_i(t)$ 表示家庭消费需求，$CG_i(t)$ 表示中央政府消费，$RG_i(t)$ 表示区域政府消费，$FI_i(t)$ 表示固定资产投资，$SK_i(t)$ 表示库存增加量，$P_i(t)$ 为商品 i 的价格，$FX_i(t)$ 为商品 i 的出口数量，$FM_i(t)$ 为商品 i 的进口量，$RM_i(t)$ 为商品 i 的调入数量，$PRM_i(t)$ 为商品 i 的调入价格，$RX_i(t)$ 为商品 i 的调出数量，$PRX_i(t)$ 为商品 i 的调出价格。

（8）支出法实际 GDP

$$RY(t) = \sum_i (CHI_i(t) + CG_i(t) + RG_i(t) + FI_i(t) + SK_i(t)) \times P_i(to) +$$

$$\sum\nolimits_i \left(FX_i(t) \times PFX_i(to) + RX_i(t) \times PRX_i(to) \right) -$$
$$\sum\nolimits_i \left(FM_i(t) \times PFM_i(to) + RM_i(t) \times PRM_i(to) \right)$$

$$(5-72)$$

式中，$RY(t)$ 表示实际 GDP，$P_i(to)$ 表示基准年 to 时产品 i 的价格，$PFX_i(to)$ 表示基准年 to 时产品 i 的出口价格，$PFM_i(to)$ 表示基准年 to 时产品 i 的进口价格。$PRX_i(to)$ 表示基准年 to 时产品 i 的调出价格，$PRM_i(to)$ 表示基准年 to 时产品 i 的调入价格。

5.1.9　福利指标分析模块

许多不同的福利指标应用于公共政策的社会福利影响的分析。一般来说，希克斯等量变异（Hichsian equivalent variation）应用得比较普遍。本模型采用该指标分析国家投资政策对地区经济和社会福利的影响。等量变异给定政策前的均衡收入和消费者价格，并计算为使实施政策后的福利水平达到政策前消费者价格下的相应水平所需要的收入变化：

$$EV(t) = E(US(t), PB(t)) - E(UB(t), PB(t))$$
$$= \sum\nolimits_i PBI_i(t) \times CIS_i(t) - \sum\nolimits_i PBI_i(t) \times CIB_i(t)$$

$$(5-73)$$

其中，$EV(t)$ 为 t 时期的等量变化；$E(US(t), PB(t))$ 为在政策前价格水平 $PB(t)$ 下，达到政策后福利 $US(t)$ 所需要的支出；$E(UB(t), PB(t))$ 为在政策前价格水平 $PB(t)$ 下，达到政策前福利 $UB(t)$ 所需要的支出；$PB(t)$ 为时期 t 的政策前消费者价格水平；$PBI_i(t)$ 为时期 t 的政策前商品 i 消费者价格；$CIB_i(t)$ 为家庭在时期 t 对商品 i 的政策前的消费量；$CIS_i(t)$ 为家庭在时期 t 对商品 i 的政策后的消费量。

在每一个时点上，可以根据上面公式计算出 $EV(t)$ 来。如果 $EV(t)$ 是正的，表明政策后福利得到了改善，否则，表明福利水平下降。

5.1.10　小结

本节介绍了构建的一个分析国家和地区公共投资政策的可计算一般均衡模型（THCGE – MR 模型），为后续研究提供了一个有用的工具。

THCGE – MR 模型是一个国家内多区域多部门动态的可计算一般均衡模型，它将中国某省级区域经济划分为 6 个部门，即农业、重工业、轻工业、建筑业、服务业和能源部门。模型包括 6 个行为主体，即家庭、企业、中央政府、区域政府、国内其他地区和国外。包括 9 个模块，即生产模块、要素需求模块、价格模块、收入模块、消费模块、投资和资本积累模块、对外贸易模块、市场均衡模块、福利指标分析模块。运用THCGE - MR 模型可用来模拟中国西部能源开发政策对西部区域经济的影响。

5.2 模型数据及校准

本节将详细讨论 CGE 模型数据库的建立和数据处理。首先介绍社会核算矩阵的建立,接着讨论参数的校准。

5.2.1 社会核算矩阵

介绍多区域多部门动态可计算一般均衡模型的社会核算矩阵,本节以中国两区域为例,基于中国西部陕西省 1997 年投入产出表的数据,建立陕西省的社会核算矩阵和中国除陕西省外其他区域的社会核算矩阵。建立社会核算矩阵需要根据投入产出表的部门划分,结合所构建的模型和研究目标,对数据进行归并。1997 年陕西省投入产出表,有 40 个产品部门的数据。而构建 THCGE - MR 模型是为了分析中国西部能源开发政策对西部区域经济的影响,可将能源作为独立的部门,分为 6 个部门,因此需要将40 个产品部门的数据进行归并。THCGE - MR 模型的部门与 1997 年陕西省投入产出表中的部门对照如表 5 - 1 所示。

表 5 - 1   THCGE - MR 模型部门与陕西 1997 年投入产出表部门对照表

部门序号	模型部门	I/O 表部门编号	部门序号	模型部门	I/O 表部门编号
1	农业	1	4	建筑业	27
2	重工业	4 - 5, 12 - 23, 26	5	服务业	28 - 40
3	轻工业	6 - 10	6	能源部门	2 - 3, 11, 24 - 25

要编制社会核算矩阵,必须了解社会核算矩阵(SAM)的结构。尽管社会核算矩阵(SAM)没有固定的标准格式,但一般说来,仍遵循一定的结构理论。关于社会核算矩阵(SAM)的编制,拜伦(Byron)、皮亚特(Pyatt)等人进行了系统的阐述和具体的事例分析。编制的社会核算矩阵(SAM)的一般结构如表 5 - 2 所示。

表 5-2

社会核算矩阵（SAM）的一般结构

收入＼支出	活动	商品	要素	家庭	企业	中央政府	地方政府	资本核算	国内其他	世界其他	总计
活动		省内供给									总销售
商品	中间投入			居民消费		政府消费	政府消费	固定资产投资	调出	出口	总需求
要素	增加值										增加值
家庭			劳动收入		企业分红		居民补贴		区外净汇款	国外净汇款	居民收入
企业			资本收入				企业补贴				企业收入
中央政府		关税		所得税	企业所得税	转移支付				国外借款	政府收入
地方政府		间接税									政府收入
资本核算				居民储蓄	企业储蓄	政府储蓄	政府储蓄		省外储蓄	国外净储蓄	总储蓄
国内其他	调入										省外收入
世界其他		进口				出口补贴					国外收入
总计	总成本	总供给	增加值	居民支出	企业支出	政府支出	政府支出	总投资	省外支出	国外支出	

在社会核算矩阵（SAM）中，行代表收入账户，列代表支出账户，相应行和列的总额应该是相等的。在社会核算矩阵（SAM）的一般结构中，将生产活动与商品分开。对"活动"的核算对应的是投入产出核算中的生产部门，由模型中的不同生产者组成，反映了中间生产关系。如表5-2中的第一行的现金流动所对应的是各需求方支付的省内产品的销售额。"商品"账户包括了省内产品、调入品和进口品。将省内供给与进口—调入结合起来，是省内市场的总供给。出口和商品调出没有包括在"商品"的核算之中，而是直接由生产者（即"活动"）销售给国外和国内其他区域，卖给"世界其他"国家和"国内其他"。"要素"账户显示了对生产要素资本和劳动的需求（第3行），以及要素收入在不同要素之间的分配（第3列）。消费者、企业和中央政府、地方政府账户，反映了家庭、企业和中央政府、地方政府的收入来源（第4、5、6、7行）及其支出去向（第4、5、6、7列）。"资本核算"账户可以理解为一个投资银行的作用，它接受了所有经济主体的储蓄，如居民储蓄、企业储蓄、中央政府储蓄、地方政府储蓄、国内其他区域在本区域的储蓄和国外储蓄（第8行），然后将所有储蓄转化为固定资产投资（第8列）。"国内省外"账户是指省内经济系统与国内其他地区的经济联系，反映了商品的调入和调出，以及资金的流动。"世界其他"账户是指经济系统与世界其他经济体的联系，反映了外汇的收支。外汇的收入主要来自出口商品、国外净汇款、国外净借款和国外储蓄（第10列），主要支出就是进口商品（第10行）。

5.2.2 参数的校准

5.2.2.1 参数的分类

在CGE模型中，需要的参数很多。有的参数需要根据时序数据和有关的经验数据模拟后外生地给定，如居民的边际储蓄倾向、政府消费的增长率、技术进步率等。有的参数是由模型的运行者设置，如税收收入转移支付给居民的比例以及生产函数中的资本与劳动的替代弹性、进口品与国产品的替代弹性、出口与国内销售的转换弹性等。有的需要校准，如CES生产函数中的转移参数和份额参数、阿密顿函数中的转移参数和份额参数、出口需求函数中的转移参数和份额参数等。因此，可将CGE模型中的参数分为三大类：一类是运行参数，随着模型运行者的需要而设置。第二类是外生参数，需要模型构建者根据历史数据或者经验数据进行估计而设置。第三类是校准参数，主要是各类转移参数和份额参数，需要根据外生的参数和基年的数据进行校准。

5.2.2.2 参数校准

下面就 CES 生产函数中的转移参数和份额参数、阿密顿函数中的转移参数和份额参数、出口需求函数中的转移参数和份额参数的校准公式推导如下：

（1）资本与劳动 CES 生产函数的转移参数和份额参数

根据生产函数

$$VA_i(t) = A_{vi}\big[\omega_{ki}K_i(t)^{-\rho_{Vi}} + (1-\omega_{Ki})L_i(t)^{-\rho_{Vi}}\big]^{-1/\rho_{Vi}}$$

按照利润最大化的原则，有

$$\frac{\partial VA_i}{\partial K_i} = \frac{PK_i}{PVA_i}$$

联立上述两式可求得

$$\omega_{Ki} = \Big[1 + \frac{PVA_i \times VA_i - PK_i \times K_i}{PK_i \times K_i} \times \Big(\frac{L_i}{K_i}\Big)^{\rho_{Vi}}\Big]^{-1} \qquad (5-74)$$

$$A_{vi} = VA_i(t)\big/\big[\omega_{ki}K_i(t)^{-\rho_{Vi}} + (1-\omega_{Ki})L_i(t)^{-\rho_{Vi}}\big]^{-1/\rho_{Vi}} \qquad (5-75)$$

其中，ω_{Ki} 表示部门 i 的资本的份额系数，A_{vi} 表示部门 i 的 CES 生产函数的转移参数。PVA_i 为劳动－资本合成投入的价格，PK_i 为资本的价格，ρ_{Vi} 为部门 i 资本和劳动之间的替代系数，VA_i 表示第 i 部门第 t 期增加值，K_i 表示第 i 部门第 t 期资本的投入数量，L_i 表示第 i 部门第 t 期投入的标准劳动力数量。

（2）阿密顿复合商品总需求函数中的转移参数和份额参数

根据地区内商品总需求函数

$$Z_i(t) = \psi_i \times \big[\mu_i M_i(t)^{-\xi_i} + (1-\mu_i)D_i(t)^{-\xi_i}\big]^{-1/\xi_i}$$

按照效用最大化原则，有

$$\frac{\partial Z_i}{\partial M_i} = \frac{PM_i}{P_i}$$

$$\frac{\partial Z_i}{\partial D_i} = \frac{PD_i}{P_i}$$

根据上述三式，可以求得

$$\mu_i = \Big[1 + \frac{PD_i}{PM_i} \times \Big(\frac{D_i}{M_i}\Big)^{\xi_i+1}\Big]^{-1} \qquad (5-76)$$

$$\psi_i = Z_i(t)\big/\big[\mu_i M_i(t)^{-\xi_i} + (1-\mu_i)D_i(t)^{-\xi_i}\big]^{-1/\xi_i} \qquad (5-77)$$

其中，ψ_i 表示进口—调入供给函数的转换系数，μ_i 表示进口—调入供给函数中进口的份额参数，PD_i 表示省内生产的商品价格，PM_i 表示进口—调入组合产品的省内价格，Z_i 表示复合商品总需求，M_i 表示广义进口需求数量，D_i 表示省内生产的产品省内需求的数量，ξ_i 阿密顿因子，即 $\xi_i = (1 - \vartheta_i)/\vartheta_i$，$\vartheta_i$ 表示广义进口产品和省内生产的产品之间的价格替代弹性。

（3）广义出口和省内销售的总供给函数的转移参数和份额参数

根据地区内商品总供给函数

$$Q_i(t) = \phi_i \times \left[\tau_i X_i(t)^{\varphi_i} + (1 - \tau_i) D_i(t)^{\varphi_i} \right]^{1/\varphi_i}$$

按照收益最大化原则，有

$$\frac{\partial Q_i}{\partial X_i} = \frac{PX_i}{PS_i}$$

$$\frac{\partial Q_i}{\partial D_i} = \frac{PD_i}{PS_i}$$

根据上述三式，可以求得

$$\tau_i = \left[1 + \frac{PD_i}{PX_i} \times \left(\frac{X_i}{D_i} \right)^{\varphi_i - 1} \right]^{-1} \tag{5-78}$$

$$\phi_i = Q_i(t) / \left[\tau_i X_i(t)^{\varphi_i} + (1 - \tau_i) D_i(t)^{\varphi_i} \right]^{1/\varphi_i} \tag{5-79}$$

其中，$Q_i(t)$ 表示省内商品 i 的总产出，$X_i(t)$ 表示出口和调出供给数量，$D_i(t)$ 表示省内生产的商品的省内销售数量，ϕ_i 表示出口和调出供给函数的转换系数，τ_i 表示出口和调出函数中出口商品的份额参数，φ_i 为 CET 因子，即 $\varphi_i = (1 + \eta_i)/\eta_i$，$\eta_i$ 为出口转换弹性。

（4）进口和国内其他区域调入的替代

根据进口和国内其他区域调入商品总需求函数

$$M_i(t) = im_i \times \left[wf_i \times FM_i(t)^{-imp_i} + (1 - wf_i) \times RM_i(t)^{-imp_i} \right]^{-1/imp_i}$$

按照效用最大化原则，有

$$\frac{\partial M_i}{\partial FM_i} = \frac{PFM_i}{PM_i}$$

$$\frac{\partial M_i}{\partial RM_i} = \frac{PRM_i}{PM_i}$$

根据上述三式，可以求得

$$wf_i = \left[1 + \frac{PRM_i}{PFM_i} \times \left(\frac{RM_i}{FM_i} \right)^{imp_i + 1} \right]^{-1} \tag{5-80}$$

$$im_i = M_i(t) / \left[wf_i \times FM_i(t)^{-imp_i} + (1 - wf_i) \times RM_i(t)^{-imp_i} \right]^{-1/imp_i} \tag{5-81}$$

其中，$FM_i(t)$ 表示进口商品的数量，$RM_i(t)$ 表示从国内其他地区调入的商品数量，PFM_i 为进口品的地区价格，PRM_i 为国内其他地区调入品的地区价格。im_i 表示进口商品和国内地区外调入商品之间的转换系数，wf_i 表示进口商品的份额参数，imp_i 表示进口商品和国内地区外调入商品之间的替代参数。

（5）出口和国内调出的替代

$$X_i(t) = ef_i \times [wef_i \times FX_i(t)^{epf_i} + (1 - wef_i) \times RX_i(t)^{epf_i}]^{1/epf_i}$$

其中，$FX_i(t)$ 表示出口商品的数量，$RX_i(t)$ 表示往国内其他地区调出的商品数量，PFX_i 为出口商品的地区价格，PRX_i 为国内其他地区调出品的地区价格。ef_i 表示出口商品和往国内地区外调出商品之间的转换系数，wef_i 表示出口商品的份额参数，$epf_i(t)$ 表示出口商品和国内地区外调出商品之间的替代参数。

按照收益最大化原则，有

$$\frac{\partial X_i}{\partial FX_i} = \frac{PFX_i}{PX_i}$$

$$\frac{\partial X_i}{\partial RX_i} = \frac{PRX_i}{PX_i}$$

根据上述三式，可以求得

$$wef_i = \left[1 + \frac{PRX_i}{PFX_i} \times \left(\frac{FX_i}{RX_i} \right)^{epf_i - 1} \right]^{-1} \qquad (5-82)$$

$$ef_i = X_i(t) / [wef_i \times FX_i(t)^{epf_i} + (1 - wef_i) \times RX_i(t)^{epf_i}]^{1/epf_i} \qquad (5-83)$$

根据上面的推导公式，可以得到各种生产函数、需求函数、供给函数的转移参数和份额参数。

其他一些参数的校准，是用模型方程和基准年的数据直接进行计算，使模型能够重新生成基准年的数据，即模型在基准年的解与基准年的均衡数据一致。

第6章 国际油价上涨对我国经济的影响

自20世纪70年代以来，国际石油价格不断波动和变化，对各国能源和经济系统形成较大的冲击，各国都对国际油价的变化高度重视，加强国际油价的预测和应对工作，以尽量避免或减少石油价格变化对经济系统的影响。随着我国改革开放的深入和现代化的进程加快，我国对国际石油进口的需求也在快速增加，原油进口依存度不断提高，国际油价的变化对我国的经济影响也在逐渐增大。如何科学预测和应对国际油价变化，是我国政府和社会各界广泛关注的话题。本章首先分析国际油价变化的历史轨迹和未来走势，介绍目前我国的成品油价格管理的规制，接着介绍关于国际油价变化经济影响分析的文献，并进行综合评述。再结合我国最新的投入产出表数据和最新的经济系统数据，运用CGE模型研究国际油价变化对我国经济的影响，最后就国际油价上涨的影响提出了有关的应对措施和政策建议。

6.1 国际油价变化的轨迹和未来走势分析

《国际油价走势图1970～2013》（本地宝网新闻，2015/01/06）对20世纪70年代以来国际原油价格的变化走势进行了总结。《十年回顾2005～2015年国际原油市场价格趋势》（新浪网财经，2015/06/27）对2005年以来十年间国际原油市场价格变化进行了总结。北京理工大学能源与环境政策研究中心的报告《2015年国际原油价格分析与趋势预测》和《2016年国际原油价格分析与趋势预测》分别对2015年和2016年国际原油价格进行了分析。结合这些文献的分析和总结，70年代以来国际油价变化的轨迹如下：

20世纪70年代，两次石油危机驱动了国际油价的持续暴涨。1970年沙特原油官方价格为1.8美元/桶。1974年爆发了第一次石油危机，国际原油价格首次突破了10美元/桶。1979年爆发了第二次石油危机，国际原油价格首次突破 20 美元/桶。1980 年国际原油价格首次突破 30 美元/桶。1981 年初，国际原油价格最高达到 39 美元/桶，随后国际油价逐波滑落，从此开始了一轮长达 20 年的国际油价的稳定期。

从 1983 年到 2003 年的 20 年间，国际油价一直徘徊在 30 美元之下。1986 年国际原油价格曾一度跌落至 10 美元/桶。从 1986 年初到 1999 年初，国际原油价格基本上稳定在 20 美元/桶之下运行，其中在 1990 年的 9、10 月间，国际油价出现过瞬间的暴涨，并首次突破 40 美元/桶，但两个月后很快又滑落至 20 美元/桶之下。1998 年底到 1999 年初，国际原油价格曾一度跌至 10 美元/桶以下。2000 年国际原油价格曾在短时间内冲至 30 美元/桶上方，但很快又跌落至 20 美元/桶之下。

从 2003 年到 2008 年，爆发了第三次石油危机。第一、二次石油危机后，国际原油价格的波动经历了长达 20 年的稳定期。20 年后国际原油价格再次步入一个全新的快速上升通道，第三次石油危机爆发。2003 年初国际原油价格再次突破 30 美元/桶，然后不再回跌、一直上涨，直到 2008 年。2004 年 9 月受伊拉克战争的影响，国际原油价格再次突破 40 美元/桶，之后仍继续上涨，并首次突破 50 美元/桶。2005 年 6 月，国际原油价格首次突破 60 美元/桶，并加速上涨。2005 年 8 月，墨西哥遭遇了"卡特里"飓风，国际原油的价格首次突破了 70 美元/桶。2007 年 9 月 12 日，国际原油价格首次突破了 80 美元/桶，随后继续加速上扬。2007 年 10 月 18 日，国际原油价格首次突破了 90 美元/桶，并在 2007 年底直逼 100 美元/桶。2008 年国际原油价格出现了大幅飙升，7 月 14 日纽约商品交易所原油期货价格达到 147.27 美元/桶的历史高点。

2009 年受国际金融危机的冲击，国际油价出现大幅回落。2009 年 1 月 21 日纽约商品交易所原油期货价格跌至 33.20 美元/桶，为 2004 年 4 月以来新低。2009 年第二季度开始，全球经济开始逐渐走出金融危机的阴霾，油价变化再现上升之路。2011 年国际原油价格震荡整理，先抑后扬。2011 年纽约市场原油价格全年累计上涨 8%，收于每桶 98.83 美元/桶。2011 年伦敦北海布伦特原油价格全年累计上涨 13%，收于每桶 107.38 美元/桶。2011 年 4 月 29 日，纽约商品交易所原油期货价格升至 114.83 美元/桶，为近三年来的价格高位。2011 年到 2013 年间国际油价稳定在 90～120 美元/桶的高位区间。

2014 年下半年开始，国际油价自高位开始转头跳水，市场为之大跌震动。2014 年 7～12 月半年的时间，长达三年多的高油价盛世消失，可谓灰飞烟灭。

2015 年国际原油市场基本面无明显改观。国际油价继 2014 年末跌破至 60 美元/桶后，经 2015 年上半年的曲折反弹后，持续震荡下跌。截至 2015 年年底，国际原油价格仍处于低价位震荡。2015 年国际油价跌回 50 ~ 70 美元/桶的区间，2005 年前的国际油价水平再现。2015 年国际油价延续了 2014 年的颓势，上半年油价围绕 55 美元/桶上下波动；下半年油价进一步下滑到 50 美元/桶以下，稳定在 45 美元/桶左右。进入 12 月国际油价进一步下跌至 35 美元/桶附近。2005 ~ 2015 年国际原油市场价格走势如图 6 - 1 所示。

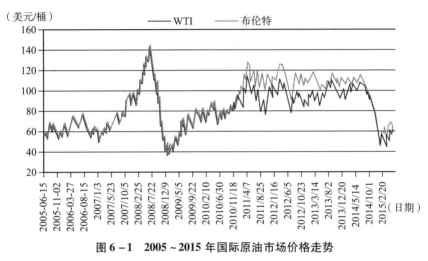

图 6 - 1 2005 ~ 2015 年国际原油市场价格走势

资料来源：十年回顾 2005 ~ 2015 年国际原油市场价格趋势，新浪财经，2015 年 6 月 17 日，www. sina. com. cn.

2016 年国际油价相比 2015 年明显增长。2016 年初国际油价依旧延续了 2015 年的低迷状态；上半年油价上升到 50 美元/桶附近。7 月底到 8 月初，国际油价又有明显下跌，在 40 美元/桶的价格上下波动；9 月和 10 月持续上涨，一度突破 50 美元/桶；全球经济逐步复苏，石油市场进入平衡状态，年底的石油输出国组织（Organization of the Petroleum Exporting Countries，简称 OPEC）减产协议达成使得国际油价由 2016 年上半年的低迷逐渐上涨。

对于今后的国际油价走势，大多数人认为，从长远的观点看，全球石油供需差额缩小，需求数量增长超过供给数量增长，供需形势好转，国际原油价格总体呈上升趋势。

2012 年以来，我国经济发展进入了新常态。在国内外新的形势下，经济增长保持在6%～7%左右的中等发展速度，经济结构在明显优化，重化工业所占比重在降低，产业结构在提升，同时消费结构也在优化，环境意识和环保措施在推行。预测新时期国际石油价格上涨对中国经济的影响，具有重要的意义。本章在最新的经济统计数据和最新的2012年投入产出表基础上，运用构建的动态CGE模型，研究国际石油价格上涨对中国经济和产业的影响。

6.2 我国成品油价格管理机制

2013年3月，国家发展改革委调整过的国内成品油价格形成机制包括以下方面：①成品油调价周期由22个工作日缩短至10个工作日；②计价办法由22个工作日移动平均价格，改为10个工作日的平均价格；③取消了国际市场油价波动4%才能调价的幅度限制；④根据国内原油进口结构变化，适当调整了挂靠油种。

2013年以来现行成品油价格机制运行平稳，效果显著，能够更加灵敏反映国际市场油价变化，保证了成品油市场正常供应，促进市场有序竞争，同时价格调整透明度增强，市场化程度进一步提高，得到了社会各方面肯定和认同。但是2014年下半年以来，世界石油市场格局发生了深刻变化，国际市场油价从每桶110美元快速下跌至40美元以下，成品油价格机制在运行过程中出现了一些不适应的问题：一是国际市场油价持续走低的影响逐步显现。过低的油价不利于我国石油产业的长期健康发展，也不利于新能源和替代能源的发展。二是成品油价格调整与市场化目标尚有差距。因此，国家决定修改完善现行成品油价格机制，并进一步推进价格市场化。

为减轻国际市场油价过高或过低对国内市场的影响，保障国内能源长期安全，有必要对国内成品油价格机制设置调控上下限。我国既是石油进口和消费大国，也是石油生产大国，油价过高或过低都会对经济产生不利影响。油价过高，会加大用油行业和消费者的负担，影响国民经济的平稳运行。油价过低，短期看可降低石油进口和供应的成本，但由于我国石油资源禀赋较差、生产成本较高，从长期看会导致国内原油产能的萎缩，削弱我国石油的自给能力，将使我国已达60%的石油对外依存度可能快速并大幅上升，不利于保障能源供给安全。另外，过低的油价不利于资源节约使用和治理空气污染，也不利于能源结构的调整和新能源的发展。

2016 年 1 月 23 日，国家发展改革委发布了《国家发展改革委关于进一步完善成品油价格形成机制有关问题的通知》，发布了《石油价格管理办法》，并就完善成品油价格形成机制提出了新的规定。

新的规制要求国内成品油价格机制设置调控上下限。调控上限为每桶 130 美元，下限为每桶 40 美元。①即当国际市场油价高于每桶 130 美元时，汽、柴油最高零售价格不提或少提；②低于 40 美元时，汽、柴油最高零售价格不降低；③在 40 ~ 130 美元之间运行时，国内成品油价格机制将正常调整，该涨就涨，该降就降。

将调控下限设定为每桶 40 美元，是综合考虑国内原油开采成本、国际市场油价长期走势，以及我国能源政策等因素后确定的。据相关机构统计，国际主要石油企业的平均原油生产成本在每桶 40 美元左右，因资源禀赋等原因，我国原油生产成本更高。生产成本是决定国际油价长期走势的主要因素，从目前看，将每桶 40 美元设定为调控下限是合适的。

6.3　现有研究评述

自 20 世纪 90 年代中期我国成为石油净进口国以来，国际油价的变化一直引起我国企业、政府和社会各界的广泛关注。特别是 2002 年开始，我国石油进口规模的快速扩展，而国际油价水平急剧上涨，引起了企业、政府和学术研究者的关注。国际油价水平变化和急剧上涨对我国快速发展的经济有多大的影响，会形成多大的冲击，一直是人们广泛关注和讨论的主题。国内外不少学者对油价变化的经济影响进行了研究，下面就分别介绍并进行综合述评。

何晓群、魏涛远等（2002）通过一个中国应用一般均衡模型 CNAGE 对国际油价上涨对我国经济的影响进行了分析，定量研究了在我国油价实现与世界油价完全接轨时我国经济的变化情况。研究结果表明，总体上看，世界油价上涨会给我国经济增长带来损害。国际油价每上涨 10%，将使我国 GDP 总量下降约 0.1%，同时能源消费总量将有所下降。

杜瑞典和若伊等（K. Doroodian，Roy Boyd，2002）分析了国际石油价格变动对美国经济的影响，探讨国际石油价格对美国是否具有通货膨胀的趋势。研究中考察了在希克斯技术进步、国际石油价格按照 1973 ~ 1974 年间油价变化趋势变动的情景下，运用动态可计算一般均衡模型模拟了如下两种情况，进行了通货膨胀分析：①正常经济增长速度，②低经济增长速度。在每种经济增长速度情景下再分别考虑了三种技术情景，以分析油价变化在 2000~2020 年的 20 年间带来的影响：①无技术进步；②只在制造业、石油炼制和化工部门发生技术进步；③技术改进在制造、石油炼制、化工部门和服务部门都发生。研究结果显示，与 20 世纪 70 年代一样，国际石油价格变动将会对汽油和炼化产品价格产生非常大的影响，而总的价格水平变化将随着时间的推移而逐渐消除。同时，在两种经济增长速度中，总体价格水平（以 CPI 和 PPI 表示）都将随着技术进步速度的增加而降低。结果分析的主要原因在于：首先，20 世纪 70 年代以后美国经济结构发生了显著变化，即从以制造业为基础的经济发展成为一个主要以服务业为基础的经济，从而减轻了基础原材料短缺带来的影响。其次，美国经济长期稳定增长，经济增长越快，对经济的损害就消除得越快。最后，美国经济经历的信息技术革命有利于降低成本和在更多的部门维持产量。

吴静、王铮等（2005）建立了一个静态 CGE 模型，模拟了油价上升 20% 和 68% 时，中国经济体系各行业将面临的冲击。研究中主要分析了 GDP、物价指数、各类商品价格等变量受到的影响程度。当油价上升 20% 时，国内物价指数上涨 0.26%，GDP 将减少 0.1%。

鲁传一、刘智（2006）分析了国际油价高位运行对我国社会经济发展的影响，提出了应对措施和相关的政策建议。

林伯强、牟敦国（2008）运用 CGE 方法研究了石油与煤炭价格上涨的经济影响。结果表明：能源价格上涨对中国经济具有紧缩作用，但对不同产业的紧缩程度不一致。能源价格除了影响经济增长，还将推动产业结构的变化。对大多数产业而言，相同比例的价格上涨，煤炭的紧缩作用是石油紧缩作用的 2~3 倍；对于非能源密集型的服务业，紧缩幅度也达 3 倍。

芦琳娜、雷涯邻（2011）从油价波动行为机理、油价波动对经济影响的传导机制与组成内容等方面，综述了国内外有关石油价格波动对经济影响的研究成果，并提出了本土化拓展研究建议。国际石油价格波动对经济的影响，是石油价格管理领域研究的热点问题。国外早期研究关注供给冲击与需求调整的总渠道、GDP 和其他经济变量受油价变化的影响模式。近 20 年国内外大量的研究，集中在油价波动对经济影响的不对称性、油价波动对 GDP 和通货膨胀的影响、股票市场的影响及对同一时期不同国家宏观经济影响的差异、油价的各种弹性关系、货币政策在油价冲击后的作用等方面。

姚云飞等（2012）将中国的能源定价机制引入到所构建的中国能源与环境政策分析模型 CEEPA 中，模拟了中国不同能源定价机制情景下的边际减排成本；对国际能源价格波动对中国边际减排成本的影响进行了分析。结果表明，我国的边际减排成本对电力和成品油的定价方式是比较敏感的，放开这两种能源的定价，特别是电价机制的市场化改革，能推动我国边际减排成本的有效降低。不同能源的国际价格对我国边际减排成本的影响呈现很大的不同，国际能源价格上涨和下降对我国边际减排成本的影响具有对称性。

林鑫（2012）基于我国 2007 年投入产出表建立了 12 部门 CGE 模型，用以分析油价上涨对我国经济的影响。研究发现：石油价格上涨对 GDP 的影响较弱，对 CPI 和 PPI 的影响较大。国际油价上升 10%，实际 GDP 只出现很小幅度的下降，约为 0.04%；在油价上涨 50% 时，实际 GDP 的下降幅度则迅速上升到 0.2%。我国应从替代能源创新、完善价格形成机制和争夺国际原油定价权三个角度出发，缓解油价上涨对国民经济的冲击。

李丽（2013）将不完全竞争假设引入 CGE 模型中，分别模拟了在完全竞争的市场结构下，国际油价上升与国内油品市场化两项冲击对我国总体经济及各个产业的影响效果。研究表明，油价上升冲击下，我国实际 GDP 值减少，国内物价上扬，总消费萎缩，由于劳动与资本持续转入油品市场，令油气行业产出迅速扩张，社会福利水平明显恶化；而油品市场自由化情况下，尽管实际 GDP 仍呈现下降趋势，却可提高我国石油产出、增强我国总体经济应对国际油价冲击的能力。我国应继续推行政策，逐渐提高油品市场的自由化程度。

曹骏飞（2014）从通货膨胀、总产出、国际收支三个方面详细分析了国际油价冲击的影响，并从调控生产行为、完善石油储备体系建设、保证出口的可持续性角度提出了相应的建议。

魏巍贤等（2014）在中国 2010 年投入产出数据的基础上，建立了动态 CGE 模型，通过设置进口关税减免、技术进步等多种政策情景，模拟分析了直至 2050 年国际油价上涨对我国实际 GDP、投资、居民收入、进出口贸易等主要经济指标的影响。研究表明，国际原油价格上升引起中国实际 GDP 下降。在不采取政策措施的各种涨价情景下，直至 2050 年的各主要年份经济增速都是下滑的，虽然这一下降速度在逐步减缓。而在技术进步的各种情景下，技术进步的正效应不仅完全抵消了国际油价上升的负面效应，而且能使经济增长速度提高显著。同时，国际油价上升对投资、居民收入、进出口额的影响均是负向的，同样地，技术进步对这种负面影响有一定的抵消作用。

陈凯杰（2015）综述了国际油价震荡对中国经济错综复杂的影响，并就统筹应对国际油价变化的影响提出了建议。从总体看，国际低油价对我国的正面效应较为明显，主要体现在增长效应、储备效应、收入效应、出口效应和合作效应五个方面。油价震荡走低的负面效应也不容小视，需要关注几个方面：油价走低将加大通货紧缩压力、加大产业下行压力、可能对财政收入带来不利影响、加重贸易平衡压力等。

罗平（2015）基于 2007 年投入产出表，构建了一个静态 CGE 模型，分析了当国际油价变动对中国宏观经济产生的影响。分析表明国际石油价格下降 10%，实际 GDP 提高 0.3%，会抑制通货膨胀，改进社会福利；石油部门的产出所得减少；人民币有贬值需求；增加就业。

宋建新（2016）针对石油价格冲击传导渠道的多样性与复杂性，应用构建的 CHINA3E 模型，动态模拟了石油价格剧烈波动对我国经济和能源消费的影响，研究了进口油价暴涨和暴跌对我国经济的冲击，同时考虑 2020 年碳强度下降目标，分析了在国际油价剧烈波动和我国采取减排措施的双重背景下，我国未来能源消费以及碳排放的变化规律。研究发现，石油进口价格的暴涨或暴跌会对我国经济、能源消费和碳排放产生重要的影响，其中油价下跌会促进能源消费，刺激经济增长，而进口油价上涨将会抑制能源消费，对经济产生负面影响。如果当期油价下跌 50%，我国 2020 年和 2030 年实际 GDP 相比冲击前分别增加 1.40% 和 0.99%，一次能源消费总量则分别增加 8.23% 和 6.62%，碳排放分别增加 4.70% 和 3.37%。油价的剧烈变动会改变我国碳排放的控制成本。为实现 2020 碳排放强度比 2005 年下降 40% 的政策目标，在油价下跌情景下，碳税水平约为 50 元/tCO_2，而在进口油价上涨情景下，所需的碳税水平仅约 22 元/tCO_2。我国未来能源消费结构受进口油价和减排政策的共同影响。如果进口油价继续下跌，我国又采取碳减排措施的背景下，我国未来煤炭消费比例会大幅下降，而石油消费比例将会显著上升，能源低碳化转型效果明显。

李田田、高志远（2016）通过构建 2010 年宏观和微观 SAM 表，利用 CGE 模型模拟了各类能源价格上涨对我国居民消费的影响。结果表明，各类能源价格上涨对居民消费的影响不同，并且政府对二次能源价格的管控在一定程度上减弱了一次能源价格上涨对居民消费的冲击。

张军令、魏巍贤（2017）以动态 GTAP 模型为分析框架，添加了汇率模块，模拟了国际油价波动和人民币贬值双重冲击对中国经济的影响。研究结果表明，国际油价波动对中国经济的冲击较大，在人民币贬值10%和国际油价波动30%联合冲击的情景下，中国的实际GDP和各产业的产出主要受油价的影响。油价下跌，实际GDP和产出增加，油价上升则相反。

惕米斯纳（G. R. Timilsina，2015）利用全球可计算一般均衡模型，分析了油价上涨对经济的影响，并分析了利用生物燃料的可获得性来减轻这些影响。油价上涨对全球经济的负面影响，与其他研究中的结果相当，但其影响分布在各个国家和地区不同。高收入国家农业部门相对于能源密集型部门将受到油价上涨的影响，而不是低收入国家农业部门；对制造业的影响则相反。对于能源密集型的制造业和贸易，如印度和中国等石油进口国的影响尤为明显。虽然生物燃料的可用性减轻了油价上涨带来的一些负面影响，但由于生物燃料在经济上大规模替代化石燃料的能力有限，因此受益不大。生物燃料在减轻油价上涨影响方面的影响相对较小，因为生物燃料在全球范围内经济有效替代石油的能力仍然有限。

通过对上述文献的介绍和分析，可以发现，关于国际油价变化对我国经济的影响研究较多，研究也较深入。研究着眼点大多是研究国际油价的变化对我国GDP和CPI的影响以及对产业的影响；大多数研究主要考察国际油价的变化，少量研究考虑了其他因素和应对措施的共同作用，如国际油价变化和技术进步的共同影响。国外有些学者，除了考察油价变化，还考察了经济增长速度、技术进步、能源替代等因素的综合影响。

自2012年以来，我国经济发展进入了新常态，经济增长速度稳定在6%~7%的中等增长速度，同时经济结构调整和转型力度加大，产业结构变化较明显，环境保护要求增强，能源和环境问题的解决越来越紧迫，行业技术进步和节能改造技术的成果快速大量涌现等。因此，在新的经济形势下，国际油价的变化对我国经济发展有多大影响，在技术进步速度加快情况下未来国际油价变化的长期影响，这些议题都引起了大量的关注，研究这些问题具有重要的现实意义。本章将基于最新的2012年投入产出表，运用自主构建的动态CGE模型，从静态和动态角度研究国际油价的上涨对我国经济的冲击以及未来经济发展的长期影响，同时结合技术进步的发展前景，考察国际油价的上涨对未来长期经济发展的综合影响。

6.4 CGE 模型和模拟情景设置

6.4.1 CGE 模型介绍

国际油价上涨对中国经济系统和产业发展的影响，一直受到社会各界的广泛关注。下面采用作者及其研究团队开发的一个动态可计算一般均衡模型（Three - E Computable General Equilibrium model，including Energy Environment and Economy，简称 TECGE）进行分析。

TECGE 模型是一个动态递推的可计算一般均衡模型。在模型中，生产函数采用 CES 函数，包括能源、资本、劳动力等要素的多层嵌套形式；在进出口模块，采用了阿明顿（Armington）假设，同时国产品和进口的同类产品之间存在不完全替代，国产品国内消费和出口存在不变的转换弹性。如图 6-2 所示。

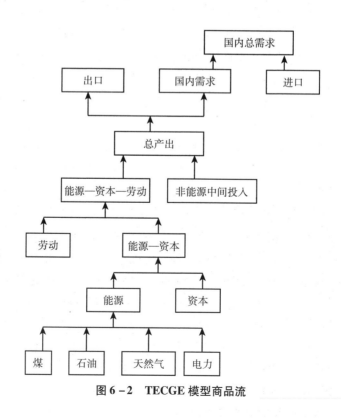

图 6-2 TECGE 模型商品流

根据数据可得性和数据处理的工作量、模型的可运算性和有效性等因素，TECGE 模型的部门分类是在 2012 年我国 139 个部门的投入产出表基础上，适当归并为 10 个产业部门，它们分别是：农业、重工业、轻工业、运输业、建筑业、服务业、煤炭、石油、天然气、电力。

6.4.2 模型情景设置

运用动态 CGE 进行模拟分析包括两部分，即静态模拟分析和动态模拟分析。

6.4.2.1 静态模拟分析

由于中国现阶段油价管理体制的特点，下面设置了两种情景，以分析国际油价上涨对中国经济的影响：（1）国内油价完全与国际油价没有接轨。国际油价作为外生变量，国内油价由国产油的供给价格和进口油的价格组合而成；（2）国内油价完全与国际油价接轨，随国际油价作相同的变动。目前中国石油价格体制是政府指导性价格，国内油价波动情况介于两者之间。

静态模拟部分就是运用 TECGE 模型模拟不同情景下，当国际石油价格分别上涨 10%、50%、100%、150%、200% 时主要经济指标的变化情况，并对这些指标随油价上涨的波动规律进行分析。主要经济指标包括宏观总量指标，如国内生产总值 GDP、总投资、城市居民收入、农村居民收入、企业收入、政府收入、居民消费价格指数、总进口额、总出口额，部门经济指标和产业结构方面的指标，包括部门产出量和部门产品价格。

6.4.2.2 动态模拟分析

随着我国经济的发展，我国油价管理体制将越来越完善，企业和国家应对国际油价变化风险的能力也在逐渐增强，油价管理体制将与国际接轨。另一方面，我国进入现代化国家和小康社会后，技术进步在经济发展中的作用增加，节能和提高能效技术在减缓油价上涨对经济的冲击时作用将非常显著。因此，动态模拟部分设置三种情景：①基准情景。国际油价按照基准年的价格没有上下波动、其他一切因素都按照经济发展固有的变化方式变化的情景。当然，这是一种理想状态，是作为模拟结果比较的基准线，现实生活中不可能存在这种理想情景。②油价上涨情景。考察未来年份国际石油价格上涨年均 2% 时主要经济指标的变化。③油价上涨和能效技术进步情景。考察未来年份国际石油价格分别上涨年均 2%、各个产业和消费部门能效水平比基准情景年均提高 1% 时主要经济指标的变化。综合起来，关于国际油价变化的模拟情景如表 6-1 所示。

表 6 - 1　　　　　　　　　　模拟情景设置

静态模拟情景	
油价体制没有接轨 S1	油价体制接轨 S2
价格分别上涨 0%、10%、50%、100%、150%、200% 时主要经济指标的变化	价格分别上涨 0%、10%、50%、100%、150%、200% 时主要经济指标的变化

动态模拟情景		
基准情景 BAU	油价变化情景 D1	油价和能效技术变化情景 D2
油价不变化，技术按照正常路径进步	油价年均递增 2%，技术按照正常路径进步	油价年均递增 2%，能效技术比正常路径快 1%

资料来源：课题组根据模拟目标设置。

6.5　模拟结果分析

6.5.1　静态模拟分析

6.5.1.1　国内油价与国际油价没有接轨情景

通过 TECGE 模型模拟，得到了一系列的组数据，每组数据都包括将要分析的宏观和部门经济指标。为了便于比较，本章将数据的变化处理为变化率，以百分比表示。下面分别对宏观总量指标和部门指标的变化规律进行分析。

（1）国际石油价格上涨对各部门产量和价格的影响

国际石油价格上涨对各部门的产出和价格将产生一定的影响。总体上讲，以石油作为主要中间投入的炼油及石化部门、煤炭、天然气、电力等能源部门将会受到较大影响，其他部门受到的影响并不明显。

图 6-3 表示了各部门产品价格随国际石油价格上涨而发生的变化情况。按照受影响程度的由大到小顺序依次是：石油、运输业、电力、天然气、建筑业、重工业、煤炭、服务业、轻工业、农业。由于石油以外的其他部门价格变动幅度远小于国际油价变动的幅度，因此对其他部门价格变化详见图 6-4。

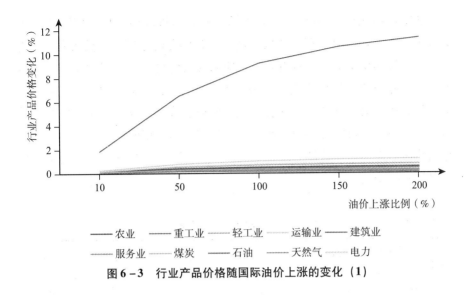

图 6 - 3 行业产品价格随国际油价上涨的变化（1）

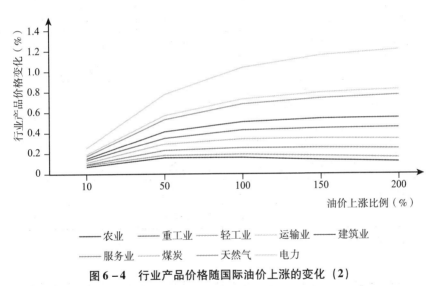

图 6 - 4 行业产品价格随国际油价上涨的变化（2）

　　从图 6 - 3 中可以看出国内油价上涨幅度远远低于国际油价上涨幅度，国际石油价格上涨 200% 时，国内油价仅上涨不到 15%，这说明国际油价对国内油价的传导体制十分不完善。从石油价格变化曲线的凸性特征可以看出国内油价受国际油价上涨的边际影响是逐渐减小的。导致这种情况的原因可能有两个：第一，中国实行的是政府管制的成品油价格体制，这种体制在屏蔽国际高油价方面十分有效。第二，中国政府对石油出口进行较严格的管制，国内生产者不能随意选择将石油出口国外。因此，只要国内需求不是大幅度变动，国内石油价格对国际油价的变动就不敏感。

从图 6 - 4 中可以看出，除石油部门外，运输部门价格受国际油价影响最大，这主要是由于石油（成品油）是运输业的主要中间投入之一。电力、天然气和煤炭会由于具有替代效应而导致价格上升，但由于煤炭占据了中国能源消耗的 70% 左右，电力、天然气与石油之间的可替代性需要一个中间的技术改造问题，因此替代效应推动的价格上涨并不十分明显。其他部门受国际油价的变动很不明显。所有部门的价格随国际油价上涨的变化曲线都呈现出凸性特征。表 6 - 2 显示了国际油价上涨引起的我国部门产出价格的变化。

表 6 - 2 油价上涨引起部门产出价格变化 单位：%

部门 \ 上涨幅度	10	50	100	150	200
农业	0.0560	0.1441	0.1441	0.1200	0.1040
重工业	0.1204	0.3371	0.4174	0.4334	0.4415
轻工业	0.0721	0.1681	0.1761	0.1601	0.1441
运输业	0.2401	0.7684	1.0325	1.1526	1.2086
建筑业	0.1363	0.4008	0.4969	0.5290	0.5370
服务业	0.0800	0.2161	0.2401	0.2401	0.2321
煤炭	0.0961	0.2803	0.3283	0.3363	0.3283
石油	1.8575	6.5172	9.2634	10.6405	11.4171
天然气	0.1601	0.5204	0.6725	0.7286	0.7606
电力	0.1761	0.5604	0.7205	0.7845	0.8166

资料来源：模型模拟结果。

图 6 - 5 描述了各部门产出随国际石油价格上涨而发生的变化情况。按照受影响程度的由大到小依次是：石油、煤炭、电力、天然气、重工业、轻工业、农业、运输业、服务业、建筑业。

从经济各部门的产出变化看，能源部门产出增加，且变化幅度最大。这是由于国际石油价格上涨，导致国内油价上升，石油部门变得更加有利可图；同时由于替代效应的存在，相关的煤炭、天然气、电力部门产品需求增加。由于能源结构和三种替代能源的替代弹性不同，石油价格上涨引起的产出变化不同，煤炭部门的产出增加最大，电力次之，天然气最小。其他部门产出的变动幅度远小于能源部门的变动幅度，详见图 6 - 6。

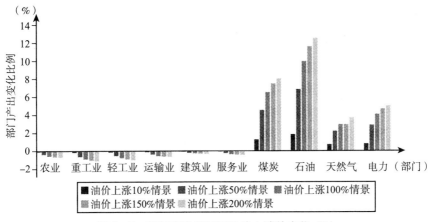

图 6 - 5　部门产出随国际油价上涨的变化（1）

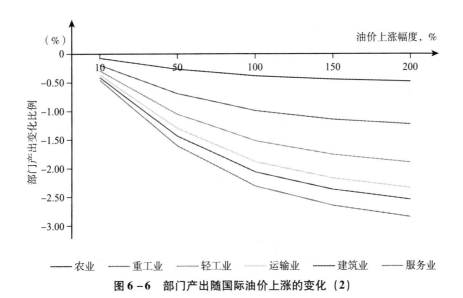

图 6 - 6　部门产出随国际油价上涨的变化（2）

从图 6 - 6 可以看出，受国际油价上涨影响比较大的非能源部门依次是：重工业、轻工业、农业，而运输业、服务业、建筑业产出变化很不明显。表 6 - 3 显示了油价上涨时的部门产出变化数据。

表6 - 3	国际油价上涨引起我国部门产出量的变化			单位：%	
上涨幅度 部门	10	50	100	150	200
农业	-0.110	-0.398	-0.574	-0.665	-0.717
重工业	-0.181	-0.635	-0.904	-1.040	-1.118

上涨幅度 部门	10	50	100	150	200
轻工业	-0.146	-0.538	-0.787	-0.920	-0.996
运输业	-0.110	-0.372	-0.547	-0.613	-0.657
建筑业	-0.066	-0.201	-0.266	-0.294	-0.309
服务业	-0.070	-0.253	-0.366	-0.423	-0.456
煤炭	1.300	4.585	6.570	7.528	8.110
石油	1.884	6.909	10.050	11.700	12.634
天然气	0.748	2.243	2.990	2.990	3.738
电力	0.841	2.917	4.124	4.726	5.067

资料来源：模型模拟结果。

（2）国际油价上涨对主要宏观经济指标的影响分析

表6-4和图6-7表示了宏观经济指标随国际石油价格上涨的变化情况。

①从对GDP的影响来看，国际油价上涨将不可避免地影响我国的经济增长，但影响并不明显。从图6-7中可以看出，GDP随油价变化的规律较为复杂，GDP增长率随油价上涨的边际变化先是逐渐增大，而后又逐渐减小。

表6-4　　　　国际石油价格上涨引起我国宏观经济指标的变化　　　单位：%

上涨幅度 宏观指标	10	50	100	150	200
GDP	-0.010	-0.107	-0.220	-0.295	-0.345
总投资	-0.033	-0.192	-0.343	-0.439	-0.501
CPI	0.147	0.447	0.572	0.617	0.635
总出口	-0.405	-1.463	-2.122	-2.463	-2.660
总进口	-0.528	-1.912	-2.771	-3.217	-3.475
城镇居民收入	-0.058	-0.273	-0.455	-0.565	-0.634
农村居民收入	0.010	-0.036	-0.118	-0.178	-0.218
企业收入	-0.316	-1.193	-1.774	-2.088	-2.273
政府收入	0.043	0.083	0.056	0.025	0.001

资料来源：模型模拟结果。

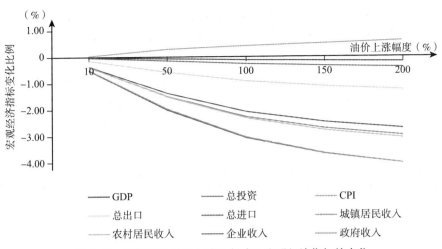

——— GDP   ——— 总投资   ——— CPI

——— 总出口   ——— 总进口   ——— 城镇居民收入

——— 农村居民收入   ——— 企业收入   ——— 政府收入

图 6 – 7　国际石油价格上涨引起我国宏观经济指标的变化

②对外贸易方面。进出口总额随油价上涨的变化规律相同，都随着油价上涨而减少。由于总体经济受油价上涨而下滑，国内需求下降，进口总额呈现萎缩；同时由于国际经济增长受油价影响而降低，而国内生产成本又增加，出口也将受到抑制。同时，进出口总额随国际油价上涨而降低的规律也是一个凸性曲线，这说明进出口对石油价格的弹性随油价上涨而变得越来越小。

③从收入层面看，国际油价上涨将使居民可支配收入、政府税收和企业利润减少，其中企业利润变化最大，居民可支配收入次之，政府收入受影响程度则较小。企业利润大幅度减少的主要原因是油价上涨导致企业生产成本增加，而企业产品价格有一定刚性。城市居民收入受影响程度大于农村居民，这主要是由于城市居民收入主要来自工业和服务业，工业部门产出受油价影响较大；而农村居民收入则主要来自农业，农业产出的变化则不明显。政府收入变化较小，可以解释为政府对石油部门的征税，部分弥补了其他部门产出下降导致的税收下降。

④从油价上涨对物价水平的影响来看，随着国际油价上涨，我国总体物价水平将随之上升。在 10% ~150% 的价格上涨区间，CPI 曲线凸性明显；在油价上涨幅度超过 150% 之后，国际油价对国内 CPI 的影响基本呈线性关系。

6.5.1.2　国内油价完全与国际油价接轨情景

中国正在进行石油价格体制的改革，改革的方向是使国内油价与国际接轨。因此，该情景有利于衡量在市场化条件下国际油价上涨对中国经济的影响。总的来讲，国内石油价格与国际油价完全接轨后，国内油价波动变大，部门经济指标和宏观经济指标的波动幅度都随之变大。

（1）部门产量和价格变化情况

在价格方面，表6-5和图6-8表示了各部门价格随国际石油价格上涨而发生变化的情况。按照受影响程度由大到小顺序依次是：运输业、电力、天然气、建筑业、重工业、煤炭、农业、服务业、轻工业。

表6-5　　　　　　　　各部门价格随国际油价上涨的变化　　　　　　　单位：%

上涨幅度 / 部门	10	50	100	150	200
农业	0.400	1.728	3.240	4.800	6.264
重工业	0.472	2.040	3.776	5.528	7.128
轻工业	0.264	1.152	2.296	3.608	4.896
运输业	0.976	4.576	8.736	12.720	16.112
建筑业	0.584	2.592	4.832	7.048	9.008
服务业	0.328	1.448	2.824	4.320	5.752
煤炭	0.448	1.896	3.488	5.128	6.632
石油	8.400	42.424	86.192	131.712	172.800
天然气	0.544	2.368	4.320	6.240	7.944
电力	0.680	2.808	4.944	6.968	8.736

资料来源：模型模拟结果。

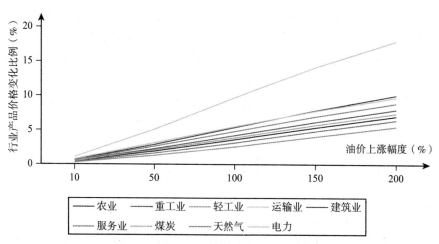

图6-8　部门价格随国际油价上涨的变化

从图6-8中可以看出，各部门价格变化与国际油价变化之间的线性关系更加明显。如果定义各部门价格上涨的弹性系数为：

$$部门价格上涨的弹性系数 = \frac{部门价格上升的百分比}{石油价格上涨的百分比}$$

则各经济部门产出价格上涨的弹性系数分别为：运输业0.112、电力0.066、建筑业0.061、天然气0.055、重工业0.050、煤炭0.045、农业0.043、服务业0.036、轻工业0.030。

在部门产出量方面，表6-6和图6-9、图6-10描述了国内油价与国际油价接轨情景下，各部门产出量随国际石油价格上涨而发生变化的情况。按照受影响程度由大到小依次是：石油、煤炭、电力、天然气、重工业、轻工业、农业、运输业、服务业、建筑业。

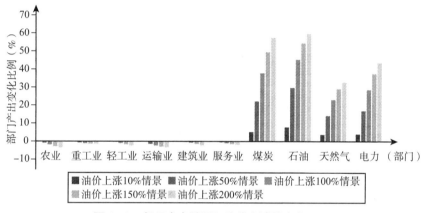

图6-9　部门产出随国际油价上涨的变化（1）

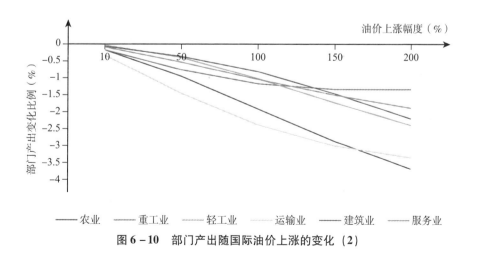

图6-10　部门产出随国际油价上涨的变化（2）

由于其他部门产出量变化与能源部门产出量变化的差距较大，图6-10更详细地描述了能源部门以外的其他部门产出量随国际油价变化。从图6-9中可以看出，能源部门产出量变化与国际油价变化存在较强的凸性关系。图6-10中的各部门产出量随油价波动的变化的曲线比较复杂，重工业和运输业价格变化曲线为凸性，而农业和服务业都基本呈线性关系，轻工业、建筑业略微呈凹性。

表6-6　　　　　　　各部门产出量随国际油价上涨的变化　　　　　　单位：%

上涨幅度 部门	10	50	100	150	200
农业	-0.192	-0.968	-1.92	-2.864	-3.672
重工业	-0.192	-0.776	-1.184	-1.344	-1.344
轻工业	-0.056	-0.416	-1.032	-1.736	-2.392
运输业	-0.352	-1.464	-2.384	-3.000	-3.344
建筑业	-0.088	-0.384	-0.824	-1.472	-2.200
服务业	-0.112	-0.552	-1.056	-1.512	-1.888
煤炭	5.168	22.288	37.928	49.600	57.576
石油	7.800	29.800	45.416	54.592	59.808
天然气	3.736	14.208	23.176	29.16	32.896
电力	3.968	16.928	28.728	37.568	43.680

资料来源：模型模拟结果。

（2）宏观经济指标的变化情况

表6-7和图6-11表示在国内油价与国际油价完全接轨情况下，一些宏观经济指标随着石油价格变化的情况。从图6-11中可以看出，宏观经济指标随国际油价上涨而变化，大小依次为：消费者价格指数CPI、社会总投资额、城市居民可支配收入、进口总额、出口总额、农村居民可支配收入、国民生产总值GDP、政府收入。图中各指标变化与油价上涨之间基本呈线性关系。

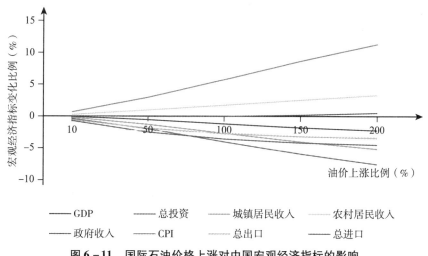

图 6 - 11　国际石油价格上涨对中国宏观经济指标的影响

表 6 - 7　　　国际石油价格上涨引起我国各主要宏观经济指标的变化　　　单位：%

经济指标 ＼ 上涨幅度	10	50	100	150	200
GDP	- 0. 08	- 0. 56	- 1. 22	- 1. 81	- 2. 25
总投资	- 0. 38	- 2. 01	- 4. 03	- 5. 96	- 7. 59
城镇居民收入	- 0. 22	- 1. 30	- 2. 69	- 4. 03	- 5. 16
农村居民收入	0. 24	0. 96	1. 71	2. 52	3. 31
政府收入	0. 01	- 0. 05	- 0. 03	0. 18	0. 51
CPI	0. 64	2. 95	5. 75	8. 67	11. 35
总出口	- 0. 56	- 1. 92	- 2. 76	- 3. 21	- 3. 45
总进口	- 0. 73	- 2. 51	- 3. 60	- 4. 19	- 4. 51

资料来源：模型模拟结果。

物价水平上涨更快。国内石油价格与国际石油价格接轨后，国内价格水平上升更快，替代能源价格上升推动整个能源部门价格大幅度升高，从而导致企业生产成本更加快速地增加，国内生产者面临提高产品价格的压力，以居民消费价格指数为代表的物价水平上涨会更快、上涨幅度会更大。

居民收入下降更多。价格上升导致企业成本增加，固定投资和流动资金减少，生产规模萎缩，企业利润将大幅度降低，城市居民工资收入和利润分配将减少。农村居民可支配收入的增加可以这样解释，农业属于劳动密集型产品，能源及相关产品占中间投入比例较小，而同时物价上涨带动的农产品价格上涨足以弥补其中间投入品的价格上涨。

对外贸易进一步减少。油价接轨后，由于国内生产萎缩，居民收入减少，因此国内需求减少，进口需求受到抑制，进口额减少；同时由于石油价格上升，用于石油进口的资金增加，总的进口额在原来的基础上进一步减少。出口方面，由于生产成本增加，出口商品的竞争力下降，再加上国际需求随着石油价格的上涨而受到抑制，出口额也会进一步减少。

GDP增长率大幅度减少。油价上涨带来的总投资降低、生产萎缩、出口减少，GDP增长受到全面抑制，增长率将大幅度减少。从表6-7中可以看出，当国际油价上涨10%的时候，我国GDP仅下降0.08%；当油价上涨50%时，经济增长率下降达0.56%个百分点，远远高于不接轨时的0.107%。此外，从模拟结果还发现，油价上涨与GDP增长率减少之间基本上呈线性的关系。

6.5.1.3　两种情景的模拟结果比较分析

从模拟结果来看，国际油价上涨将对中国经济产生全方位的影响。

在国内石油价格尚未与国际石油价格接轨的时候，国际石油价格上涨对中国经济的影响较小，即使国际油价上涨200%，中国GDP增长率、总投资额、居民收入、居民消费价格指数等总量指标的变化都在1%以内。但石油价格上涨对我国对外贸易、石油及能源部门的影响还是非常明显的。

当国内油价与国际油价接轨后，油价变动引起更大程度的价格波动和成本增加，成本增加抑制了企业生产规模的扩大，降低了居民的购买能力，中国GDP增长率、总投资额、居民收入和价格消费指数都发生明显的变化。

在模拟分析中，没有考虑中国石油进口量增加对国际油价的影响，这主要是由于国际石油价格形成体制相当复杂，国际石油市场的价格不仅仅受供求关系的影响。特别是在石油供给方面，石油输出国组织控制着石油产量，作为全球主要石油供应者的中东地区各国政治、宗教、民族矛盾复杂，全球石油出口受政治因素影响非常大。这里需要说明的是，目前中国是全球第二大经济体，石油进口需求量大，采用阿明顿"小国假设"可能有些误差。国际油价上涨，导致中国石油进口减少，在某种程度上对国际油价的继续上涨有一定的抑制作用。

6.5.2 动态模拟分析

为了评估国际油价上涨对中国未来经济发展的影响，本书采用三种情景 BAU、D1、D2 模拟。基准情景 BAU，描述的是没有国际油价变化的波动时基准发展路径。D1 描述的是在国际油价上涨，油价年均上涨 2% 的情况下经济发展路径。D2 描述的是在国际油价年均上涨 2%，同时国内能效技术与基准情景相比提高 1% 的情况下，经济发展路径变化情况。模拟结果显示了国民生产总值 GDP 的变化和物价水平的变化。

国际油价上涨对 GDP 的影响如表 6-8 和图 6-12 所示。从表 6-8 和图 6-12 可以看出，国际油价上涨对经济有负的影响，国际原油价格上升引起中国 GDP 减少，增速下降。图 6-12 中显示出在不采取政策措施时涨价情景（D1）下，直至 2050 年各主要年份的经济增速都是下降的，但下降速度在减缓。这表明经济系统在长期国际油价上涨情况下，经济结构发生了变化，应对油价上涨的能力在提高，油价上涨引起的冲击效应在减轻。在技术进步及国际油价变化的情景（D2）下，技术进步的正效应不仅完全抵消了国际油价上升的负面效应，而且使经济提速显著。模拟结果显示，能效技术提高是保持经济持续增长、减缓油价上涨冲击的有效途径。但随着时间的延伸，GDP 的总量在增大，增长率的幅度也在下降。

表 6-8　　　　　　国际油价变化对 GDP 增长率的动态影响　　　　　单位：%

情景 年份	BAU	D1	D2
2012	0.000	0.000	0.000
2015	0.000	0.000	0.000
2020	0.000	-0.360	0.102
2025	0.000	-0.416	0.146
2030	0.000	-0.454	0.139
2035	0.000	-0.440	0.131
2040	0.000	-0.416	0.117
2045	0.000	-0.368	0.103
2050	0.000	-0.304	0.087

资料来源：模型模拟结果。

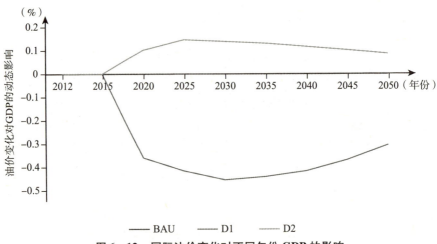

图 6 – 12　国际油价变化对不同年份 GDP 的影响

国际油价上涨对 CPI 的影响如表 6 – 9 和图 6 – 13 所示。可以发现国际油价上涨并且在无政策干预的情景（D1）下，CPI 相对于基准情景的变化符号是正的，即物价水平上升。从经济学理论上看，国际油价上涨冲击下，CPI 的变化取决于两个方向相反的作用力，即国际油价上涨推动下的生产成本上升，推动了 CPI 上涨；另一方面，由于经济萎缩，需求不足，引起 CPI 下降。CPI 如何变化取决于以上两种方向相反的作用力的合力。从本章设置的情景模拟结果来看，我国经济系统抗拒国际油价上涨的能力较强，经济系统受到的冲击较小，CPI 整体为正向。而在技术进步、能效水平提高的情况下，CPI 的增长幅度更大。可见，技术进步可长期抵消国际油价对 CPI 的冲击，我国经济系统处于快速发展阶段，对国际油价的冲击有较好的应对能力。

表 6 – 9　　　　　　　　国际油价上涨对 CPI 的影响　　　　　　单位：%

年份 ＼ 情景	BAU	D1	D2
2012	0.000	0.000	0.000
2015	0.000	0.000	0.000
2020	0.000	0.161	0.269
2025	0.000	0.488	0.814
2030	0.000	0.752	1.261
2035	0.000	0.871	1.622
2040	0.000	0.998	1.995

年份 \ 情景	BAU	D1	D2
2045	0.000	1.060	2.334
2050	0.000	1.120	2.641

资料来源：模型模拟结果。

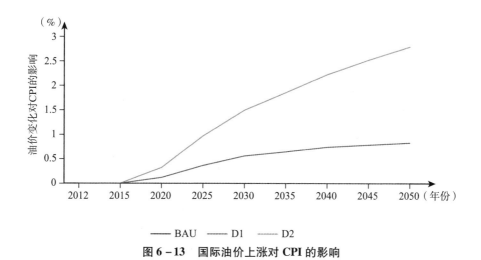

图 6－13　国际油价上涨对 CPI 的影响

6.6　结论和政策建议

6.6.1　研究结论

随着我国改革开放的深入和现代化的进程加快，我国原油进口依存度不断提高，国际油价的变化对我国的经济影响也在逐渐增大。从长远来看，国际原油价格总体呈上升趋势。2012 年以来，我国经济发展进入了新常态。在新的形势下，预测国际石油价格上涨对中国经济的影响，具有重要的意义。

国际油价的变化对我国经济的影响，国内外已有不少的研究。大多研究关注的是对 GDP 和 CPI 的影响以及对产业的影响；少量研究考虑了其他应对措施的共同作用效果。而我国目前成品油管理的规制是周期性调价，设置了调控上下限。本章在相关的统计数据和 2012 年投入产出表基础上，运用自主构建的动态 CGE 模型 TECGE 从静态和动态角度研究国际油价的上涨对我国经济的冲击以及未来经济发展的长期影响，同时结合技术进步的发展前景，考察国际油价的上涨对未来长期经济发展的综合影响。

TECGE 模型的部门分类基于 2012 年中国 139 个部门的投入产出表，适当归并为 10 个产业部门。静态模拟部分设置了两种情景：（1）国内油价完全与国际油价没有接轨。（2）国内油价完全与国际油价接轨。模拟不同情景下，当国际石油价格分别上涨 10%、50%、100%、150%、200% 时主要经济指标的变化。动态模拟部分设置三种情景：①基准情景。②油价上涨情景。考察未来年份国际石油价格上涨年均 2% 时主要经济指标的变化。③油价上涨和能效技术进步情景。考察未来年份国际石油价格上涨年均 2%、各个产业部门能效水平比基准情景年均提高 1% 时主要经济指标的变化。

模拟结果表明：国际石油价格上涨对各部门的产出和价格将产生一定的影响。石油、煤炭、天然气、电力等能源部门受到较大影响，其他部门受影响并不明显。

各部门产品价格随国际石油价格上涨而发生变化，按照受影响程度的由大到小顺序依次是：石油、运输业、电力、天然气、建筑业、重工业、煤炭、服务业、轻工业、农业。国际油价上涨 200% 时，石油部门产品价格上涨 11.42%，交通运输业价格上涨 1.21%，其他部门产品价格上涨幅度小于 1%。

各部门产出随国际油价上涨而发生变化，按照受影响程度的由大到小依次是：石油、煤炭、电力、天然气、重工业、轻工业、农业、运输业、服务业、建筑业。能源部门产出增加，且增加幅度较大。而其他部门产出量下降，受到影响最大的是重工业。国际油价上涨 200% 时，煤炭、石油、天然气和电力部门产出分别增加 8.11%、12.63%、3.74% 和 5.07%；重工业部门产出下降 1.12%。

国际油价上涨，经济宏观变量也发生变化，GDP、总投资、总出口、总进口、城镇居民收入和农村居民收入、企业收入都下降，而 CPI 和政府收入上升。当国际油价上涨 200% 时，GDP、总投资、总出口、总进口、城镇居民收入、农村居民收入、企业收入下降幅度分别为 0.345%、0.501%、2.66%、3.48%、0.63%、0.22% 和 2.27%；而 CPI 和政府收入上升幅度分别为 0.64% 和 0.001%。

当国内油价与国际接轨时，国际油价上涨对中国经济的影响有较大差别。行业产品价格变化与国际油价变化幅度之间呈线性关系。国际油价上涨 200% 时，国内石油部门产品价格上涨 172.8%，交通运输业价格上涨 16.1%，其他部门产品价格上涨幅度小于 10%，轻工业产品价格变化最小，上涨 4.9%。各部门产出随国际油价上涨而变化的趋势与油价未接轨时相同，但是变化幅度加大。能源部门产出增加，石油部门产出增加最大；其他非能源部门产出下降。国际油价上涨 200% 时，煤炭、石油、天然气和电力部门产出增加 59.81%、57.58%、32.9% 和 43.68%，而农业和运输业产出下降 3.67% 和 3.34%。

国内油价与国际接轨、国际油价上涨时，经济宏观变量也发生变化，GDP、总投资、城镇居民收入、总出口、总进口都下降，CPI 和农村居民收入上升，而政府收入随着国际油价上涨，先下降后上升。当国际油价上涨 200% 时，GDP、总投资、总出口、总进口、城镇居民收入、农村居民收入、政府收入、CPI 变化幅度分别为 − 2.25%、− 7.59%、− 3.45%、−4.51%、3.31%、0.51% 和 11.35%。

动态模拟采用三种情景：基准情景 BAU、国际原油价格上升 D1、国际原油价格上升和技术进步情景 D2。模拟结果表明，国际原油价格上升将引起中国 GDP 下降，下降幅度随着时间的延伸，先增大后减少。在技术进步情景（D2）下，技术进步的正效应不仅完全抵消了国际油价上升的负面效应，而且使经济提速显著，GDP 增加，增加的幅度也是先增大后减少。国际原油价格上升引起中国 CPI 上升，随着年度的延伸，上升幅度是逐年递减的。在技术进步情景（D2）下，CPI 上升，随着年度的延伸，上升幅度接近线性增加。

6.6.2 政策建议

为了最大程度地降低国际油价上涨对中国经济带来的影响，在国内外新的形势下，应该重新审视中国的石油战略和石油政策，从石油开发、能源结构、石油战略储备、石油进出口政策及节能政策等方面改进中国石油战略和政策。

第一，充分利用我国现有石油资源。从石油供应的稳定性和经济的安全性角度出发，中国石油战略首先应立足于国内现有石油资源的勘探开发。

第二，大力发展优质替代能源——天然气、风能、太阳能、氢能，适度发展核能。随着世界经济的发展，人口不断增加，能源消费不断增长，温室气体和各种有害污染物的排放激增，人类的生存环境受到了极大挑战。选择天然气作为优先发展的石油替代能源，不仅可以实现能源供应多元化，改善我国的能源结构；还可以减少温室气体的排放，保护生态环境。从长期来看，风能、太阳能、氢能、生物质能等可再生能源将部分替代化石能源。中国作为能源消费大国，一定要走在新能源开发的前沿。

第三，推进石油进口市场多元化战略。我国进口原油主要来自中东地区，近几年中东进口原油的比例都在50%。石油进口来源集中以及石油运送渠道的不稳定，使得中国的石油安全隐含着较大的风险。中国应加快实施石油进口多元化战略，尽可能开拓俄罗斯、中亚市场，减少对中东依赖。同时，中国应当积极开展石油外交，利用巨额外汇储备，通过适当方式尽可能多的掌控海外石油资源。这不仅有利于增加中国未来石油供应安全，也有利于缓解国际贸易形势和人民币升值压力。

第四，建立国家石油战略储备体系，应对未来国际石油短期价格冲击。国际石油价格的决定是一个不稳定的多方博弈过程，任何国家都没有完全支配的能力。但油价波动是有一定规律的，那就是短期的跳跃波动和长期的平滑波动相结合。因此，我们必须高度重视和深入探讨石油储备体系，加快石油战略储备的步伐。

第五，大力推进节能和提高能效政策，提高石油的使用效率。提高石油效率也等于减少了单位GDP对石油的依赖程度。中国目前的单位GDP能耗远高于发达国家，节能潜力相当大。应当制定节能的长期规划，限期淘汰高耗能产业的高耗能设备，鼓励新的生产和生活方式，鼓励技术进步，从而达到转变经济增长方式的目的。基于本章的动态模拟分析结果，可见促进技术进步的政策和技术进步，特别是能效提高是抵御国际油价冲击的重要手段。因此，从长期来看，技术创新是解决能源使用问题的长期有效工具，也是抵御国际油价风险的重要手段，需要将其提高到国家战略的高度加以重视。

第六，改善我国石油部门的管理机制。应加快石油石化企业的体制改革，建立石油风险采购屏障体系，创造产油企业和用油企业直接面向市场的条件。在石油开采、生产和加工行业要逐步引入民间资金和外资，同时完善我国燃油税征管体系，从而建立起一个以市场为基础、以企业为主体的抗风险体系。

第七，建立和完善石油期货市场，参与国际市场定价。2002年初，经国务院批准，中国化工进出口总公司、中国联合石油有限责任公司、中国国际石油化工联合有限公司、中国远洋贸易总公司等4家特大型企业首批获得从事境外石油期货交易的资格，但仅靠少数几家企业在境外从事石油期货套期保值来规避价格波动的风险是远远不够的。而且，在国内期货经纪公司不能代理外盘的情况下从事境外石油期货交易，等于是将我国石油业的价格、需求、储备等经济情报无偿提供给他人，使得自己在进出口贸易谈判中处于弱势地位，对于本国的石油战略安全是一个不小的隐患。此外，中国未来的石油需求量和进口量越来越大，作为最大的燃料油市场，仍然以纽约、鹿特丹、新加坡三地加权平均价格为定价依据是不合理的。因此，我国于 2018 年 3 月推出了中国石油期货市场。今后应不断发展和完善中国石油期货市场，通过国内期货交易市场的发展来影响国际价格，参与国际市场定价并积极掌握主动权，引导国际油价在某一程度上向有利于本国的方向发展，避免被动地接受国际价格。

第7章 综合碳税政策对经济和产业的影响

碳税是减少温室气体排放、减缓全球气候变化的重要经济手段，也是目前国内节能减排和发展低碳经济的一种政策选择，关注度较大、引起的争议也较大。为了考察征收碳税对国民经济和产业部门的影响，特别是征收碳税的补充政策如减征间接税、减征居民收入税的缓冲作用，本章采用构建的动态递归可计算一般均衡模型，模拟了不同政策组合下征收碳税对国民经济和部门的影响。

7.1 导 言

7.1.1 减缓气候变化

自工业革命以来，人类大规模的生产活动引起了全球温室气体排放量的大幅增加。地球大气中的温室气体浓度在急剧上升，存在着气候变暖的风险。为了控制气候变化，减缓温室气体排放，1992年联合国通过了《气候变化框架公约》，最终目标是将大气中的温室气体的浓度稳定在防止气候系统受到危险的人为干扰的水平上。1997年通过了《京都议定书》，规定了附件一国家在2008～2012年第一承诺期的减排义务，要求附件一所列的缔约方总体上应在2008～2012年承诺期内确保以二氧化碳为主的六种温室气体人为排放的二氧化碳当量消减到1990年水平之下5.2%。同时，规定了排放贸易、联合履约和清洁发展机制3种灵活机制。中国属于非附件一的发展中国家，没有温室气体减排义务，但可以通过清洁发展机制（Clean Development Mechanism，简称CDM）为全球减缓气候变化做贡献。

2009年12月《联合国气候变化框架公约》第15次缔约方会议暨《京

都议定书》第 5 次缔约方会议，于丹麦首都哥本哈根召开，商讨《京都议定书》一期承诺到期后的后续方案，就未来应对气候变化的全球行动签署新的协议。时任中国国务院总理温家宝在丹麦哥本哈根气候变化会议领导人会议上发表了题为《凝聚共识　加强合作　推进应对气候变化历史进程》的重要讲话，宣布中国的自愿减排目标，即到 2020 年单位国内生产总值二氧化碳排放比 2005 年下降 40% ~ 45%。

2015 年 12 月《联合国气候变化框架公约》缔约方会议第 21 次大会在法国巴黎召开。全球 195 个缔约方国家通过了具有历史意义的全球气候变化新协议《巴黎协定》，这是历史上首个关于气候变化的全球性协定，并将于 2020 年开始付诸实施。习近平主席在气候变化会议领导人会议上发表了重要讲话，指出中国在《国家自主贡献》中提出了将于 2030 年左右使二氧化碳排放达到峰值，并争取尽早实现达峰；2030 年单位国内生产总值二氧化碳排放比 2005 年下降 60% ~ 65%；非化石能源占一次能源消费比重，达到 20% 左右；森林蓄积量比 2005 年增加 45 亿立方米等目标。

目前，中国正处于工业化和城镇化的快速发展阶段，大规模的基础设施建设使得对能源的需求量在较短的时间内保持较高程度的增长，而我国以煤为主的能源结构在短时间内难以扭转。作为温室气体排放总量最大的国家，中国在国际气候变化谈判中面临的承诺减排的压力将越来越大。同时，近年来我国雾霾天气频繁、PM2.5 浓度值较大，局部环境问题深受关注，大气污染损害人民的健康，也影响社会的发展。"十三五"规划将能源强度控制单一目标转变为能源强度和二氧化碳排放强度控制双项目标，重点关注环境质量的改善和污染物总量的控制，广泛涉及绿色经济、生态环境保护等方面。

7.1.2　发展低碳经济

随着减缓全球气候变化的谈判和行动的进展，国际社会在 21 世纪初提出了发展低碳经济、创建低碳社会的倡议。

低碳社会是目前人类构想的一种新型的、以二氧化碳等温室气体低排放为特征的社会形式。与传统的社会形式相比，低碳社会的生产、生活方式在强调企业利润最大化、消费者效用最大化和社会经济整体发展的同时，更注重社会生产和生活中温室气体的排放量最低化。低碳排放不仅要改变企业的生产方式，也改变居民的生活方式以及政府治理经济、社会的政策。整个社会将减少化石能源的消费、提升能源使用效率、推广可再生能源、摆脱对化石能源的过度依赖，自觉寻求低碳排放的生产、生活方式。

低碳经济是低碳社会的经济发展模式。低碳经济一词最早出现于2003年的英国能源白皮书《我们能源的未来：创建低碳经济》。该白皮书提出了以低排放、低能耗、低污染为特征的绿色生态经济发展模式。

发展低碳经济，实现低碳社会，需要在市场机制的基础上，通过制度框架和政策措施的制定及创新，形成明确、稳定和长期的引导及鼓励，推动能效提高、能源节约、可再生能源发展和温室气体减排等技术的开发和运用，促进整个社会经济向高能效、低能耗和低排放的模式转型。低碳经济要求在发展中排放最少量的温室气体，同时获得整个社会最大的产出。低碳经济的着眼点在于低碳产品、低碳技术、低碳能源的开发和利用等。低碳技术涉及电力、交通、建筑、冶金、化工、石化等行业以及在可再生能源及新能源、煤的清洁高效利用、油气资源和煤层气的勘探开发、二氧化碳捕获与埋存等领域开发的有效控制温室气体排放的新技术。

当今中国经济的能源消费仍是以煤炭、石油和天然气等化石能源为主，经济和能源结构的高碳特征十分突出，二氧化碳排放强度相对较高，节能减排形势非常严峻。我国目前是全球最大的温室气体排放国。我国每建成1平方米的房屋，约释放出0.8吨二氧化碳；每生产1度电，要释放1公斤二氧化碳；每燃烧1升汽油，要释放出2.2公斤二氧化碳。中国的化石能源占一次能源总数量的92%左右，其中煤炭要占68%左右，电力生产中约78%依赖燃煤发电，而能源、汽车、钢铁、交通、化工、建材等六大高耗能产业发展迅速。预计在未来20年，我国将处于从国际产业链低端向中、高端发展的阶段，处于工业化中后期、工业化与城镇化进程快速发展的阶段，也是能源资源需求增长较快的时期；13亿人口的生活水平和质量的提高，也会带来能源消耗的快速增长；生产领域、消费领域和流通领域的发展状况，必然导致温室气体排放的快速增长，将会产生一系列政治、经济、外交、生态等方面的挑战。面对这种严峻的挑战，我们将必须推行低碳经济模式，在国家战略层面思考低碳发展战略。

为了发展低碳经济，促进经济结构转型，我国积极采取措施，开展了各省区市的二氧化碳排放清单的编制工作，并分三批设置了低碳城市试点工作，对各个试点城市编制了温室排放清单，制定和实施了低碳发展战略。在国家层面，组织了碳税政策的研究和碳排放交易政策的试点。

要减缓气候变化、推进向低碳经济转型，除了技术政策，更需要财经政策，以形成持久稳定的刺激和诱导。政府政策既包括命令控制性的政策，如设置排放上限、排放强度指标等，也包括市场经济政策，即数量型的政策如可交易的排放许可政策、价格型的政策如税收政策。此外，还包括宣传教育型的政策。目前大家关注得最多的是碳税政策和碳排放交易政策。碳税政策包括能源税、能源资源税、碳税、燃油税等相关方面。

目前，碳税政策和碳排放交易机制被认为是促进经济、能源、环境协调发展且最具市场效率的重要举措，而调整产业结构、改变能源消费方式和实现技术进步则是实现节能减排的主要路径。碳税是对煤、石油、天然气等化石燃料按其含碳量或二氧化碳排放量征税，作为激励机制以减少化石燃料消耗和二氧化碳排放量。通过征收碳税，一方面增加了能源消耗的成本，迫使能源使用者提高能源效率，另一方面，鼓励能源使用者积极调整能源结构，增加清洁能源的使用，以替代化石能源。与总量控制和碳排放交易等其他市场竞争基础上的温室气体减排机制不同，碳税机制适应于各种类型和规模的企业，只增加较少的额外管理成本就可以实现，是一种重要的经济手段。而总量控制和碳排放交易机制适应于规模较大的重点排放企业。目前，碳税政策具有广泛而深远的影响，实施效果存在很大争议，因此深入研究碳税政策的综合效应很有必要。

7.1.3 碳税政策的研究评述

关于碳税政策的研究，国内外学术性研究成果较多，研究着眼点也较多、较深入，但对于碳税政策的可实施性方面的应用性研究，相对较少。由于各国经济发展阶段不同、能源结构存在差异，应用性研究更具特殊性。下面方别介绍和综述研究成果。

（1）国外关于碳税的研究

国外对碳税的研究起步较早，在20世纪90年代早期就有研究。瓦利和维哥（Whalley and Wigle，1991）较早地运用CGE模型研究气候变化问题，通过构建全球贸易和碳排放的多国静态模型，将碳税征收分为生产环节征收方案和消费环节征收方案，分析了世界六个区域对生产和消费征收碳税对全球碳排放及贸易的影响。柏尼奥克等（Burniaux et al.，1992）开发了多区域、多部门的递推动态CGE模型，在生产函数CES嵌套中将资本和能源要素放在同一层次。类似的动态CGE模型如苟尔德（Goulder，1995）运用动态CGE模型模拟了征收碳税对美国经济造成的影响。阿斯尼斯等（Aasness et al.，1996）通过增加排放模块来研究碳税对不同家庭福利的影响。柏尼奥克（Burniaux J M，1992）、伯伦（Bollen J，1999）利用全球模型分析了碳减排政策对不同国家经济的影响。嘎巴瑟欧（Garbaccio et al.，1999）通过CGE模型研究了碳税对中国宏观经济造成的影响。温德那（Wendner，2001）通过构建动态 CGE 模型，并设定全部碳税收入转移给家庭部门、补贴工资成本、为养老金系统提供融资三种碳税分配情景，研究了奥地利征收碳税的经济影响，结果表明征收碳税的确能够起到减排作用，同时证明第三种碳税分配方案优于其他两种。奥瑞亚那（O'Ryana et al.，2005）、维索码和德林科（Wissema and Dellink，2007）分别构建静态可计算的一般均衡（CGE）模型，分析碳税的减排效果以及对宏观经济的影响，并提出实现各国减排目标的有效碳税税率。维索码和德林科（Wissema and Dellink，2007）通过构建 AGE 模型研究碳税对爱尔兰经济的影响，研究发现碳税能够改变生产和消费模式，能够实现减排目标且对社会福利影响较小。伯瑞欧（Bureau，2011）利用 2003～2006 年面板数据，模拟不同税率水平下碳税对汽车消耗化石燃料的分配效应，并且通过将税收返还居民，发现贫困家庭的经济条件得到改善。奥乐乌德等（Orlovd et al.，2013）基于多部门静态的 CGE 模型，研究俄罗斯实施碳税的经济影响，并认为将碳税替代劳动税，不仅可以减少温室气体的排放，而且能够增加社会福利。哥热特阿兰（Grant Allan，2014）通过构建能源 - 经济 - 环境 CGE 模型，探究三种特定碳税假设下（单纯的征收碳税、将碳税用于增加政府支出、降低所得税收入）对苏格兰的经济和环境的影响，发现在上述三种情景下，通过征收 50 英镑（每吨二氧化碳）的碳税，均能够实现 37% 的二氧化碳减排目标。瑟瑞亚（Silvia Calderón，2015）通过构建局部均衡模型和一般均衡模型分析了哥伦比亚的碳排放，研究表明哥伦比亚碳排放量将于 2050 年达到峰值，高额碳税是实现减排目标的有效方法，同时，也能够使清洁能源加速进入市场。

目前，发达国家在利用 CGE 模型研究碳税方面成果丰硕，研究体系相对成熟，一方面是因为发达国家在经济发展的同时更加注重环境保护；另一方面西方发达国家学者起步较早，具有更加完备的知识储备及更为详尽的数据资料。一般来说，首先研究对经济系统的冲击，往往采用静态 CGE 模型，因为数据需求量相对较少，研究过程相对简单些。与静态模型相比，构建动态模型可以更好地理解政策变动对经济系统的长期影响效果，使得政策更加注重战略思考。有的研究仅研究不同程度的碳税的经济影响，也有研究将研究重点放在税收减免、碳税返还及补贴政策的政策效果上。

（2）国内关于碳税的研究

国内关于碳税的研究，首先在国务院发展研究中心、中国社会科学院、国家发改委能源研究所、国家统计局、财政部财政科学研究所等机构开展起来。接着大学和研究机构也纷纷开展有关的研究。研究视野不断扩大、深入程度不断深入，使国内对碳税政策及其利弊有着充分的了解。下面具体介绍一些研究成果。

李善同、翟凡（1997）最早开发出中国宏观动态 CGE 模型，将该模型应用于进出口贸易、宏观经济、产业结构等多个方面，并将其扩展到污染排放、二氧化碳减排等方面。翟凡等（1998）利用递推动态 CGE 模型分析了我国产业结构与污染排放的关系。张（Zhang ZX，1998）的博士论文研究了中国碳税政策对经济的影响。樊明太、郑玉歆等（1999）详细叙述了与澳大利亚合作构建的中国 CGE 模型静态部分和动态部分的相关数据结构、参数估计、闭合条件、适用范围及求解战略与算法。李雪松（2000）采用当年最新的 1997 年投入产出表构建了包含 40 个部门的中国经济递归动态 CGE 模型，并对中长期发展进行了预测与战略分析。周建军、王韬（2002）对 CGE 模型中的方程类型以及模型构建进行了研究，为 CGE 模型的构建提供了基本的范式。魏涛远等（2002）利用与挪威合作构建的可计算一般均衡模型 CNAGE，定量分析征收碳税对中国经济和温室气体排放的影响。贺菊煌、沈可挺等（2002）将生产税区分为产值税、增值税、碳税三类，通过构建静态 CGE 模型，研究了碳税的经济影响。发现在对 GDP 轻微影响下可实现有效减排，其中对煤炭、石油部门的产品价格和产出产生较大影响，并促使劳动力在部门间转移。王灿、陈吉宁等（2005）构建一个涵盖中国经济、能源、环境系统的递推动态 CGE 模型，模拟碳税政策对 GDP、能源价格、资本价格等宏观变量的影响。曹（Cao J.，2005）分析了碳税政策对国民经济的影响。姜林（2006）构建了中国 CGE 模型以分析碳税政策的宏观效应。金艳鸣等（2007）利用三区域绿色社会核算矩阵，建模分析了碳税和能源税对三个地区经济环境的不同影响，提出了实行差别碳税的必要性。梁（Liang Q M，2007）研究了中国碳税政策在能源消耗及贸易领域的作用。

林伯强和牟敦国（2008）以 CGE 模型为基础，分析了能源价格上涨对经济造成的压力，及对产业结构调整的推动作用。魏巍贤（2009）通过在 CGE 模型中引入环境反馈机制，模拟了 15 部门下减少重工业出口退税、征收碳税及经济结构变动三种情形下节能减排效应及对宏观经济的影响。魏一鸣等（2009）构建了中国能源与环境政策分析模型，对征收碳税进行了模拟，同时考虑了对能源密集型产业免征碳税和碳税返还、抵消生产者间接税这两种情景。李丽等（2009）基于动态 CGE 模型，利用价格内生的投资机制，更新了投入产出数据，预测了 2007 ~ 2012 年我国部分工业部门的产业结构。高颖和李善同（2009）利用扩展的动态 CGE 模型分析了将税费归为政府收入或者将税费返还给居民企业的不同影响。曹静（2009）在模拟研究中分析了不同的税费返还方式对于征税影响的缓解作用。鲁传一等（2010）运用 CGE 模型就征收碳税对中国经济的影响及其他补充政策的效果进行了分析和模拟。石等（Shi et al.，2010）设定了多种不同的碳税政策组合方案，结合经济增长、碳税征收、投资调整和技术进步，以寻求最高效的政策组合方案。何建武和李善同（2010）分析了全国的碳排放情况，并利用多区域 CGE 模型模拟分析了统一碳税和差别碳税对不同地区的经济影响。李娜等（2010）基于中国动态多区域可计算一般均衡（CGE）模型，比较了同一碳税和差别碳税对中国区域发展格局的影响，得出对不同区域实行差别碳税有助于兼顾效率和公平。朱永彬、刘晓等（2010）基于 121 个部门的可计算一般均衡模型，引入高、中、低三种税率，以生产性碳税和消费性碳税的征收形式，研究发现碳税能够有效减排，且生产性碳税减排效果优于消费性碳税，对各经济部门的影响各异，其中煤炭采选和炼焦两个行业受影响程度最大。沈可挺、李钢（2010）通过测算 41 部门中我国工业品出口的隐含碳排放量，采用动态 CGE 模型，分析得出碳关税对中国工业生产、工业产品出口及就业方面的消极影响，并提出改变工业品出口结构、设计反制性碳关税政策的措施。

周晟吕等（2011）基于动态能源 – 环境 – 经济的 CGE 模型，模拟不同碳税税率以及不同碳税使用方式的减排效果及经济影响。胡宗义等（2011）通过构建动态可计算一般均衡模型（MCHUGE 模型），分析比较了碳税不返还、所征碳税用于降低要素所得税、补贴个人消费、补贴企业这四种情景下，不同碳税的减排效果以及对经济和产业的影响，结果表明，采用税收返还政策能够降低碳税对宏观经济带来的负面影响，但在一定程度上也影响了减排效果。杨超等（2011）采用动态 CGE 模型，模拟了在总产出减少最小、CPI 上涨最小约束下为实现碳减排最大化及政府消费额最大化目标时最优碳税的选择。樊星等（2011）在构建的中国 CGE模型中引入能源部门及碳排放变量，分析了碳减排效应、碳税及能源结构调整效应。郭正权（2012）建立了 11 个部门的静态 CGE 模型，分析了在不同碳税政策对能源消费、二氧化碳排放、部门经济和宏观经济的影响，分析得出碳税水平影响化石能源从价税，煤炭税率最高且影响最大，我国碳减排的主要任务在于煤炭。刘多多（2013）和梁伟（2013）构建了区域能源环境动态 CGE 模型，分别以内蒙古和山东省为例，研究碳税政策对宏观经济以及不同行业部门的影响，并验证环境税能否实现"双重红利"的假设。刘亦文、胡宗义（2014）借助动态 CGE 模型模拟了能源技术变动对我国宏观经济、产业发展及节能减排的影响。张为付等（2014）在测度 1990～2011 年碳排放规模基础上，通过研究二氧化碳排放规模、强度及省际转移，分析了不同省份的节能减排的任务。刘珊珊（2014）利用区域静态 CGE 模型，研究得出北京节能减排的关键在于减少煤炭消耗。刘宇等（2015）在无税收返还、减免消费税、减免生产税三种情景下，运用动态 CGE 模型，分析了碳税的经济影响，研究发现税收返还能够显著缓解碳税对宏观经济和各行业的不利影响，减免消费税这一返还政策使得减排效果更加明显。姚洁（2016）构建集能源、经济、环境为一体的可计算一般均衡模型（CE3－CGE），模拟了碳减排目标下征收不同碳税税率对 25 个工业部门产生的影响，包括部门产出效应、能源结构及进出口贸易结构调整效应、节能减排效应及社会效应等，预测了实现 2020 年碳减排目标时的最优碳税税率的变动区间，探讨了中国实现低碳情景所需的发展路径。许士春等（2016）通过构建可计算一般均衡模型，分析了征收 10 元/吨、20 元/吨、30 元/吨和 40 元/吨等不同碳税税率对宏观经济的影响，采用经济产出效应和能源强度效应来衡量碳税的减排效果，模拟分析在保持居民福利水平不变的情况下，碳税的"双重红利"效应。

从国内的研究成果看，研究面很广，有考察全国性的碳税效果，也有考察分区域碳税效果；有考察不同程度碳税的效果，也有考察不同程度碳税和不同方式的税收减免和碳税返还的综合效果；采用投入产出表的数据也有差别，分别有基于 1992 年、1997 年、2002 年、2005 年、2007 年、2010 年的投入产出表的研究，较少采用 2012 年的投入产出表的研究。最近 10 年来，中国经济进入新常态，经济增长速度和经济结构变化较大，需要采用最新的数据作为基础来考察碳税的效果。另外，关于碳税政策的税收减免和碳税返还等附加政策的效果，缺乏税收减免的比例、碳税返还的方式和数量比例所产生的综合效果方面的深入研究。

（3）关于碳税的可实施性方案的研究

关于碳税政策，目前国内关注度较大，争议也较大。卢延杰认为（2009）目前征收碳税为时尚早，若现在征收碳税，对经济和能源行业冲击很大，现在备战碳税却正当时。陈洪宛和张磊（2009）认为碳税是国际上普遍采用和认同的减排政策，但在我国需要结合我国的国情，具体设计。在我国当前背景下实施碳税，除了需要在能源工业的短期利益与全社会长期和谐发展之间进行权衡外，还需要考察征收碳税是否对经济增长产生较大的影响，是否会加大收入差距，是否影响本国产品的出口竞争力，是否与本国现有的政策体系相协调等。

关于碳税对中国经济的影响，许多学者进行了研究。中国气候变化国别研究组（2000 年）采用可计算一般均衡模型，试算了两种碳税税率方案，即 100 元/吨碳和 200 元/吨碳。其结果显示征收碳税可显著地降低能源消费的增长，改善能源的消费结构，并能有效地削减温室气体的排放。虽然实行碳税政策的同时，也会给经济的发展带来一定的负面影响，但通过模型的运算，采用较低强度的碳税政策对我国的未来经济没有明显的负面影响。魏涛远等（2002）通过一般均衡模型，分别计算了生产部门和我国居民的能源消费量，包括煤炭、石油、天然气及其制品等 19 种主要的商业能源产品，同时考虑了固定燃烧、移动燃烧和用作原材料等能源产品的不同用途，设定了 5 美元/吨碳和 10 美元/吨碳两种碳税税率。研究指出，征收碳税将使经济增长率出现不同程度的下降，碳排放量也将出现很大程度的下降。在对每吨碳征收 5 美元税时，短期内 GDP 将下降约 0.4%，碳排放量将下降 8%；长期内 GDP 将下降 0.1%，碳排放将下降 0.4%。在对每吨碳征收 10 美元税时，短期内 GDP 将下降 0.85%，碳排放量将下降 14%；长期内 GDP 将下降 0.07%，碳排放量将下降 4%。高鹏飞等（2002）应用国际上广泛使用的 MARKAL – MACRO 模型，建立了一个用于评价我国能源系统碳减排政策的模型，研究了碳税对我国碳排放和宏观经济的影响。该研究假定从 2030 年开始征收碳税，到 2050 年，在 50 美元/吨碳的碳税水平下，减排率接近 30%，而碳税从 50 美元/吨碳增加到 100 美元/吨碳，减排率只增加 3.4%。关于碳税造成的 GDP 损失，在 50 美元/吨碳的碳税水平下，2030 年达 188 亿美元，占当年 GDP 的 0.3%，2040 年达 400 亿美元以上，占当年 GDP 的 0.43%；而在 100 美元/吨碳的碳税水平下，各年的 GDP 损失将高达 0.6% 以上，最高达 0.75%。

王金南等（2009）利用可计算一般均衡模型，模拟了碳税征收对中国宏观经济、节约能源和抑制二氧化碳排放的影响。研究认为，征收碳税是积极应对气候变化和促进节能减排的有效政策工具。模拟结果显示，征收低税率的国家碳税是一种可行的选择。低税率的碳税方案对中国的经济影响极为有限，但对减缓二氧化碳排放增长具有明显的刺激效果。

苏明等（2009）基于 2005 年投入产出表，运用可计算一般均衡（CGE）模型分析了不同的碳税税率方案对宏观经济、二氧化碳排放以及各行业的产出及价格、进出口等的影响效果，从静态和动态的视角给出了预测与评价。

从目前来看，碳税政策在中国仍处于准备阶段。目前，通过低碳城市试点、碳排放权交易试点，推动全国碳排放权交易市场可能将早于碳税。因为减缓气候变化、减少温室气体排放是一项艰巨、复杂和长期的任务，需要循序渐进、脚踏实地、抓重点、逐步推广和展开，而碳排放权交易市场手段涉及面相对较小，主要是排放量大的重点排放企业，减少它们的排放量对减少全社会的排放量作用大，社会影响也大。不过，不论是碳税还是碳排放交易市场政策，都需要了解单位碳减排量的价格范围，因此，在新的形势下继续研究碳税，仍有重要的现实意义。

为了考察征收碳税对国民经济和能源部门的影响，特别是征收碳税的补充政策如减征间接税、减征居民收入税的缓冲作用，本书在已有研究的基础上（LU Chuanyi, 2009），采用 2012 年投入产出表和自主构建的动态递归可计算一般均衡模型 TECGE，模拟不同补充政策方案下征收不同程度的碳税对国民经济和产业的影响，并与没有补充政策的方案进行比较。

7.2 TECGE 模型

TECGE 模型包括 4 个行为主体，即家庭、企业、政府和国外；两种生产要素即劳动和资本。将经济系统划分为 12 个部门，即农业、轻工业、其他重工业、设备制造业、建筑业、交通运输业、服务业、煤、石油、天然气、电力和清洁电力。包括 8 个模块，即生产模块、价格模块、收入模块、消费和储蓄模块、投资和资本积累模块、贸易模块、环境模块和市场均衡模块。

TECGE 模型中生产函数大都采用 CES 函数，而非能源中间投入品的合成函数采用列昂惕夫（Leontief）生产函数。在中间投入中，煤炭、石油、天然气、电力和清洁电力之间有替代性，它们组成能源组合。资本、能源之间也有替代性，共同组成资本—能源组合。能源—资本与劳动之间也有替代性，共同组成能源—资本—劳动组合。其他非能源中间投入彼此之间没有替代性，它们与资本—劳动—能源组合形成总产出。如图 7-1 所示。

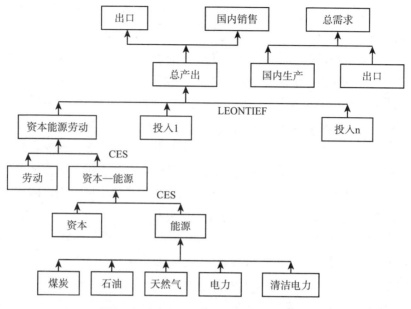

图 7-1 TECGE 模型的产品和要素流动

　　假设所有生产者是同质的，各经济部门不同生产者的技术水平是同步的，家庭是由为数众多的同质的消费者组成。生产者以利润最大化、消费者以效用最大化为决策目标。市场是完全竞争的，生产者和消费者在决策时，把价格作为外生变量。在任何一年，各部门资本存量是固定的，不能在部门间流动；在年与年之间，各部门资本通过投资和折旧而增减。在任何时候，劳动力可以在部门间流动。

　　TECGE 模型中，大部分商品都存在着国内外进出口贸易。采用"小国假设"来刻画与国外间的贸易，假定国际市场价格外生设定。国外进口品与国内生产产品具有不完全替代性，存在着产品的差异。采用阿明顿（Armington）假设来描述进口商品与国内产品之间的不完全替代关系，通过 CES 函数描述最终消费在最小成本条件下的优化，即进口品与国内产品通过 CES 组合为总消费品。国内企业生产，根据收入最大化原则，按常转换弹性（CET）函数在出口与国内市场间分配。产品流动如图 7-1 所示。

　　在收入模块，劳动收入用工资率与就业量表示。资本收入定义为总产出中的增加值减去劳动收入和折旧。企业收入定义为资本总收入加上折旧和政府转移支付。家庭收入来源于劳动收入、企业转移支付、政府转移支付、国外捐赠及汇入。扣除个人所得税后为家庭可支配收入。政府收入来源于企业间接税、家庭和企业的收入所得税、碳税、国外净借款。

家庭消费采用线性消费函数（LES）表示，并通过一个转换矩阵转换为最终消费需求。家庭储蓄定义为家庭可支配收入乘以边际储蓄倾向。政府消费需求用政府总消费与固定的部门产品消费份额表示。政府储蓄为政府收入减去政府消费、企业补贴、居民补贴后的剩余额。企业储蓄为企业收入扣除企业税收、企业转移后的剩余额。总储蓄由家庭储蓄、企业储蓄、政府储蓄和国外净储蓄组成。

投资分为固定资产投资与库存增加。库存增加用外生的库存增加系数与产出量的乘积来表示。总的固定资产投资等于总投资减去库存增加。假设部门的固定资产投资占总固定资产投资中一定的份额，部门投资份额基于部门的资本收入在总资本收入中的份额，并进行调整后得到。对投资品的需求定义为部门实际投资与资本构成系数的乘积的加权和。固定资产折旧用各部门相应的折旧率换算得到。

环境模块中，碳排放量为生产过程中不同能源品种的总需求量与排放系数、转换系数、固碳率的乘积之和。碳税收入为生产过程中不同能源品种的总需求量与排放系数、转换系数、固碳率、碳税的税率的乘积之和。不同部门的产品供给价格增量等于生产过程中征收的不同能源品种的碳税收入除以总需求量。

市场均衡模块包括商品市场均衡、劳动市场均衡、资本市场均衡、国内外进出口贸易均衡和储蓄投资均衡。

7.3　数　　据

TECGE 模型基于中国 2012 年投入产出表，对数据进行归并。将 2012 年 139 个产品部门归并为 12 个部门。编制 2012 年 12 部门社会核算矩阵，所要求的数据，大多数可以从《2012 年中国投入产出表》和 2013 年《中国统计年鉴》获得，少数数据来自其他参考文献。编制后的社会核算矩阵如表 7 - 1 所示。

表 7 – 1　中国 2012 年社会核算矩阵　单位：百亿元

收入账户 ＼ 支出账户	活动	商品	增加值	家庭	企业	政府	资本账户	世界其他	总支出
活动		16016.27							16016.27
商品	10648.27			1985.37	0.00	731.82	2483.90	1394.47	17243.83
增加值	4631.94								4631.94
家庭			3681.64						3681.64
企业			950.30						950.30
政府	736.06	27.84		210.57	139.55				1114.02
资本账户				1485.70	810.76	382.20	0.00	-194.76	2483.90
世界其他		1199.72							1199.72
总支出	16016.27	17243.83	4631.94	3681.64	950.30	1114.02	2483.90	1199.72	

资料来源：课题组根据中国 2012 年收入产出表和中国统计年鉴数据等编制。

在 TECGE 模型中，除了社会核算矩阵得到的数据外，还需要一些参数。有些参数可根据时序数据和有关的经验数据模拟后外生地给定，如居民的边际储蓄倾向、政府消费的增长率、技术进步率等。有些参数是由作者根据经验或有关参考文献设置，如政府收入转移支付给居民的比例、以及生产函数中的资本与劳动的替代弹性、进口品与国内产品的替代弹性、出口与国内销售的转换弹性。还有些参数需要校准，如 CES 生产函数中的转移参数和份额参数、阿明顿函数中的转移参数和份额参数、出口需求函数中的转移参数和份额参数等。

TECGE 模型在具体应用和模拟前，需要对模型进行检验。模型通过了有效性和一致性检验，均达到了所要求的结果，可以作为有效的模拟工具。

7.4　模拟方案选择

为了模拟我国征收碳税及其补充政策的效果，采用构建的 12 部门递推动态 CGE 模型，分析增收碳税对经济增长和结构的影响。因为比较静态 CGE 模型，描述的是有一外生的因素冲击经济系统后所达到的新的一般均衡结果，不能描述经济系统从受到冲击到新的一般均衡状态的过程。所以，递推动态CGE模型可以描述在未来一系列独立时间期限内（如一年），增收碳税及补充政策的一般均衡效果，并可描述增收碳税及补充政策所产生的长期影响。

本章首先以碳税作为经济系统的冲击变量，模拟增收不同规模的碳税对中国经济系统的冲击和影响，包括对宏观经济变量和部门经济变量的影响。模拟过程包括静态模拟分析和动态模拟分析两部分。

（1）静态模拟分析

首先运用静态模型，模拟增收不同规模的碳税对中国经济系统的冲击和影响，包括对宏观经济变量和部门经济变量的影响。此时，增收的碳税作为政府的财政收入，称为独立碳税方案。

接着，以碳税作为经济系统的冲击变量，并相应削减企业的间接税，使征收碳税后企业生产的燃料成本保持不变，模拟增收不同规模的碳税对中国经济的影响。此时，增收的碳税一部分作为企业生产补贴，剩余部分作为政府的财政收入，称为生产补贴的碳税方案。

表7-2 CGE模拟中的情景

情景＼方案	独立方案	生产补贴方案	全补贴方案
基准情景	没有征收碳税，中国经济系统运行		
情景1	碳税在25元/吨碳	碳税在25元/吨碳，并生产补贴	碳税在25元/吨碳，生产和消费补贴
情景2	碳税在50元/吨碳	碳税在50元/吨碳，并生产补贴	碳税在50元/吨碳，生产和消费补贴
情景3	碳税在75元/吨碳	碳税在75元/吨碳，并生产补贴	碳税在75元/吨碳，生产和消费补贴
情景4	碳税在100元/吨碳	碳税在100元/吨碳，并生产补贴	碳税在100元/吨碳，生产和消费补贴
情景5	碳税在125元/吨碳	碳税在125元/吨碳，并生产补贴	碳税在125元/吨碳，生产和消费补贴
情景6	碳税在150元/吨碳	碳税在150元/吨碳，并生产补贴	碳税在150元/吨碳，生产和消费补贴

资料来源：课题组根据研究目标设置。

第三方案是，以碳税作为经济系统的冲击变量，并相应削减企业的间接税，使征收碳税后企业生产的燃料成本保持不变，同时，将碳税剩余部分作为补贴，转移给消费者，模拟增收不同规模的碳税对中国经济的影响。此时，增收的碳税一部分作为企业生产补贴，剩余部分作为居民的消费补贴，称为全补贴的碳税方案。

模型采用新古典闭合原则，假定经济中劳动充分就业，总投资由储蓄内生决定。不同方案下情景设定如表7-2。首先设定基准情景，即没有征收碳税政策情况下，中国经济系统运行的状态。再设定比较情景。考虑到目前市场上清洁发展机制（CDM）项目中碳减排量的价格在10美元/吨左右，因此，设置6个比较情景，经济中征收碳税在25、50、75、100、125、150元/吨碳。总之，碳税为冲击变量，不同情景下碳税不同。

（2）动态模拟分析

在动态模拟中采用两种税率变化情景、三种碳税返还方案。

情景1，不变碳税税率情景，即采用等额碳税税率，考察不同年份对GDP和二氧化碳减排的影响。考虑到目前社会的可接受程度和经济发展状况，设定2020年开始征收碳税，税率为50元/吨。

情景2，递增碳税税率情景，即采用递增碳税税率，考察不同年份对GDP和二氧化碳减排的影响。设定2020年开始征收碳税，税率为10元/吨。2025年、2030年、2035年、2040年、2045年、2050年的税率分别为20元/吨、30元/吨、40元/吨、50元/吨、60元/吨、70元/吨。

三种碳税返还方案，等同于静态模拟分析，即碳税返还方案1，碳税收入归政府财政；返还方案2，碳税收入返还给企业，或者消减企业间接税；返还方案3，碳税收入返还给企业和居民。

7.5 模拟结果分析

7.5.1 静态模拟分析

首先在独立方案的设置情景下，模拟征收不同规模的碳税，对中国经济系统的影响，包括对宏观经济变量和产业结构变量的影响。宏观经济变量包括国内生产总值（GDP）、二氧化碳排放、消费者价格指数、居民消费需求、政府消费需求、固定资产投资需求、存货投资需求、进口、出口、总需求、总供给。不同碳税情况下，这些宏观经济变量与基准情景下相比的变化比例如表7-3所示。

表7-3			在独立碳税方案下不同碳税的宏观经济影响				单位: %
碳税（元/吨碳） 宏观经济指标	0	25	50	75	100	125	150
GDP	0.00	-0.07	-0.13	-0.20	-0.26	-0.33	-0.40
碳排放	0.00	-5.53	-8.33	-9.86	-11.19	-12.50	-13.69
CPI	0.00	-0.02	-0.03	-0.05	-0.07	-0.08	-0.10
居民消费	0.00	0.01	0.01	0.02	0.02	0.02	0.02
政府消费	0.00	0.00	0.00	0.00	0.00	0.00	0.00
固定资产投资	0.00	-0.11	-0.22	-0.29	-0.35	-0.41	-0.48
存货投资	0.00	-0.15	-0.27	-0.37	-0.44	-0.53	-0.60
进口	0.00	0.08	0.15	0.23	0.30	0.38	0.45
出口	0.00	-0.28	-0.48	-0.60	-0.70	-0.81	-0.93
总需求	0.00	-0.10	-0.20	-0.30	-0.40	-0.50	-0.60
总供给	0.00	-0.10	-0.20	-0.30	-0.40	-0.50	-0.60

资料来源：模型模拟结果。

从表7-3可以看出，征收碳税对国内生产总值（GDP）具有负影响。随着碳税税率的加大，对GDP的影响逐渐加大。总的来说对GDP的影响较小，当碳税在150元/吨时，GDP下降0.40个百分点。碳税政策的碳减排效果很明显，是一种较好的政策选择，当碳税在150元/吨时，GDP下降0.40%，而碳排放减少13.69%，碳减排比例大大高于GDP下降的比例。特别是在低碳税税率阶段，碳减排效果非常明显，当碳税在25元/吨时，碳排放减少5.53%，这说明减排的初期低成本的减排潜力很大。

消费者价格指数的变化随着碳税税率的增长而下降，但下降幅度很小，碳税每增加25元/吨碳，消费者价格指数大约下降0.01%~0.02%。居民消费略有增长，但增长幅度很小，小于消费者价格指数的变化幅度。这是因为征收了碳税，提高了商品的生产成本，使经济趋于萎缩，总体价格水平下降。从局部产业水平看，商品生产价格上升，商品销售价格随着上升，产品产量和需求量将下降。随着碳税税率的加大，消费者价格上涨，但经济增长速度下降，居民收入下降，消费者的消费需求将略下降，但变化很小。商品销售价格上升和消费需求将略有下降两种因素共同作用的结果，导致了消费者价格指数下降和居民消费略有增长。由于不同产业的产品在生产过程中能源消费量不同，征收碳税使部门商品价格有涨有落，总体效果是价格水平略有下降。政府消费需求不变化，主要是因为政府消费总额设置为外生变量，不受价格变化的影响。

固定资产投资需求下降，而且在不同碳税税率下，下降的比例大于GDP下降的比例，小于碳排放量减排的比例。由于征收碳税，生产成本增加，经济趋于萎缩，投资需求下降，不过征收碳税诱导了部分部门的投资需求，这与现实生活也相符。由于征收了碳税，许多企业将需要进行技术改造，增加更新改造投资，减少温室气体的排放。由于征收了碳税，能源产品销售价格上涨，许多企业会加强管理，提高管理应急水平，减少存货储备。由于征收了碳税，能源及能源密集型产品销售价格上涨，导致进口产品具有更大的竞争力，出口会相应减少，进口会相应增加。由于征收碳税对经济形成了冲击，经济系统的价格水平下降，短期内会出现经济萎缩，总供给和总需求减少。但从表7-3可以看出，征收碳税对总供给和总需求影响的比例不是太大。当碳税在150元/吨时，总供给和总需求减少0.6个百分点。

不同碳税水平下各种宏观经济变量的变化如图7-2所示。从图7-2可以看出，减排量呈现二次曲线型，其他变量变化较小，接近于一次曲线。这说明比较静态分析中，碳税的减排效果会出现边际效用递减，或边际减排成本上升。

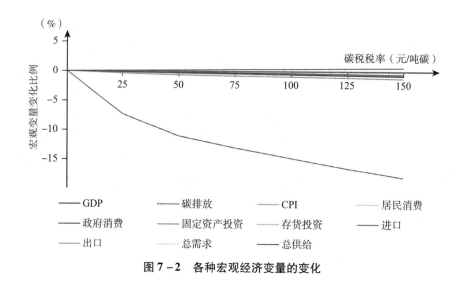

图7-2 各种宏观经济变量的变化

在方案1下居民消费中的部门产品出现不同比例的变化。征收不同水平的碳税时，农业、轻工业、服务业产品的居民消费需求出现不同比例的增加，而能源部门产品、高耗能产业的产品居民消费需求出现不同比例的下降。当碳税水平从 0 到 150 元/吨碳时，能源产品的居民消费需求中，天然气的需求从 0% 下降到 −8.67%，高耗能产业的产品居民消费需求从 0% 下降到 −1.31%。建筑业变化比例为 0，这是由 2012 年投入产出表所决定的。2012 年投入产出表中，建筑业居民消费需求为 0。在居民消费需求中，化石能源下降的比例较大，煤炭下降比例最大，其次是天然气和石油。虽然天然气的含碳量小于石油，但同样热量的能源供给中，天然气的消费量可控度比石油大。在居民消费需求中，天然气的下降比例大于石油。方案 1 下居民消费中部门产品比例变化如表 7−4 所示。

表 7−4　　　　　　　　居民消费中部门产品比例变化　　　　　　单位：%

碳税（元/吨碳） 部门	0	25	50	75	100	125	150
农业	0.00	0.03	0.05	0.06	0.07	0.08	0.08
轻工业	0.00	0.17	0.37	0.51	0.57	0.65	0.68
重工业	0.00	−0.52	−0.70	−0.99	−1.08	−1.25	−1.31
设备制造	0.00	−0.12	−0.38	−0.53	−0.58	−0.66	−0.70
建筑业	0.00	0.00	0.00	0.00	0.00	0.00	0.00
交通运输	0.00	−0.19	−0.39	−0.55	−0.61	−0.70	−0.73
服务业	0.00	0.03	0.05	0.07	0.08	0.09	0.09
煤炭	0.00	−6.71	−9.30	−13.01	−14.32	−16.46	−17.29
石油	0.00	−1.07	−2.09	−2.93	−3.22	−3.71	−3.89
天然气	0.00	−2.24	−4.66	−6.52	−7.18	−8.25	−8.67
电力	0.00	−1.53	−2.10	−2.94	−3.24	−3.72	−3.91
清洁电力	0.00	−0.72	−1.11	−1.56	−1.71	−1.97	−2.07

资料来源：模型模拟结果。

　　在方案 1 下，征收碳税为 25、50、75 元/吨时，居民消费的变化趋势如图 7−3 所示。从图 7−3 可以看出，居民消费结构受到影响最大的产品部门是能源部门产品，煤产品的消费受的影响最大，其次是天然气、石油和电力。在高耗能产品生产部门中，重工业、交通运输业、设备制造业受的影响较小，但存在负的影响；而农业、轻工业和服务业受到正的较小的影响。

　　在方案 1 下，总进口、出口中部门产品也会出现不同比例的变化，如表 7−5、表 7−6 所示。从表 7−5、表 7−6 可以看出，随着碳税的征收、碳税水平的不断提高，轻工业、建筑业、服务业、煤炭业的进口出现下降，其他部门产品进口会按照不同比例相应增加。农业、轻工业、服务业出口增加，表明农业、轻工业、服务业出口的国际竞争力增强。重工业、设备制造业、煤炭、石油、天然气、电力的出口也下降。而重工业、煤炭、石油、天然气、电力都是能源及能源密集型企业，征收碳税引起出口下降，是在人们意料之中。

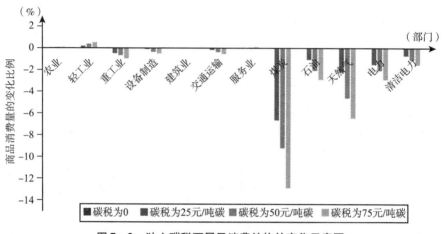

图7-3 独立碳税下居民消费结构的变化示意图

表7-5　　　　　　　　方案1下总进口中部门产品的变化比例　　　　　单位：%

部门＼碳税（元/吨碳）	0	25	50	75	100	125	150
农业	0.000	0.011	0.023	0.034	0.041	0.049	0.059
轻工业	0.00	−0.009	−0.02	−0.028	−0.034	−0.041	−0.049
重工业	0.00	0.125	0.26	0.391	0.469	0.562	0.675
设备制造	0.00	0.073	0.15	0.227	0.273	0.327	0.393
建筑业	0.00	−0.144	−0.30	−0.449	−0.539	−0.646	−0.776
交通运输	0.00	0.222	0.46	0.695	0.834	1.001	1.201
服务业	0.00	−0.109	−0.23	−0.340	−0.408	−0.490	−0.588
煤炭	0.00	−1.587	−3.31	−4.958	−5.950	−7.140	−8.568
石油	0.00	1.080	2.25	3.374	4.049	4.859	5.831
天然气	0.00	0.891	1.86	2.786	3.343	4.012	4.814
电力	0.00	0.259	0.54	0.809	0.971	1.165	1.398
清洁电力	0.00	0.259	0.54	0.809	0.971	1.165	1.398

资料来源：模型模拟结果。

表7-6	方案1下总出口中部门产品的变化比例					单位：%	
碳税（元/吨碳） 部门	0	25	50	75	100	125	150
农业	0.00	0.03	0.07	0.09	0.12	0.19	0.32
轻工业	0.00	0.06	0.14	0.18	0.25	0.38	0.65
重工业	0.00	-0.08	-0.17	-0.22	-0.31	-0.46	-0.79
设备制造	0.00	-0.04	-0.10	-0.13	-0.18	-0.27	-0.46
建筑业	0.00	-0.01	-0.02	-0.03	-0.04	-0.06	-0.11
交通运输	0.00	-0.02	-0.04	-0.06	-0.08	-0.12	-0.20
服务业	0.00	0.03	0.07	0.13	0.13	0.19	0.33
煤炭	0.00	-0.69	-1.54	-2.00	-2.80	-4.19	-7.13
石油	0.00	-0.11	-0.26	-0.33	-0.46	-0.70	-1.19
天然气	0.00	-0.38	-0.85	-1.11	-1.55	-2.33	-3.96
电力	0.00	-0.34	-0.76	-0.98	-1.37	-2.06	-3.51
清洁电力	0.00	-0.34	-0.76	-0.98	-1.37	-2.06	-3.51

资料来源：模型模拟结果。

在独立碳税方案下，征收碳税为25、50、75元/吨时，进口和出口结构的变化趋势如图7-4、图7-5所示。

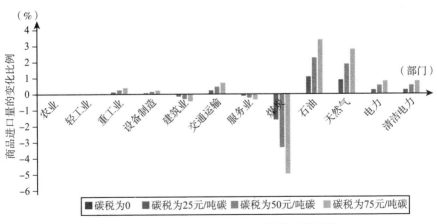

图7-4　独立碳税方案下进口结构的变化趋势

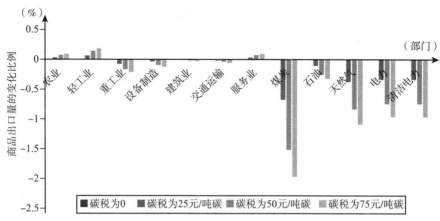

图 7 - 5　独立碳税方案下出口结构的变化趋势

从图 7 - 4 可以看出, 能源部门的进口受到碳税的影响较大, 煤炭进口下降, 而其他能源进口增加。建筑业、服务业进口业下降, 这主要受到经济相对萎缩的影响。而重工业、设备制造业、交通运输业的进口增加, 这主要受到国内碳税政策的影响, 增加了进口商品的比较优势。而农业和轻工业的进口受到的影响很小。

从图 7 - 5 可以看出, 能源部门的出口受到碳税的影响较大, 出口都趋于下降, 煤炭出口下降幅度最大。重工业、设备制造业、建筑业、交通运输业出口下降, 这主要受到国内碳税政策的影响, 减少了出口商品的比较优势。而农业、轻工业和服务业的出口增加, 主要由于经济相对萎缩, 工人工资和资本价格下降, 导致这些行业的出口比较优势提高。

表 7 - 7 显示了征收碳税、能源价格变化引起了部门产品供给的价格变化。从表 7 - 7 可以看出, 征收碳税后, 农业、轻工业、服务业、石油行业产品的供给价格出现下降, 而其他行业产品的供给价格上升。轻工业产品价格下降幅度最大, 其次是服务业、农业和石油行业。电力行业价格上升最大, 其次是天然气、煤炭、重工业、设备制造业、建筑业。在独立方案下, 征收不同程度的碳税, 各个部门产品的价格变化趋势如图 7 - 6 所示。

表 7 - 7　　　　　　　方案 1 下部门产品供给价格的变化　　　　单位: %

部门 ＼ 碳税 (元/吨碳)	0	25	50	75	100	125	150
农业	0.00	- 0.05	- 0.11	- 0.16	- 0.21	- 0.26	- 0.31
轻工业	0.00	- 0.17	- 0.38	- 0.56	- 0.72	- 0.90	- 1.08

部门＼碳税（元/吨碳）	0	25	50	75	100	125	150
重工业	0.00	0.17	0.37	0.54	0.70	0.88	1.05
设备制造	0.00	0.12	0.26	0.38	0.49	0.61	0.74
建筑业	0.00	0.01	0.03	0.04	0.06	0.07	0.08
交通运输	0.00	0.00	-0.01	-0.01	-0.02	-0.02	-0.03
服务业	0.00	-0.11	-0.24	-0.34	-0.45	-0.56	-0.67
煤炭	0.00	0.19	0.43	0.63	0.82	1.02	1.22
石油	0.00	-0.04	-0.08	-0.11	-0.15	-0.19	-0.22
天然气	0.00	0.24	0.53	0.77	1.01	1.26	1.51
电力	0.00	0.90	2.00	2.90	3.77	4.72	5.66
清洁电力	0.00	0.90	2.00	2.90	3.77	4.72	5.66

资料来源：模型模拟结果。

从图 7-6 可以看出，产品供给价格上升主要是电力、天然气、煤炭、重工业、设备制造业，而电力供给价格上升超过 2%。轻工业、服务业、农业、石油产品价格下降，轻工业产品价格下降达到 1.08%。

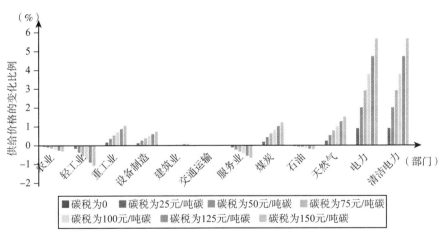

图 7-6　独立方案下部门产品供给价格的变化趋势

为了减少征收碳税对经济系统的冲击，一般国家都会采取相应的应对措施或补充政策。为了减少对企业生产的冲击，避免对国内产品国际竞争力的影响，一般国家会相应减少企业的间接税，减少企业的税收负担。为了减少征收碳税对国内消费的压制，拉动国内消费，同时保护环境，减少二氧化碳排放，政府可以采用消费补贴的方式，作为价格上涨的补充。对于政府财政来说，财政收入基本不变，补贴来源于碳税的收入。

表 7 - 8 显示了方案 2 下国民经济宏观变量的变化。从表 7 - 8 可以看出，随着碳税的征收、碳税水平的不断提高，GDP、碳排放、居民消费、政府消费、固定资产投资、存货投资、进口、出口、总需求、总供给等的宏观经济变量的变化趋势与方案 1 独立碳税情景一致，变化比例略有减小。如碳税水平为 150 元/吨碳时，GDP 下降 0.34%，碳排放下降 13.17%，总出口下降 0.87%，总供给和总需求下降 0.57%；而独立碳税时，GDP 下降 0.40%，碳排放下降 13.69%，总出口下降 0.93%，总供给和总需求下降 0.60%。从表 7 - 3 和表 7 - 8 的对照看，征收碳税的同时，减免企业的间接税，补贴企业生产，有助于减小对企业生产的冲击。两种情景比较，消费者价格指数变化略有下降。

表 7 - 8　　　　征收碳税和生产补贴方案下宏观经济变量的变化　　　　单位：%

宏观经济指标 ＼ 碳税（元/吨碳）	0	25	50	75	100	125	150
GDP	0.00	- 0.06	- 0.12	- 0.16	- 0.22	- 0.28	- 0.34
碳排放	0.00	- 5.25	- 8.06	- 9.46	- 10.85	- 12.29	- 13.17
CPI	0.00	- 0.02	- 0.03	- 0.05	- 0.07	- 0.08	- 0.10
居民消费	0.00	0.01	0.01	0.01	0.01	0.01	0.01
政府消费	0.00	0.00	0.00	0.00	0.00	0.00	0.00
固定资产投资	0.00	- 0.09	- 0.18	- 0.22	- 0.27	- 0.33	- 0.41
存货投资	0.00	- 0.11	- 0.23	- 0.39	- 0.52	- 0.62	- 0.73
进口	0.00	0.06	0.13	0.19	0.25	0.29	0.37
出口	0.00	- 0.27	- 0.47	- 0.56	- 0.66	- 0.77	- 0.87
总需求	0.00	- 0.09	- 0.19	- 0.27	- 0.37	- 0.46	- 0.57
总供给	0.00	- 0.09	- 0.19	- 0.27	- 0.37	- 0.46	- 0.57

资料来源：模型模拟结果。

表 7 - 9 显示了方案 3 下国民经济宏观变量的变化。从表 7 - 9 可以看

出，随着碳税的征收、碳税水平的不断提高，GDP、碳排放、居民消费、政府消费、固定资产投资、存货投资、进口、出口、总需求、总供给等的宏观经济变量的变化趋势与独立碳税方案1、碳税和生产补贴方案2一致，变化比例略有减小。如碳税水平为150元/吨碳时，GDP下降0.38%，碳排放下降13.38%，总出口下降0.84%，总供给和总需求下降0.55%，居民消费增加0.05%；而方案2下，GDP下降0.34%，碳排放下降13.17%，总出口下降0.87%，总供给和总需求下降0.57%，居民消费下降0.01%；而独立碳税时，GDP下降0.40%，碳排放下降13.69%，总出口下降0.93%，总供给和总需求下降0.60%，居民消费下降0.02%。从表7-3、表7-8和表7-9对照看，征收碳税的同时，补贴企业生产，有助于减小对企业生产的冲击，补贴消费者，有助于拉动消费，促进经济增长，减缓碳税对生产、消费和国民经济的影响。

表7-9　　　征收碳税和生产及消费补贴方案下宏观经济变量的变化　　　单位：%

碳税（元/吨碳） 宏观经济变量	0	25	50	75	100	125	150
GDP	0.00	-0.05	-0.12	-0.17	-0.24	-0.31	-0.38
碳排放	0.00	-4.59	-7.23	-9.50	-10.86	-12.21	-13.38
CPI	0.00	-0.02	-0.03	-0.05	-0.06	-0.08	-0.09
居民消费	0	0.01	0.02	0.02	0.03	0.04	0.05
政府消费	0	0	0	0	0	0	0
固定资产投资	0.00	-0.06	-0.12	-0.21	-0.29	-0.36	-0.45
存货投资	0.00	-0.14	-0.19	-0.28	-0.35	-0.48	-0.56
进口	0.00	0.16	0.21	0.29	0.36	0.41	0.47
出口	0.00	-0.14	-0.29	-0.36	-0.48	-0.65	-0.84
总需求	0.00	-0.08	-0.17	-0.26	-0.36	-0.45	-0.55
总供给	0.00	-0.08	-0.17	-0.26	-0.36	-0.45	-0.55

资料来源：模型模拟结果。

　　三种方案下GDP损失和二氧化碳减排量的比较如图7-7、图7-8所示。

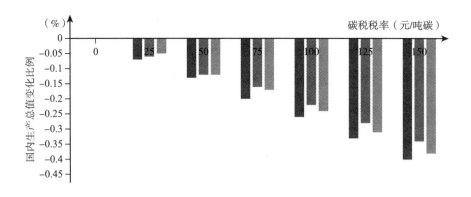

图 7 – 7　三种方案下 GDP 损失比较

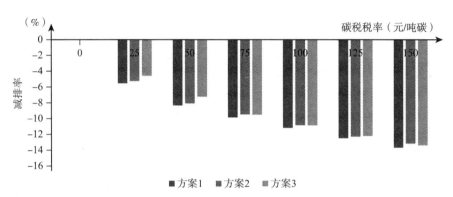

图 7 – 8　三种方案不同税率下减排量比较

从图 7 – 7 可以看出，征收不同税率的碳税对经济的冲击都较小，GDP 的损失也较小。三种方案中，方案 3 即对生产和消费都补贴方案，对经济的冲击最小。从图 7 – 8 可以看出，征收不同税率的碳税对二氧化碳的减排效果很明显。随着税率的增加，减排量的比例在下降，但增加的减排量数量在递减，表现了边际成本递增规律。同时，在高税率阶段，随着税率的增加，方案 3 的减排量与方案 2 相比增加得更快，这主要是因为消费者追求消费效用最大化，较高的碳税税率引起了边际效用的变化。

下面分析不同方案、不同税率情景下，碳税的征收对石油产业的影响。表 7 – 10 列出了不同方案、不同碳税税率水平下，石油部门的总产出、整个经济对石油产品的总需求、石油部门的产品出口情况。从表 7 – 10 可以看出，随着碳税的征收、碳税税率水平的不断提高，石油部门的总产出、整个经济对石油产品的总需求逐渐增加，石油部门的产品出口逐渐下降。

表 7 - 10 　　　 不同碳税方案和水平下石油部门的产出、需求和出口 　　　 单位：%

碳税（元/吨碳）	石油部门产出（方案1）	石油部门产出（方案2）	石油部门产出（方案3）	石油部门需求（方案1）	石油部门需求（方案2）	石油部门需求（方案3）	石油部门出口（方案1）	石油部门出口（方案2）	石油部门出口（方案3）
0	0.00	0.00	0.00	0.00	0.00	0.00	0.00	0.00	0.00
25	6.55	10.98	10.10	4.08	8.14	9.36	-6.88	-12.54	-11.19
50	13.81	18.31	16.85	8.08	11.61	13.35	-13.57	-22.94	-19.28
75	20.06	23.02	21.18	11.82	13.09	15.05	-20.27	-30.82	-25.94
100	26.31	28.03	25.79	15.56	14.61	16.80	-26.97	-35.88	-31.80
125	30.22	32.57	29.96	18.38	15.64	17.99	-33.79	-40.19	-37.29
150	32.54	37.68	34.67	21.32	17.21	19.79	-40.77	-44.56	-42.58

资料来源：模型模拟结果。

在不同方案之间比较，随着补贴措施的实施，对生产进行补贴，企业的产出增加；在对企业和居民都进行补贴时，产出会增加，但企业的产出增长没有方案 2 增长快。至于出口，可以发现三种方案比较，补贴政策可以促使出口的下降，因为国内对石油部门的产品需求更大。对生产者进行补贴，有助于减小企业的成本负担；对生产和消费者都补贴，消费者在价格信号和补贴的诱导下可进行消费选择，结果国内石油总需求相对其他方案减少，石油出口下降减缓。对于石油部门产品的总需求，可以发现随着碳税税率的增加，总需求在提高，但不同碳税方案下，石油部门产品的需求提高速度不同。这主要由于不同碳税水平下石油商品替代的比率不同。图 7 - 9 显示了不同碳税方案和水平下石油部门的产出、需求和出口的变化趋势。

表 7 - 11 显示了不同碳税方案和税率水平下石油部门产品的生产价格和供给价格的情况。石油部门产品的生产价格，受碳税水平的影响，碳税水平越高，生产价格越高，而且三种方案下生产价格的变化幅度不同。而石油部门产品的供给价格，受中间投入、资本、劳动、不同种类的能源投入的价格和数量的影响，也受政府的税收政策的影响，同时受进口石油的数量和价格的影响。因此不同方案下，供给价格变化不同。如在碳税水平 150 元/吨碳时，三种方案下供给价格变化比例分别为 3.35%、4.41% 和 6.63%。图 7 - 10 显示了石油部门产品的销售价格和供给价格的变化趋势。

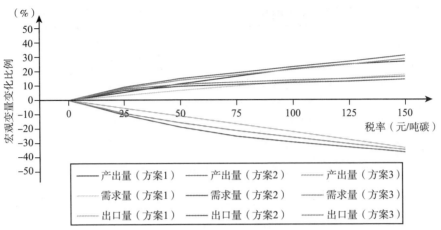

图 7 – 9   不同碳税方案下石油部门的变量变化

表 7 – 11   不同碳税方案和水平下石油产品价格变化   单位：%

价格变化比例 税率（元/吨碳）	生产价格（方案1）	生产价格（方案2）	生产价格（方案3）	供给价格（方案1）	供给价格（方案2）	供给价格（方案3）
0	0.00	0.00	0.00	0.00	0.00	0.00
25	1.14	1.05	1.08	0.59	1.08	1.10
50	2.28	2.10	2.17	1.16	2.00	2.27
75	3.42	3.15	3.25	1.66	2.71	3.28
100	4.56	4.20	4.33	2.25	3.23	4.33
125	5.70	5.24	5.42	2.80	3.85	5.48
150	6.84	6.29	6.50	3.35	4.41	6.63

资料来源：模型模拟结果。

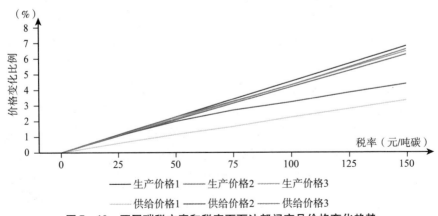

图 7 – 10   不同碳税方案和税率下石油部门产品价格变化趋势

7.5.2 动态模拟分析

运用动态递推的 CGE 模型，模拟碳税税率为 50 元/吨，碳税收入分别归政府、补贴给企业、补贴给企业和居民三种方案下征收碳税对经济的影响。表 7 - 12 显示了碳税税率为 50 元/吨、碳税收入归政府方案下宏观经济变量的变化情况。

表 7 - 12　　　　　　税收归政府方案下宏观经济变量变化　　　　单位：%

经济变量 年份	GDP	投资	CPI	CO_2 排放量
2015	0	0	0	0
2020	- 0.130	- 0.220	- 0.030	- 8.330
2025	- 0.193	- 0.247	- 0.050	- 11.130
2030	- 0.253	- 0.275	- 0.072	- 14.210
2035	- 0.310	- 0.305	- 0.096	- 17.430
2040	- 0.364	- 0.337	- 0.122	- 20.790
2045	- 0.418	- 0.371	- 0.150	- 24.290
2050	- 0.467	- 0.406	- 0.180	- 27.930

注：不同年份税率设置为 50 元/吨。
资料来源：模型模拟结果。

从表 7 - 12 可以看出，随着年份的推移，征收碳税对经济的影响在发生变化。对 GDP 的影响在逐渐加大，这表现为二氧化碳的边际减排成本在递增。因为随着经济的发展和现代化进程，我国将逐步进入小康社会和现代化的强国，能源强度和二氧化碳排放强度将逐渐降低，达到国际先进水平，二氧化碳减排成本在上升。对投资的影响、消费者价格指数的影响将逐渐增大，当然，二氧化碳减排量也逐渐增加。

接着考察递增碳税税率的情况。2020 年开始征收碳税，税率为 10 元/吨，2020 年后税率逐渐增加，从 2020 年到 2050 年，税率从 10 元/吨逐渐增加到 70 元/吨，税收收入分别归政府、补贴给企业、补贴给企业和居民三种方案下征收碳税对经济的影响。表 7 - 13 显示了碳税税率递增、碳税收入归政府方案下宏观经济变量的变化情况。

表 7 - 13		税率递增且税收归政府方案下宏观经济变量变化		单位：%
经济变量 年份	GDP	投资	CPI	CO$_2$ 排放量
2015	0	0	0	0
2020	- 0. 02	- 0. 04	- 0. 01	- 4. 17
2025	- 0. 07	- 0. 10	- 0. 02	- 5. 34
2030	- 0. 14	- 0. 17	- 0. 04	- 9. 38
2035	- 0. 22	- 0. 24	- 0. 08	- 14. 64
2040	- 0. 33	- 0. 34	- 0. 12	- 20. 79
2045	- 0. 45	- 0. 45	- 0. 18	- 26. 23
2050	- 0. 59	- 0. 57	- 0. 25	- 34. 02

注：税率从 2020 年 10 元/吨逐年增到 2050 年 70 元/吨。
资料来源：模型模拟结果。

从表 7 - 13 可以看出，随着年份的推移和税率的递增，征收碳税对经济的影响在发生变化。对 GDP 的影响在逐渐递增的，而且增加的幅度在加大。对投资的影响、消费者价格指数的影响将逐渐增大，二氧化碳减排量也逐渐增加。

比较表 7 - 12 和表 7 - 13 可以发现，采用税率递增方案比等额税率方案好，有利于减缓对经济系统的冲击，GDP 的下降幅度较小，对投资和 CPI 的影响也较小。随着经济的发展、技术的进步和人民生活水平的提高，人们的消费习惯也在改变，节能减排的意识也在增加，减排成本的可接受性也在增强。

接着考察碳税收入的不同返还方案在长期动态减排中的影响。表 7 - 14 显示了 2025 年碳税税率为 50 元/吨、三种碳税收入返还方案下宏观经济变量的变化情况。

表 7 - 14	三种碳税收入返还方案下宏观经济变量变化		单位：%
返还方案 宏观变量	碳税归政府	补贴居民	补贴企业和居民
GDP	- 0. 20	- 0. 19	- 0. 17
碳排放	- 12. 50	- 11. 87	- 10. 62
CPI	- 0. 05	- 0. 05	- 0. 04
居民消费	0. 02	0. 03	0. 02

返还方案 宏观变量	碳税归政府	补贴居民	补贴企业和居民
政府消费	0.00	0.00	0.00
固定资产投资	- 0.32	- 0.31	- 0.16
存货投资	- 0.41	- 0.39	- 0.35
进口	0.23	0.24	0.26
出口	- 0.71	- 0.68	- 0.61
总需求	- 0.30	- 0.29	- 0.26
总供给	- 0.30	- 0.29	- 0.26

注：2025 年碳税税率设置为 50 元/吨。
资料来源：模型模拟结果。

从表 7 - 14 可以看出，不同碳税收入返还方案下征收碳税对经济的影响不同，略有差别。碳税收入补贴生产和补贴居民，可以减缓征税政策对经济系统的冲击。三种方案的结果类似前面的静态模拟分析的结果。

7.6 结 论

通过本章的分析，可以发现，碳税是一种有用的政策手段，可以较大幅度地减少二氧化碳排放，同时对经济增长影响较小。在征收碳税 150 元/吨碳时，二氧化碳排放量减少 13.69%，而 GDP 下降 0.40%。但是由于经济系统的复杂性，对整个宏观经济影响较小，不一定就是好的政策选择，还必须考虑对经济结构、产业发展、进出口贸易和居民消费的影响。

在独立碳税的情况下，居民消费需求中，能源产品下降较大；出口贸易中能源和能源密集性产业出口下降较大。能源产品销售价格上升，除了农业、轻工业和服务业，其他行业的产品供给价格都上升。在征收碳税 150 元/吨碳时，居民消费需求中，煤炭、石油、天然气的需求下降 17.29%、3.89% 和 8.67%；出口贸易中重工业、煤炭、石油、天然气、电力下降 0.79%、7.13%、1.19%、3.96%、3.51%。煤炭、石油、天然气和电力的供给价格分别上升了 1.22%、- 0.22%、1.51% 和 5.66%。

在征收碳税的同时，减少企业的间接税，有助于减缓对企业生产的制约，减少对企业产品国际竞争力的影响。在征收碳税 150 元/吨碳时，方案 2 中 GDP 下降 0.34%，碳排放下降 13.17%，总出口下降 0.87%，总供给和总需求下降 0.57%；而独立碳税时，GDP 下降 0.40%，碳排放下降 13.69%，总出口下降 0.93%，总供给和总需求下降 0.60%。

在征收碳税的同时，减少企业的间接税，并对居民消费进行价格补贴，不仅有助于减缓对企业生产的制约，而且有利于拉动居民消费，减缓征收碳税对经济系统的冲击。碳税水平为 150 元/吨碳时，方案 3 中居民消费增加 0.05%；而方案 2 和方案 1 下，居民消费下降 0.1%。

随着碳税的征收、碳税水平的不断提高，石油部门的总产出、整个经济对石油产品的总需求逐渐增加，石油部门的产品出口逐渐下降。碳税水平为 150 元/吨碳时，在方案 1 下，石油部门的总产出增加 32.54%，石油产品的总需求增加 21.32%，出口下降 40.77%。而不同方案比较，增加对企业的补贴，可避免出口大幅度下降。在方案 2 和方案 3 情况下，石油出口下降 44.56% 和 42.58%。在碳税水平 150 元/吨碳时，三种方案下石油部门产品的供给价格，上升比例分别为 3.35%、4.41% 和 6.63%。可见，从能源产业角度看，征收碳税，并采取补贴措施，有助于减少碳税政策对经济的负影响。

随着年份的推移和经济的发展，征收碳税对经济的影响在逐渐递增。采用税率递增方案比等额税率方案好，有利于减缓对经济系统的冲击，GDP 的下降幅度较小，对投资和 CPI 的影响也较小。不同碳税收入返还方案下征收碳税对经济的影响不同。碳税收入补贴生产和补贴居民，可以减缓征税政策对经济系统的冲击。

第8章 东北亚能源技术合作和中国的低碳发展

　　低碳经济，是一种新的以较少的温室气体排放获得较大产出的经济发展模式。中国高度重视低碳发展和全球气候变化问题，并做了大量工作，但面临着包括发展阶段、发展方式、资源禀赋、贸易结构和技术锁定效应在内的系列挑战。应对这些挑战，主要的突破口在技术创新和技术转移。

　　东北亚各国不但具有建立能源合作的地缘优势，而且互补优势也非常明显。为探讨东北亚能源合作对中国低碳发展的影响，本章首先分析了东北亚能源合作的潜力和可行性，比较了中日韩经济规模、能源结构和二氧化碳排放方面的情况，比较了能源效率、新能源和可再生能源方面的技术差距，重点比较中日在能效水平和新能源技术方面的合作前景，接着采用了自主构建的中国动态递归可计算一般均衡模型，模拟东北亚能源应用技术、生产技术转移对中国经济、二氧化碳排放、能源需求和部门增加值的影响。模拟结果表明，随着能源生产技术和应用技术转移，中国能源效率水平将大大提高，能源部门增值水平提高，国民生产总值（GDP）上升，二氧化碳排放量下降，有助于我国低碳经济的快速发展。

8.1 低 碳 经 济

　　低碳经济是在全球气候变暖的背景下发展起来的一种新的经济发展模式，它包括节能和提高能源效率、二氧化碳减排两个方面的内容。具体来说，低碳经济是在可持续发展理念指导下，通过技术创新、制度创新、产业转型、新能源开发等手段减少煤炭、石油、天然气等化石能源的消耗和温室气体的排放，实现社会经济发展与生态环境保护的双赢的经济发展模式。

　　低碳经济概念是 2003 年由英国政府在其能源白皮书《我们能源的未

来：创建低碳经济》中首次提出来的。低碳经济鼓励全社会实施节能和提高能效，减少二氧化碳排放，实现社会、经济及生态环境的低碳和谐发展。一经提出，便得到了国际社会的认可与高度重视。

低碳经济，是一种新的经济发展模式。低碳经济这一概念始于气候变化和能源安全的考虑，随着实践的进展，内涵在不断拓展，人们也分别从不同的角度提出对低碳经济的理解。部分学者认为低碳经济是一种以低能耗、低污染、低排放和高效能、高效率、高效益为主要特征，以较少的温室气体排放获得较大产出的新的经济发展模式。也有部分学者认为：低碳经济是指在不影响经济和社会发展的前提下，通过技术创新和制度创新，尽可能最大限度地减少温室气体排放，从而减缓全球气候变化，实现经济和社会的绿色与可持续发展。

发展低碳经济正成为国际社会的大趋势。发展低碳经济不能单纯地以限制高能耗产业的发展来达到减排的目的。对于高能耗的产业可以通过提高产业技术水平，引入先进技术，同样可以达到减排的目的。发展低碳经济是符合当前国际形势的当务之急。许多国家都予以高度重视，投入资金和技术来推动低碳经济的发展。

低碳技术是指在一些涉及高碳排放的工业领域或其他相关经济领域所开发并且使用的新技术，该类新技术的使用会使这些经济领域或工业部门的碳排放量大大降低，甚至降低为零。一般而言，低碳技术包括三个类别：①减碳技术，如现在电力、冶金、化工部门常用的节能减排技术、煤的清洁利用技术等。②无碳技术，指的是一些清洁能源的开发与使用的技术，如：太阳能、风能、核能等新能源和可再生能源。这些能源在使用过程中的碳排放量为零。③去碳技术。目前关键的除碳技术有碳捕获、碳埋存等。

低碳技术是低碳经济发展模式的促进因素，对低碳经济的发展起着关键性的作用。低碳经济发展的国际经验表明：低碳技术的创新和应用是低碳经济发展的核心。本质上，传统经济发展模式之所以能够向低碳经济模式转变，主要是由于低碳技术的创新和广泛应用。

低碳经济作为一种新的经济发展模式，它与我国可持续发展理念和资源节约型、环境友好型社会的要求是一致的，与中国当前大力推行的节能减排和循环经济也有密切联系。中国高度重视低碳发展和低碳社会的建设。中国作为世界上最大的能源生产国和消费国，最大的温室气体排放国，我国政府和社会各界高度重视全球气候变化问题，并为应对气候变化做了大量工作。

低碳经济符合可持续发展的要求，也是国际社会长期发展的趋势，但结合中国发展的实际情况，向低碳经济转型仍然面临着一系列挑战。主要表现在以下几个方面：①发展阶段的限制。中国目前正经历着工业化、城镇化建设快速发展的阶段，人口增长、消费结构升级和城市基础设施建设，使能源需求和温室气体排放不断增长。②发展方式限制。长期以来，中国经济发展呈现粗放式的特点，对能源和资源的依赖程度较高，单位GDP能耗和主要产品能耗均高于主要能源消费国家的平均水平。③资源禀赋限制。中国"富煤贫油少气"的能源资源结构，决定了中国以煤为主的能源生产和消费格局将长期存在。以煤炭为主的能源结构必然会产生较高的排放强度。④贸易结构限制。在国际贸易中，中国出口的商品相当一部分为高能耗、高度依赖于原料加工的劳动密集型和资源密集型商品，并且在新一轮国际产业结构调整过程中，中国承接了相当一部分劳动、资源密集型的高消耗、高污染的产业。中国在成为"世界制造业基地"的同时，也直接或间接地出口了大量能源资源，并付出了巨大的环境代价。⑤技术锁定效应。中国目前正经历着能源基础设施建设的高峰期。能源基础设施所采用的技术、设备一旦投入使用，将对温室气体排放产生长期的影响。而目前在基础设施建设中，应用先进的低碳技术时在资金、政策方面尚缺乏有力的保障。

发展低碳经济，与应对气候变化是相互促进的目标，需要国际社会的合作。发展低碳经济，将促进经济发展，并减少能源的使用和温室气体的排放。应对气候变化的核心，是减少温室气体的排放，其中二氧化碳是主要减排的温室气体。温室气体在大气中存在的周期相当长，再加上它们的跨界外部性的属性，发展低碳经济的目标，不可避免地要与区域和全球控制温室气体排放的国际努力联系在一起，需要国际合作。

8.2 东北亚能源技术合作

东北亚地区包括中国、日本、韩国、朝鲜、蒙古国和俄罗斯的亚洲部分。在这一地区，中、日、韩三国占据了本地区能源（主要指油气资源）需求的绝大部分，分别是世界第一、第三和第六大石油消费国。其中日、韩两国的石油消费几乎百分之百依赖进口，两国还分别是世界第一、二大天然气进口国；中国虽然仍然是世界能源生产大国，但油气资源的对外依赖程度日趋增长；三国的石油进口严重依赖持续动荡的中东地区，而海上石油运输必须途经包括霍尔木兹海峡和马六甲海峡在内的海上风险运输线。东北亚国家，特别是中、日、韩三国在能源安全、能源环境、能源技术等方面存在着广泛的合作空间。

8.2.1　东北亚能源利用现状

中、日、韩三国的一次能源消费量如表8-1和图8-1所示。

表8-1　　　　　　中、日、韩的一次能源消费量　单位：百万吨标准油，Mtoe

年份 国家	2000	2005	2010	2012
中国	1161	1776	2526	2894
日本	519	520	499	452
韩国	188	210	250	263

资料来源：IEA energy Balances of OECD countries 2014 Edition，www. iea. org

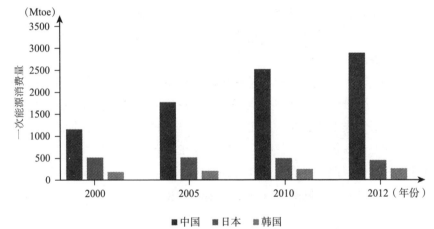

图8-1　中、日、韩的一次能源消费量

从图8-1可以看出，从2000～2012年中国一次能源消费量快速增加，日本稳中有降，而韩国略有增长。从规模上看，中国一次能源消费量与日本相比，一次能源消费量从2倍左右上升到6倍多；与韩国相比，一次能源消费量从6倍左右上升到11倍左右。可见，中国对能源需求的压力较大。

表8-2和图8-2显示了2012年中、日、韩三国的能源消费结构。从图8-2和表8-2可以看出，中、日、韩三国能源结构差别较大。中国一次能源消费以煤为主，煤的消费量占总消费量的68.6%；其次是

油，占总消费量的 16.2%，新能源占 7.5%。而日本的一次能源消费以油为主，油的消费量占总消费量的 46.9%；其次是煤和天然气，它们分别占总消费量的 25% 和 23.4%，新能源占总消费量的 2.3%。韩国的一次能源消费也是以油为主，油的消费量占总消费量的 36.9%；其次是煤和天然气，它们分别占总消费量的 29.3% 和 17.1%，新能源占总消费量的 1.6%。

表 8-2　　　　　　　　　2012 年中日韩一次能源消费量的结构　　　单位：百万吨标准油

种类 ＼ 国家	中国	日本	韩国
煤	1969	112	77.1
油	464	210	97.2
天然气	121	105	45
核能	25.4	4.15	39.2
水能	74.2	6.49	0.341
新能源	216	10.2	4.28

资料来源：国际能源协会，www.iea.org。

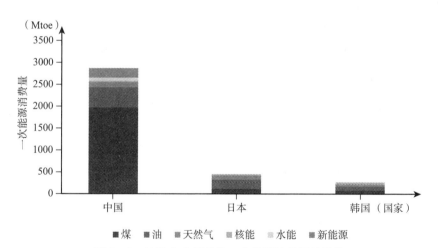

图 8-2　2012 年中日韩的一次能源消费量的结构

表 8-3 和图 8-3 显示了 2012 年中、日、韩三国的电力生产量和结构。从图 8-3 和表 8-3 可以看出，中、日、韩三国电力生产结构差别较大。中国 2012 年煤、油、天然气热发电量占总发电量的比例为 75.9%、0.1% 和 1.7%；日本 2012 年煤、油、天然气热发电量占总发电量的比例

为29.5%、17.6%和38.7%；韩国2012年煤、油、天然气热发电量占总发电量的比例为45%、4%和21.1%。煤电比例中国最大，韩国次之，日本最小。因此，环境污染消减和温室气体减排的压力中国最大。

表8－3 2012年中日韩电力生产量和结构　　　　单位：百万吨标准油

类别\国家	煤	油	天然气	核能	水能	地热、风能等新能源	垃圾发电和可再生能源	总计
中国	3785	6.79	85.7	97.4	863	102	44.7	4985
日本	303	181	397	15.9	75.5	14.4	38.6	1026
韩国	239	21.2	112	150	3.97	2.41	1.66	531

资料来源：国际能源协会，www.iea.org。

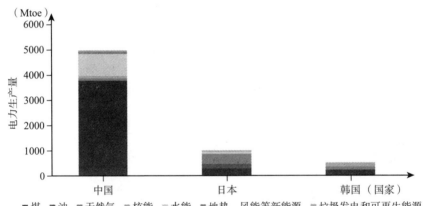

（Mtoe）

电力生产量

■煤 ■油 ■天然气 ■核能 ■水能 ■地热、风能等新能源 ■垃圾发电和可再生能源

图8－3　2012年中日韩电力生产量和结构

表8－4和图8－4显示了不同年份中、日、韩三国的国内生产总值GDP。从图8－4和表8－4可以看出，中、日、韩三国经济都在增长，但中国的经济增长速度大大超过日韩两国。2005年中国的实际GDP小于日本，但2010年就超过了日本。日本和韩国实际GDP增速较小，韩国的经济增长速度略高于日本。

表8－4 中日韩三国实际GDP比较　　　　单位：十亿美元，2010年价格

国家\年份	2000	2005	2010	2012
中国	2189	3486	5931	6978

国家 \ 年份	2000	2005	2010	2012
日本	5093	5405	5495	5550
韩国	710	895	1094	1161

资料来源：国际能源协会，www.iea.org。

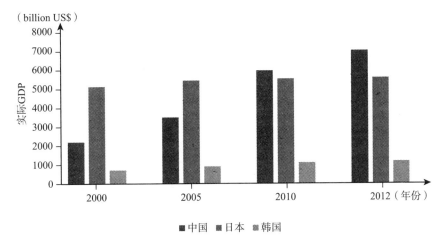

图 8 - 4   中日韩三国的实际 GDP

表 8 - 5 和图 8 - 5 列出了中日韩三国不同年份的单位 GDP 需要的一次能源消费量。从表 8 - 5 和图 8 - 5 可以看出中日韩三国不同年份单位 GDP 的一次能源消费量都在处于下降趋势。中国下降最快，从 2000 年的 531 标准油/百万美元下降到 2012 年的 415 标准油/百万美元，降幅达到 21.8%；而日本从 2000 年的 102 标准油/百万美元下降到 2012 年的 81.5 标准油/百万美元，降幅达到 20.1%；韩国从 2000 年的 265 标准油/百万美元下降到 2012 年的 227 标准油/百万美元，降幅达到 14.3%。从 2012 年横向比较看，中国的单位 GDP 的一次能源消费量为 415 标准油/百万美元，大大高于日本和韩国的 81.5 标准油/百万美元和 227 标准油/百万美元。可见，日本的能源使用效率最高，韩国次之，中国相对较差。这也从另一方面表明中日韩在增加能源合作、提高能源效率领域存在广泛的潜力。

表 8 – 5　　　　　　　　中日韩三国单位 GDP 的一次能源消费量

单位：吨标准油每百万美元，toe/million US\$，2010 年价格

年份 国家	2000	2005	2010	2012
中国	531	509	426	415
日本	102	96.3	90.8	81.5
韩国	265	235	228	227

资料来源：国际能源协会，www.iea.org。

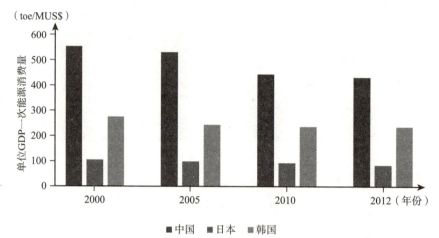

图 8 – 5　中日韩三国单位 GDP 一次能源消费量

8.2.2　东北亚能源供应安全

　　保障区域能源安全是促进经济发展的重要因素。进入 21 世纪以来，东北亚国家都希望开辟新的石油进口通道，保障能源进口供给安全。俄罗斯成为各国考虑的重要和最有潜力的合作伙伴。俄罗斯把中、日、韩作为本地区最主要的能源合作伙伴；中、日、韩三国也希望俄罗斯成为本地区稳定的油气供应源，为在东北亚地区形成一个区域能源合作体系奠定了坚实的合作基础。中、日、韩三国对俄罗斯能源的共同需求为在本地区建立广泛的能源合作关系提供了先决条件。

　　建立东北亚地区能源合作机制符合区域内各国的共同利益。根据国际经验，在能源领域的过度竞争只能造成两败俱伤，最终影响共同发展，而建立区域多边能源合作机制则可以有效维护地区能源安全，使各国受益。另外，环境问题也是东北亚地区各国需要共同面对的问题。东北亚地区与能源相关的环境问题也较突出，如果解决不好，不仅会影响东北亚各国本

身经济的发展，而且各国所面临的国际社会环保压力也将逐渐增大。因此，不论中国、日本还是韩国，都把本国的能源战略放在市场经济和经济全球化的大背景下审视，只有保证能源供应的持续和稳定，共同实施环境友好政策，各国经济才有望获得可持续发展。

目前东北亚各国不但具有建立合作的地缘优势，而且互补优势也非常明显。俄罗斯西伯利亚与远东地区是东北亚地域内主要的能源宝库，可以成为东北亚各国主要能源的供应地；蒙古的煤炭资源具有很大的潜力；日本资金和技术优势明显，战略石油储备体系完善，石油精炼能力较强，特别是在核电、节能、环保、开发新能源等方面，法律完备，技术先进，经验丰富。中国拥有地利以及油气勘探等方面的技术优势，同时也是能源生产大国，而且目前依然是日本、韩国重要的煤炭供应国，同时对先进的新能源和节能技术需求较大。韩国也在节能、市场运作、石油储备等方面具有自己的优势。

8.2.3 东北亚能源环境合作

在东北亚能源合作中，各国如果相互补充，则不仅可以保证油气资源的稳定供给，而且可以在不影响经济发展的同时，减少污染物和温室气体的排放，改善区域环境，减缓全球气候变化。

近年来，东北亚地区经济发展加快，工业化水平逐渐提高，国民生活水平显著改善，工业生产和居民生活活动排出的污染物和温室气体一直呈上升趋势；同时该地区能源结构不尽合理，煤炭所占比例仍很高。而煤炭燃烧是大气中二氧化碳和二氧化硫的主要来源。目前东北亚地区已经成为全球大气污染最严重的地区之一。尤其是许多高人口密度的大城市和重工业地区，污染物浓度已经超过国际卫生组织对颗粒物和二氧化硫的推荐极限值。中国、日本、韩国，是全球较大的污染物和温室气体排放国家。中国问题更为严重，是全球最大温室气体排放国。污染物和温室气体排放，会引起空气质量下降、酸雨频繁发生和全球气候的温室效应，造成严重的环境问题。因此有效地协调能源消费、经济发展和环境保护三者的关系是当前中日韩三国需要共同面临的问题。

表8-6和图8-6显示了中日韩三国不同年份二氧化碳排放。从图表可以看出，中国的二氧化碳排放规模比日本和韩国大得多，2000年中国的二氧化碳排放量是日本的2.7倍、韩国的7.5倍；而到了2012年中国的二氧化碳排放量是日本的7.4倍、韩国的15.7倍。日本的二氧化碳排放略有增长，韩国的二氧化碳量增长速度稍微高于日本，但大大低于中国。

从 2000 年到 2012 年，中国的二氧化碳排放增长了 1.78 倍，日本增长了 0.02 倍，韩国增长了 0.33 倍。

表 8 - 6 　　　　　　中日韩三国不同年份二氧化碳排放比较　　　　　　单位：百万吨

国家 ＼ 年份	2000	2005	2010	2012
中国	3258	5377	7863	9067
日本	1196	1219	1158	1220
韩国	433	452	555	576

资料来源：国际能源协会，www. iea. org。

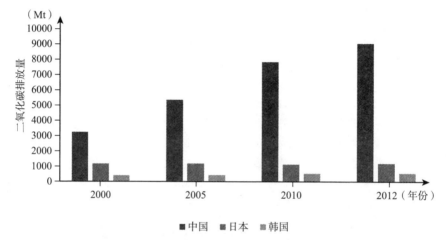

图 8 - 6　中日韩三国不同年份二氧化碳排放量

图 8 - 7 和表 8 - 7 列出了中日韩三国不同年份的单位 GDP 的二氧化碳排放量数据。从图 8 - 7 和表 8 - 7 可以看出，中日韩三国单位 GDP 的二氧化碳排放量中，中国的数值较大，其次是韩国，最小的是日本。以 2012 年数据计，中国的单位 GDP 的二氧化碳排放量为 1299 吨 CO_2/百万美元，是韩国的 2.6 倍、日本的 5.9 倍。中国的单位 GDP 的二氧化碳排放量，从 2000 年到 2005 年处于上升阶段，2005 年后开始下降，但下降的幅度较小。日本和韩国的下降幅度也较小。因此，中日韩在节能和二氧化碳减排方面具有广泛的合作空间和潜力。

表 8-7	中日韩三国单位 GDP 的二氧化碳排放量			单位：吨/百万美元
年份 国家	2000	2005	2010	2012
中国	1488	1542	1326	1299
日本	235	226	211	220
韩国	610	505	508	496

资料来源：国际能源协会，www.iea.org。

8.2.4 东北亚新能源技术合作

由于单纯依靠传统能源并不能促进经济的持续健康发展，中日韩三国开始把目标转向节能和提高能效、发展可再生能源和新能源领域的技术，发展能效和新能源技术合作成为是东北亚地区摆脱能源环境困境的有效途径。

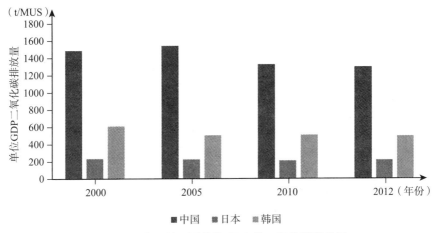

图 8-7 中日韩三国单位 GDP 的二氧化碳排放量

8.2.4.1 中日韩三国新能源技术合作

新能源是指在新技术和新材料的基础上，通过科学系统地利用研发活动而获得的能源，主要指的是常规化石能源之外的可再生能源。主要包括太阳能、风能、水力发电、生物质能、海洋热能、潮汐能等。

由于人们对新能源的重视程度不断加深，东北亚地区的新能源发展渐见成效。新能源技术创新加快，逐渐进入规模化发展阶段，新能源成为东北亚各国实施可持续发展战略的重要支点。东北亚各国也就积极寻求新能源领域的合作。经过合作方的努力，东北亚新能源合作的领域不断拓宽，合作机制不断深化。当然，东北亚地区的新能源合作也存着诸多问题，如在技术转让和知识产权保护方面面临挑战，合作领域还有待拓宽，信任机制还未正式建立等。

（1）中日韩三国新能源开发利用现状

日本对新能源开发一直非常关注。自 20 世纪 80 年代起，日本就开始开发风能发电、太阳能发电、生物质能和废弃物发电等，因此日本的新能源技术大多处于世界最先进水平。按照日本官方的预测，到 2030 年，日本对传统能源的依存度将下降到 40%。

韩国将氢燃料电池、太阳能电池、风能和煤气化联合循环发电列为优先领域，还把生物能、太阳热能、垃圾能、地热能、水力和潮汐能等 6 个新能源或可再生能源列为近期最有商业潜力的重点领域，并提出了相关的研究课题，制定了补贴、优惠贷款、税收优惠等一系列经济激励政策，以促进这些新能源产业的发展。

我国已经基本形成了多元化、立体式的新能源项目投资建设体系。太阳能方面，2013 年太阳能发电装机容量累计达到了 1830 万千瓦，光伏发电呈现爆发式增长趋势。风能发电方面，2010 年新增装机容量 908 万千瓦，累计实现装机 4478.1 万千瓦。同时政府还将新能源产业提升至战略高度加以推动，出台了一系列法规及财税优惠政策，其中，江苏、浙江、宁夏、四川等地方政府纷纷加大了对新能源产业的开发及应用力度，我国新能源产业已经步入高速成长期。

表 8-8 和表 8-9 列出了中日韩三国不同年份末的风电累计装机容量和太阳能光伏发电的容量。从表 8-8 和表 8-9 可以看出，不论是风电累计装机容量还是太阳能光伏发电的装机容量，中国的装机容量增速很快，而且规模大大超过日本和韩国。

表 8-8　　　　　　　　中日韩不同年份末的风电累计装机容量　　　　单位：兆瓦

年份 国家	2000	2005	2010	2013
中国	352	1264	44781	91460
日本	142	1159	2429	2722
韩国	6	89	342	506

资料来源：国际能源协会，www.iea.org。

表 8－9 　　　　　　　中日韩不同年份末太阳能发电的装机容量　　　　　　单位：兆瓦

年份 国家	2000	2005	2010	2013
中国	19	68	800	18300
日本	330	1422	3618	13643
韩国	4	14	650	1467

资料来源：国际能源协会，www.iea.org。

在风电和太阳能光伏发电领域，中国规模已经领先，但技术还存在交流和学习的空间，尤其是与日本在风电和太阳能光伏发电领域的合作，还是很有必要。

（2）中日韩三国新能源合作的有利条件

日本在新能源开发方面经历了较长时间的摸索，相关技术比较成熟，开发成本相对较低，但日本国内市场狭小，自然资源和劳动力短缺。韩国作为新兴工业化国家拥有雄厚的资金和先进的技术，但同样面临国内市场狭小、劳动力和资源短缺等问题。中国经济高速发展，资源和劳动力较丰富且市场容量很大，但缺乏技术以及资金。三国这种经济上的互补性从根本上为新能源技术合作和技术转移创造了有利的条件。

以风能为例，相对于光伏发电以及核电，风力发电是最具商业化发展前景以及规模化开发优势的新型能源，并被看作是当今能源市场上最具潜力的能源项目，具有显著的环保效益和综合效益。无论是日本还是韩国都将风能作为政府推行新能源开发计划的主要项目。因此，在风能发电技术方面，中国作为全球风力发电增长最快的市场，势必能够在与日韩的技术合作中发挥自身优势，实现共赢。

8.2.4.2 　中日韩能效技术合作

中日韩三国中，日本在节能和提高能源效率方面具有较大的优势，韩国比中国稍微有些优势，但不是特别显著。中国工业化起步较晚，而且一次能源以煤炭为主，在中日韩三国中能效处于劣势。但中国能效水平提高很快，而且节能和提高能效的市场规模很大。因此，中日韩在能效技术领域仍有较大的合作潜力，技术合作和技术转移具有很大的空间。

我国能源结构以煤炭为主，导致能源利用率较低，经济效率较差。就目前的能源技术而言，煤炭的能源利用率非常低，在我国像钢铁、水泥、发电等行业，使用的一次能源主要是煤炭。所以我国这些行业的产品缺乏竞争力，行业的发展对环境的危害极为严重。下面的图表是我国能源效率与日本能源效率的比较。

表 8 - 10 和图 8 - 8 显示了中日不同年份火电厂供电煤耗。从表 8 - 10 和图 8 - 8 可以看出，2000 年中日火电厂供电煤耗差距较大，随着我国经济的发展和技术的进步，火电厂供电煤耗快速下降；而日本的火电厂供电煤耗也在下降，技术也在进步。不过，中日之间火电厂供电煤耗的差距在快速缩小。2013 年中国火电厂供电煤耗为 321gce/kWh，日本的火电厂供电煤耗为 302gce/kWh。尽管中日之间的火电厂供电煤耗已经差距不大，但与日本相比仍存在差距，而且由于中国火电市场的规模巨大，因此中日在火力发电行业的技术合作产生的节能量将是巨大的，减少的二氧化碳排放量也将是非常可观的。

表 8 - 10　　　　　　　　　中日不同年份火电厂供电煤耗比较　　单位：克标准煤/千瓦时

年份 国家	2000	2005	2010	2013
中国	392	370	333	321
日本	316	314	306	302

资料来源：中国能源统计年鉴 2017，中国统计出版社。

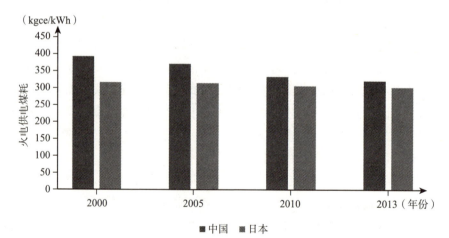

图 8 - 8　中日不同年份火电厂供电煤耗

表 8 - 11 和图 8 - 9 显示了中日不同年份钢可比能耗。从表 8 - 11 和图 8 - 9 可以看出，2000 年中日两国的钢可比能耗差距较大，随着我国经济的发展和技术的进步，钢可比能耗快速下降；而日本的钢可比能耗也在下降，技术也在进步。不过，中日之间在钢可比能耗的差距在快速缩小。

2013 年中国钢可比能耗为 662kgce/t，日本的钢可比能耗为 610kgce/t。尽管中日之间在钢可比能耗方面已经差距较小，但与日本相比仍存在差距，而且由于中国钢铁生产规模巨大，因此中日在钢铁行业的技术合作产生的节能量和减少的二氧化碳排放量将是巨大的。

表 8 - 11 　　　　　　　中日不同年份的钢可比能耗比较　　　　　　单位：克标准煤/吨

年份 国家	2000	2005	2010	2013
中国	784	732	681	662
日本	646	640	612	608

资料来源：中国能源统计年鉴 2017，中国统计出版社。

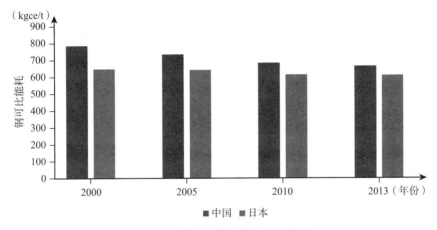

图 8 - 9　中日不同年份钢可比能耗

表 8 - 12 和图 8 - 10 显示了中日不同年份水泥综合能耗。从表 8 - 12 和图 8 - 10 可以看出，2000 年中日两国的水泥综合能耗差距较大，分别为 172 千克标准煤/吨和 126 千克标准煤/吨。随着我国经济的发展和技术的进步，水泥综合能耗快速下降；而日本的水泥综合能耗也在下降，技术也在进步。不过，中日之间在水泥综合能耗的差距在快速缩小。2013 年中国水泥综合能耗为 125 千克标准煤/吨，日本的水泥综合能耗为 119 千克标准煤/吨。尽管中日之间在水泥综合能耗方面已经差距较小，但与日本相比仍存在差距，而且由于中国水泥建材的生产规模巨大，因此中日在建材行业的技术合作产生的节能量和减少的二氧化碳排放量也将是非常可观的。

年份 国家	2000	2005	2010	2013
中国	172	149	143	139
日本	126	127	130	126

表 8 - 12 中日不同年份的水泥综合能耗比较　　单位：千克标准煤/吨

资料来源：中国能源统计年鉴 2017，中国统计出版社。

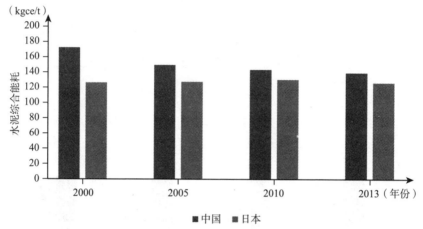

图 8 - 10 中日不同年份的水泥综合能耗

从前面中国和日本在火力发电供电煤耗、钢可比能耗、水泥综合能耗的比较可以看出，中国和日本在节能和提高能源效率领域的技术合作存在着广泛的空间。

在东北亚国家之间，特别是中日韩三国之间的能源技术合作，将有助于中国能源技术的发展，有利于提高能源效率和二氧化碳减排。为了探讨东北亚能源合作对中国经济和二氧化碳减排的影响，本章将在已有研究的基础上（LU Chuanyi，2009），采用自主构建的中国动态递归可计算一般均衡模型，模拟东北亚能源生产技术、应用技术转移对中国经济和二氧化碳排放的影响。

8.3　能源技术合作效益的 CGE 模拟

8.3.1　CGE 模型和数据

本章基于中国 2012 年的投入产出表，构建了一个 12 部门的递推动态可计算一般均衡模型，名称为 TECGE。TECGE 模型包括 4 个行为主体，即家庭、企业、政府和国外；两种生产要素即劳动和资本。将经济系统划分为 12 个部门，即农业、重工业、轻工业、建筑业、交通运输业、商业、其他服务业、化工、煤、油、气和电力。包括 8 个模块，即生产模块、价格模块、收入模块、消费和储蓄模块、投资和资本积累模块、贸易模块、环境模块和市场均衡模块。

TECGE 模型中生产函数大都采用固定替代弹性生产函数（CES 函数），而非能源中间投入品的合成函数采用列昂惕夫（Leontief）生产函数。在中间投入中，煤炭、石油、天然气与电力之间有替代性，它们组成能源组合。资本、能源之间也有替代性，共同组成资本—能源组合。能源—资本与劳动之间也有替代性，共同组成能源—资本—劳动组合。其他非能源中间投入彼此之间没有替代性，它们与资本—劳动—能源组合形成总产出。如图 8-11 所示。

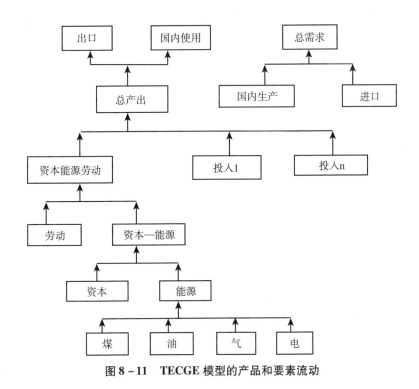

图 8-11 TECGE 模型的产品和要素流动

假设所有生产者是同质的，各经济部门不同生产者的技术水平是同步的，家庭是由为数众多的同质的消费者组成。生产者以利润最大化、消费者以效用最大化为决策目标。市场是完全竞争的，生产者和消费者在决策时，把价格作为外生变量。在任何一年，各部门资本存量是固定的，不能在部门间流动；在年与年之间，各部门资本通过投资和折旧而增减。在任何时候，劳动力可以在部门间流动。TECGE 模型中，大部分商品都存在着国内外进出口贸易。采用"小国假设"来刻画与国外间的贸易，假定国际市场价格外生设定。国外进口品与国内生产产品具有不完全替代性，存在着产品的差异。采用阿明顿（Armington）假设来描述进口商品与国内产品之间的不完全替代关系，通过 CES 函数描述最终消费在最小成本下的优化，即进口品与国内产品通过 CES 组合为总消费品。国内企业生产，根据收入最大化原则，按常转换弹性（CET）函数在出口与国内市场间分配。产品流动如图 8 – 11 所示。

在收入模块，劳动收入用工资率与就业量表示。资本收入定义为总产出中的增加值减去劳动收入和折旧后的余额。企业收入定义为资本总收入加上折旧、政府转移支付和国外获得的收益。家庭收入来源于劳动收入、企业转移支付、政府转移支付、国外捐赠及汇入。家庭收入扣除个人所得税后的余额为家庭可支配收入。政府收入来源于企业间接税、家庭和企业的收入所得税、关税、国外净借款。

家庭消费用线性消费函数（LES）表示，并通过一个转换矩阵转换为最终消费需求。家庭储蓄定义为家庭可支配收入乘以边际储蓄倾向。政府消费需求用政府总消费与固定的部门产品消费份额表示。政府储蓄为政府收入减去政府消费、企业补贴、居民补贴后的剩余额。企业储蓄为企业收入扣除企业税收、企业转移后的剩余额。总储蓄由家庭储蓄、企业储蓄、政府储蓄和国外净储蓄组成。

投资分为固定资产投资与库存增加。库存增加用外生的库存增加系数与产出的乘积表示。总的固定资产投资等于总投资减去库存增加后的余额。假设部门的固定资产投资占总固定资产投资中一定的份额，部门投资份额参考部门的资本收入在总资本收入中的份额，并根据一定的投资惯性比例系数设置和分配。对投资品的需求定义为部门实际投资与资本构成系数的乘积。固定资产折旧用各部门相应的折旧率换算得到。环境模块中，二氧化碳排放量为不同能源品种的总需求量与排放系数、转换系数、固碳率的乘积之和。市场均衡模块包括商品市场均衡、劳动市场均衡、资本市场均衡、国内外进出口贸易均衡和储蓄投资均衡。

TECGE 模型采用中国 2012 年投入产出表，对数据进行归并。将 139 个产品部门归并为 12 个部门。编制 2012 年 12 部门社会核算矩阵，所要求的数据，大多数可以从《2012 年中国投入产出表》和 2013 年《中国统计年鉴》获得，少数数据来自其他参考文献。编制后的社会核算矩阵如表 8 - 13 所示。

表 8 - 13　　　　　　　　中国 2012 年社会核算矩阵　　　　　　　单位：百亿元

支出账户 \ 收入账户	活动	商品	增加值	家庭	企业	政府	资本账户	世界其他	总收入
活动		16016.27							16016.27
商品	10648.27			1985.37	0.00	731.82	2483.90	1394.47	17243.83
增加值	4631.94								4631.94
家庭			3681.64						3681.64
企业			950.30						950.30
政府	736.06	27.84		210.57	139.55				1114.02
资本账户				1485.70	810.76	382.20	0.00	-194.76	2483.90
世界其他		1199.72							1199.72
总支出	16016.27	17243.83	4631.94	3681.64	950.30	1114.02	2483.90	1199.72	

资料来源：2012 年中国投入产出表和中国统计年鉴 2013 等数据。

在 TECGE 模型中，除了社会核算矩阵得到的数据外，还需要一些参数。有些参数可根据时序数据和有关的经验数据模拟后外生地给定，如居民的边际储蓄倾向、政府消费的增长率、政府收入转移支付给居民的比例、技术进步率等。有些参数是由作者根据经验或有关参考文献设置，如生产函数中的资本与劳动的替代弹性、进口品与国内产品的替代弹性、出口与国内销售的转换弹性。还有些参数需要校准，如 CES 生产函数中的转移参数和份额参数、阿明顿函数中的转移参数和份额参数、出口需求函数中的转移参数和份额参数等。

TECGE 模型在具体应用和模拟前，需要对模型进行检验。模型通过了有效性和一致性检验，均达到了所要求的结果，可以作为有效的模拟工具。

8.3.2　模拟方案选择

为了模拟东北亚能源技术合作对我国宏观经济、产业结构的影响和效果，如对二氧化碳排放、单位 GDP 排放量的影响，以及合作的总收益等，下面采用构建的 12 部门递推动态 CGE 模型，分析不同能源生产技术、能源使用技术合作的影响。因为比较静态 CGE 模型，描述的是有一外生的因素冲击经济系统后所达到的新的一般均衡结果，不能描述经济系统从受到冲击到新的一般均衡状态的过程。所以，递推动态 CGE 模型可以描述在未来一系列独立时间期限内（如一年），能源技术进步的一般均衡效果。

本书首先以经济系统中各个部门能源应用技术的效率系数作为冲击变量，模拟能源应用技术的效率系数增加不同比例时对中国经济系统的冲击和影响，包括对宏观经济变量和部门经济变量的影响。此时，其他技术进步参数保持不变，只有各个部门以能源作为中间投入的过程中，合成能源的效率系数增加，称为能源应用技术转移方案。接着，以四个能源部门生产函数的全要素生产率参数作为经济系统的冲击变量，模拟四个能源部门生产函数的全要素生产率变化对中国经济的影响。此时，其他经济部门的全要素生产率变化保持不变，仅四个能源部门的全要素生产率增加不同比例，称为能源生产技术转移方案。模型采用新古典闭合原则，假定经济中劳动充分就业，总投资由储蓄内生决定。

不同方案下情景设定如表 8 - 14 所示。首先设定基准情景，即没有考虑东北亚技术转移情况下，中国经济系统运行的状态。再设定比较情景。考虑到目前市场上中日韩能源生产和应用效率上的差距，因此，设置 5 个比较情景，经济中合成能源的效率系数或能源部门生产函数的全要素生产率增加 10%、20%、30%、40% 和 50%。总之，能源应用和生产的效率系数为冲击变量，不同情景下效率系数变化不同。

表 8 - 14   CGE 模拟中的情景设置

情景 \ 方案	应用技术转移方案	生产技术转移方案
基准情景	没有考虑东北亚技术转移时中国经济运行状态	
情景 1	合成能源的效率系数增加 10%	能源生产效率提高 10%
情景 2	合成能源的效率系数增加 20%	能源生产效率提高 20%
情景 3	合成能源的效率系数增加 30%	能源生产效率提高 30%
情景 4	合成能源的效率系数增加 40%	能源生产效率提高 40%
情景 5	合成能源的效率系数增加 50%	能源生产效率提高 50%

资料来源：课题组根据研究目标设置。

8.4 模拟结果分析

8.4.1 能源应用技术转移情景

首先考察东北亚能源合作中发生能源应用技术的转移时，能源的使用效率、国民生产总值（GDP）和二氧化碳排放的变化情况。表 8 - 15 列出了发生能源应用技术转移，能源技术进步参数变化不同比例时，一些宏观参数的变化。从表 8 - 15 可以看出，随着能源应用技术转移发生，各个经济部门能源使用效率提高，生产过程中相应的能源投入需求减少，二氧化碳排放减少，国民生产总值增加，相应的能源强度（单位国民生产总值所需要投入的能源价值）降低。当能源应用技术进步参数从 100% 变化到 150% 时，国民生产总值从 100% 上升到 102.96%；而相应的二氧化碳排放量减少了 31.11%，能源强度减少了 33.20%。

表 8 - 15　　　　　　　　能源应用技术转移时宏观变量的变化　　　　　单位：%

宏观变量 \ 能源技术参数增加比例	0	10	20	30	40	50
国民生产总值	0.00	0.83	1.50	2.07	2.55	2.96
二氧化碳排放量	0.00	−8.74	−15.86	−21.80	−26.81	−31.11
能源强度	0.00	−9.50	−17.13	−23.42	−28.70	−33.20

资料来源：模型模拟结果。

图 8 - 12 显示了国民生产总值（GDP）、能源排放强度和二氧化碳排放量的变化趋势。随着能源使用效率的提高，GDP 会上升，能源强度和二氧化碳排放会逐渐下降。由于能源强度下降，单位 GDP 的能源成本下降，产业部门的获利性增加、利润率上升，导致部门产出量增加，从而又引起二氧化碳排放量增加。所以技术进步引起的二氧化碳排放量下降的幅度小于能源强度下降的幅度。

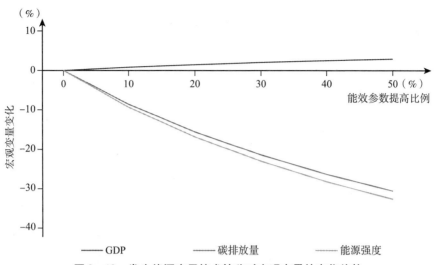

图 8-12 发生能源应用技术转移时宏观变量的变化趋势

东北亚能源合作中发生能源应用技术转移时，能源应用技术进步参数发生变化，相应的能源投入需求减少，整个经济的能源需求也会减少。表 8-16 和表 8-17 列出了不同能源的中间需求和总需求的变化。

表 8-16 　　　　　能源应用技术转移时不同能源的中间需求变化 　　　　单位：%

能源＼能源参数增加比例	0	10	20	30	40	50
煤	0.00	-8.90	-16.22	-22.35	-27.55	-32.03
油	0.00	-9.96	-17.93	-24.45	-29.90	-34.52
气	0.00	-11.57	-20.65	-27.92	-33.93	-38.94
电	0.00	-6.86	-12.67	-17.66	-22.02	-25.86

资料来源：模型模拟结果。

从表 8-16 可以看出，随着能源使用效率的提高，不同能源的中间需求量和总需求量都会逐渐降低。在中间需求中，需求量下降的快慢顺序依次是天然气、石油、煤炭和电力。这主要由我国的能源结构、不同能源的替代弹性决定的。我国以煤炭为主的能源结构，决定了不同种类能源的替代弹性的差别。图 8-13 显示了能源应用技术进步时能源中间需求的变化趋势。

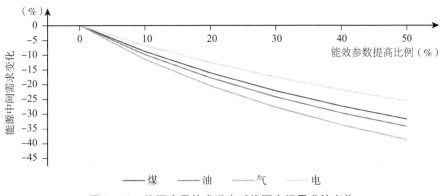

图 8 - 13 能源应用技术进步时能源中间需求的变化

表 8 - 17 显示了能源应用技术转移时不同能源总需求的变化。随着能源使用效率的提高，不同能源的总需求量都会逐渐降低。在不同种类能源的总需求中，需求量下降的快慢顺序依次是石油、天然气或煤炭、电力。这主要因为不同种类能源的总需求包括生产的中间需求和消费需求，而生产中能源使用效率的提高，中间需求下降，但是终端消费的能源使用效率并没有变化，所以不同种类能源的总需求的变化率低于中间需求的变化率。图 8 - 14 显示了能源总需求的变化趋势。

表 8 - 17   能源应用技术转移时不同能源总需求的变化   单位：%

能源 \ 能效参数增加比例	0	10	20	30	40	50
煤	0.00	- 8.43	- 15.35	- 21.14	- 26.06	- 30.30
油	0.00	- 9.78	- 17.59	- 23.99	- 29.34	- 33.88
气	0.00	- 8.77	- 15.63	- 21.17	- 25.70	- 29.51
电	0.00	- 5.95	- 10.99	- 15.33	- 19.11	- 22.43

资料来源：模型模拟结果。

随着各个经济部门能源使用效率的提高，能源投入量相应减少，中间投入的成本下降，部门增加值会相应增加，获利能力达到提高。表 8 - 18 列出了整个经济各个部门增加值的变化情况。从表 8 - 18 可以看出，随着能源应用技术转移，各个经济部门能源使用效率提高，各个部门增加值的比例相应提高。在整个经济 12 个部门中，石油部门获利能力增加最快，其后依次是天然气部门、电力、化工、交通、煤炭等部门，获利能力变化

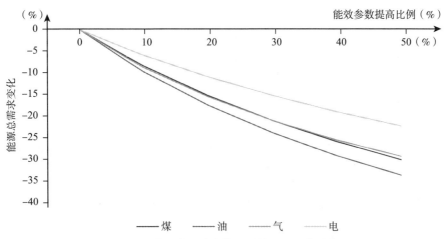

（%）

能效参数提高比例（%）

能源总需求变化

—— 煤　　—— 油　　—— 气　　—— 电

图 8 - 14　能源应用技术转移时能源总需求的变化

较小的是农业、其他服务业。这主要因为油气部门是能源生产部门，同时在生产过程中也是能源消费较大的部门，能源使用效率的提高，直接导致生产成本的下降。而农业和其他服务业，在生产过程中能源消费量较少，能源使用效率的提高对经济效率的影响不是很明显。图 8 - 15 显示了各个经济部门的增加值变化趋势。

表 8 - 18　　　　　能源应用效率提高导致各部门增加值的变化　　　　　单位：%

能效参数提高比例 部门	100	110	120	130	140	150
农业	0.00	0.40	0.78	1.15	1.45	1.79
重工业	0.00	2.20	2.98	3.18	3.86	4.55
轻工业	0.00	2.16	3.26	3.56	4.26	4.76
建筑业	0.00	1.55	2.00	2.90	3.80	4.55
交通运输业	0.00	2.17	4.35	5.35	6.52	6.92
商业	0.00	0.68	1.40	1.98	2.58	3.03
其他服务业	0.00	0.48	1.00	1.45	1.80	1.92
化工	0.00	3.00	7.00	9.52	10.50	11.00
煤	0.00	1.92	4.05	4.85	5.77	6.12
油	0.00	11.11	22.22	29.63	37.04	44.44
气	0.00	7.38	12.50	18.75	23.00	28.13
电力	0.00	5.00	8.50	11.00	13.00	15.00

资料来源：模型模拟结果。

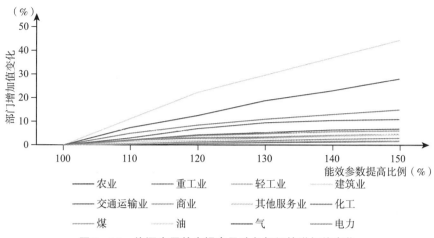

图 8－15　能源应用效率提高导致各部门的增加值变化

综上所述，东北亚各国，特别是中日韩之间在能源使用技术上的合作和技术转移，可以产生巨大的经济效益和环境效益，具有巨大的吸引力。从各个产业发生转移后获利能力的提高上看，石油、天然气、电力、化工、交通、煤炭等部门具有较大的获利潜力，可供合作双方分享。而由于能源效率的提高导致局部污染排放的减少，可以大大改善东北亚区域环境；也引起二氧化碳排放量的减少，可以供合作双方分享二氧化碳减排量配额。

8.4.2　能源生产技术的转移

下面讨论能源生产技术的转移情况。能源生产技术的转移，将提高能源生产部门的生产效率，减少中间投入和能源的使用，减少二氧化碳的排放，并提高能源部门的产出和经济效益。表 8－19 列出了能源生产技术转移时宏观变量的变化。

表 8－19　　　　　　　　能源生产技术转移时宏观变量的变化　　　　　　　单位：%

能源技术参数增加比例 宏观变量	0	10	20	30	40	50
GDP	0.00	0.39	0.70	0.95	1.16	1.35
碳排放量	0.00	－4.13	－7.43	－10.14	－12.40	－14.31
能源强度	0.00	－3.79	－6.75	－9.14	－11.11	－12.76

资料来源：模型模拟结果。

从表 8 – 19 可以看出，随着能源生产技术转移，宏观经济和环境变量也随之发生变化。当能源生产技术进步参数从 100% 提高到 150% 时，国民生产总值（GDP）增加 1.35%，能源强度下降 12.76%，而二氧化碳排放量下降 14.31%。图 8 – 16 显示了能源生产技术转移时宏观变量的变化趋势。

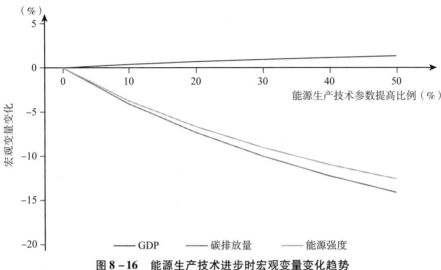

图 8 – 16　能源生产技术进步时宏观变量变化趋势

随着能源部门生产技术的转移，能源部门的生产能力提高，所需要的能源中间投入减少，能源部门获利能力增加。整个经济对于能源作为中间投入的需求减少，对能源的总需求也下降。但由于不同种类能源的性质不同，中间需求和总需求下降的幅度不同。在中间需求和总需求中，需求下降的顺序依次是：天然气、石油、煤炭和电力。总需求下降的幅度略低于中间需求。这主要因为技术进步发生在能源生产部门，能源的终端消费技术没有变化。表 8 – 20 和表 8 – 21 列出了能源生产技术转移引起的不同能源中间需求和总需求的变化。图 8 – 17 和图 8 – 18 显示了能源生产技术转移引起的不同能源中间需求和总需求的变化趋势。

表 8 – 20　　　　能源生产技术转移引起的能源中间需求的变化　　　　单位：%

能源 \ 能源技术参数增加比例	0	10	20	30	40	50
煤	0.00	– 4.20	– 7.59	– 10.38	– 12.73	– 14.72
油	0.00	– 4.65	– 8.29	– 11.22	– 13.64	– 15.67

能源 \ 能源技术参数增加比例	0	10	20	30	40	50
气	0.00	−6.63	−11.80	−15.93	−19.31	−22.18
电	0.00	−1.12	−1.99	−2.69	−3.26	−3.73

资料来源：模型模拟结果。

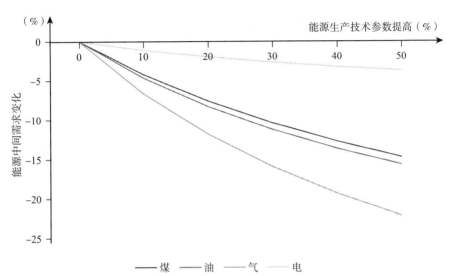

图8−17　能源生产技术转移引起不同能源中间需求变化趋势

表8−21　　　　　能源生产技术转移引起能源总需求的变化　　　　单位：%

能源 \ 能源技术参数增加比例	0	10	20	30	40	50
煤	0.00	−3.98	−7.18	−9.82	−12.04	−13.93
油	0.00	−4.56	−8.13	−11.02	−13.39	−15.38
气	0.00	−5.00	−8.90	−12.04	−14.62	−16.78
电	0.00	−0.97	−1.73	−2.33	−2.83	−3.23

资料来源：模型模拟结果。

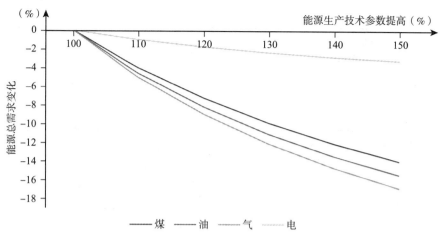

图 8 – 18　能源生产技术转移引起不同能源总需求变化趋势

　　下面讨论能源生产技术转移的部门效益和经济竞争力的变化。从技术转移的性质来看，技术转移是企业行为，是双方企业的一种经济合作。因此要使合作成功，技术转移顺利实施，合作必须能够产生合作双方能够接受的收益。表 8 – 22 列出了能源生产技术转移后能源部门增加值的变化情况。从表 8 – 22 可以看出，随着能源生产技术的转移，能源生产效率大大提高，中间投入量减少，成本大大下降，增加值提高。当能源生产函数中技术进步参数从 100% 提高到 150% 时，煤炭部门的增加值水平提高11.54%，石油部门的增加值水平提高 48.15%，天然气部门的增加值水平提高 31.25%，电力部门的增加值水平提高 17.50%。可见，石油和天然气部门增值空间很大，具有较大的技术转移合作潜力。四个能源部门的增值空间都较大，具有较大的合作潜力。图 8 – 19 显示了能源生产技术转移后能源部门增加值的变化趋势。

表 8 – 22　　　　　　能源生产技术转移后能源部门增加值的变化　　　　　单位：%

能源 \ 能源技术参数增加比例	0	10	20	30	40	50
煤	0.00	3.85	5.77	7.69	9.62	11.54
油	0.00	14.81	22.22	33.33	40.74	48.15
气	0.00	9.38	15.63	21.88	25.00	31.25
电	0.00	5.00	7.50	12.50	15.00	17.50

资料来源：模型模拟结果。

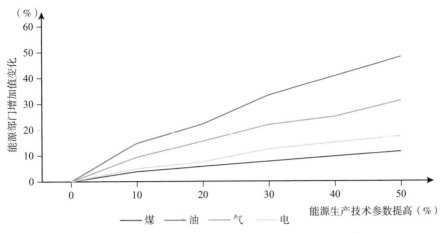

图 8 – 19   能源生产技术转移后能源部门增加值的变化趋势

综上所述，东北亚国家间，特别是中、日、韩之间在能源领域具有较大的互补性。在能源部门生产技术上的转移，可以提高能源生产部门的生产效率，减少中间投入和中间能源的使用，减少二氧化碳的排放，并提高能源部门的经济效益。能源生产技术的转移，不仅为合作双方企业提供了较大的利润空间，推动企业的合作，而且减少区域环境污染和全球温室气体的排放量，具有正的外部性。

8.5   研究结论和建议

低碳经济，是一种新的经济发展模式，是一种以低能耗、低污染、低排放和高效能、高效率、高效益为主要特征，以较少的温室气体排放量获得较大经济产出量的经济发展模式。中国高度重视低碳发展和低碳社会的建设，高度重视全球气候变化问题，并为应对气候变化做了大量工作。但中国目前向低碳经济转型仍面临着一系列挑战，包括发展阶段、发展方式、资源禀赋、贸易结构和技术锁定效应。要应对这些挑战，主要的突破口是技术创新和技术扩散。

东北亚地区包括中、日、韩、朝、蒙古和俄罗斯的亚洲部分。东北亚各国不但具有建立合作的地缘优势而且互补优势也非常明显。在东北亚能源合作中，各国如果相互补充，则不仅可以保证油气资源的稳定供给，而且可以在不影响经济发展的同时，减少污染物和温室气体的排放，改善区域环境，减缓全球气候变化。中国与日本和韩国之间在能源生产和应用领

· 193 ·

域具有广泛的合作空间，特别是在新能源发展、节能和提高能源效率领域的技术合作潜力巨大。

为了探讨东北亚能源合作对合作双方、区域环境和全球环境的影响，本章采用了自主构建的中国动态递归可计算一般均衡模型，模拟东北亚能源应用技术、能源生产技术转移对中国经济、二氧化碳排放、能源需求的影响和对部门增值能力的影响。

首先以经济系统中各个部门能源应用技术的效率系数作为冲击变量，模拟能源应用技术效率增加不同比例时对中国经济系统的效益和影响。模拟结果显示，随着能源应用技术转移，二氧化碳排放量将减少，国民生产总值增加，能源强度降低。不同能源的中间需求量和总需求量都会降低。在中间需求中，需求量下降的快慢顺序依次是天然气、石油、煤炭和电力。各个经济部门能源使用效率提高，各个部门增加值相应提高。在整个经济 12 个部门中，石油部门增值能力增加最快，其后依次是天然气部门、电力、化工、交通、煤炭等部门，增值能力变化较小的是农业、其他服务业。

当能源应用效率从 100% 变化到 150% 时，国民生产总值从 100% 上升到 102.96%；而二氧化碳排放量下降了 31.11%，能源强度下降了 33.20%。煤炭、石油、天然气和电力的中间需求分别下降了 32.03%、34.52%、38.94% 和 25.86%，总需求分别下降了 30.3%、33.88%、29.51% 和 22.43%。经济系统各个部门增值能力大大增强，特别是能源、化工部门。当能源应用技术进步参数提高到 150% 时，石油、天然气、电力、化工部门增值能力分别提高了 44.44%、28.13%、15% 和 11%。

接着，以四个能源部门生产函数的全要素生产率作为经济系统的冲击变量，模拟能源生产技术转移对中国宏观经济和环境变量的影响。当能源生产技术进步参数从 100% 提高到 150% 时，国民生产总值（GDP）增加了 1.35%，能源强度下降了 12.76%，而二氧化碳排放量下降了 14.31%。随着能源生产技术的转移，能源部门增值能力将提高，能源中间需求量将减少，对能源的总需求量也将下降。在中间需求和总需求中，需求下降的顺序依次是：天然气、石油、煤炭和电力。能源总需求下降的比例分别为 16.78%、15.38%、13.93% 和 3.23%。随着能源生产技术的转移，能源生产效率大大提高，中间投入量减少，增加值提高。当能源生产函数中技术进步参数从 100% 提高到 150% 时，煤炭、石油、天然气和电力部门的增值水平分别提高了 11.54%、48.15%、31.25% 和 17.50%。

可见，东北亚国家之间，特别是中、日、韩之间在能源领域具有较大的互补性。在能源生产领域和使用领域的技术转移具有巨大的潜力，不仅可为合作方提供了较大的利润空间，而且可减少了区域环境污染和全球温室气体的排放，具有正的外部性。

基于本章的定性和量化分析，我们发现东北亚国家，特别是中日韩三国能源合作的空间很大，能源技术合作潜力巨大。社会各界应积极创造条件，加强能源领域的合作和技术交流，促进技术转移，以达到合作共赢共享的格局。

第9章　风电投资对经济增长的
拉动作用研究

风电投资不仅将增大清洁能源风电的比例，改善能源结构，减少二氧化碳排放，有利于能源安全，而且将增大对其他产业生产的商品需求，对经济增长具有拉动作用。本章将在介绍国内外风电发展形势的基础上，提出对未来 10 年风电的预测情景，并将构建一个包括风电部门在内的国民经济多部门动态可计算一般均衡模型，运用模型就风电投资对增长的拉动作用、对宏观经济和部门的影响进行定量分析。

9.1　风电在全球的发展

随着世界各国对能源安全、生态环境、气候变化等问题日益重视，加快发展风电已成为国际社会推动能源转型发展、应对全球气候变化的普遍共识和一致行动。

风电已在全球范围内实现规模化应用。风电作为应用最广泛和发展最快的新能源发电技术，已在全球范围内实现大规模的开发应用。到 2015 年年底，全球风电累计装机容量达 4.32 亿千瓦，遍布 100 多个国家和地区。"十二五"时期，全球风电装机新增 2.37 亿千瓦，年均增长 17%，是装机容量增幅最大的新能源发电技术。表 9-1 列出了 2001~2016 年全球新增风电装机容量和累计风电装机容量，以及新增风电装机容量增长率。图 9-1 显示了 2001~2016 年全球新增风电装机容量和累计风电装机容量。

从表 9-1 可以看出，全球风电产业在快速发展，新增装机容量逐渐增大，只是在 2013 年和 2016 年，新增装机容量与上年相比有所下降，但新增装机容量还是较大的，累计装机容量也在快速提高。

表 9－1		2001～2016 年全球风电装机容量和增长率	
项目 年份	全球累计风电 装机容量（MW）	全球新增风电 装机容量（MW）	全球新增风电装机 容量增长率（%）
2001	23900	6500	72.87
2002	31100	7270	11.85
2003	39431	8133	11.87
2004	47620	8207	0.91
2005	59091	11531	40.50
2006	73957	14703	27.51
2007	93924	20310	38.14
2008	120696	26850	32.20
2009	159052	38475	43.30
2010	197956	39062	1.53
2011	238110	40635	4.03
2012	282850	45030	10.82
2013	318697	36023	－20.00
2014	369862	51675	43.45
2015	432680	63633	23.14
2016	486790	54642	－14.13

资料来源：全球风能理事会，The Global Wind Energy Council（GWEC），www.gwec.net。

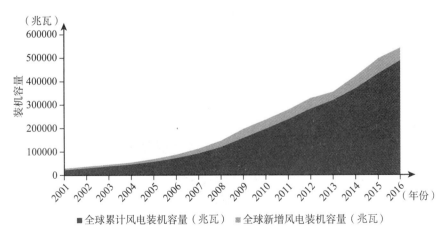

图 9－1　全球风电装机容量的增长形势

风电已成为部分国家新增电力供应的重要组成部分。2000 年以来风电装机占欧洲新增电力装机的 30%，2007 年以来风电占美国新增装机的 33%。2015 年，风电在丹麦、西班牙和德国用电量中的占比分别达到 42%、19% 和 13%。表 9 - 2 和图 9 - 2 显示了 2016 年全球各国风电新增装机容量处于前十名的国家及其新增装机容量占全球的比例。

表 9 - 2　　　　　　2016 年全球风电新增装机容量处于前十名的国家

项目　　　　国家或地区	2016 年新增装机容量（兆瓦）	百分比（%）
中国	23370	42.8
美国	8203	15.0
德国	5443	10.0
印度	3612	6.6
巴西	2014	3.7
法国	1561	2.9
土耳其	1387	2.5
荷兰	887	1.6
英国	736	1.3
加拿大	702	1.3
全球前十合计	47915	87.7
全球其他	6727	12.3
全球总计	54642	100.0

资料来源：全球风能理事会，The Global Wind Energy Council（GWEC），www.gwec.net。

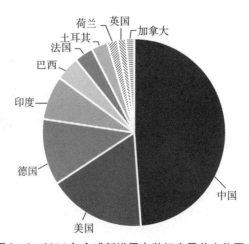

图 9 - 2　2016 年全球新增风电装机容量前十位国家

从表 9 - 2 和图 9 - 2 可以看出，中国的风电发展迅速，2016 年的新增装机容量达到 23370MW，占全球新增装机的 42.8%，接近一半的水平。而美国和德国紧随其后，新增装机容量占全球新增装机的比例分别为 15% 和 10%，其他国家新增装机容量占全球新增装机的比例均小于 10%。

表 9 - 3 和图 9 - 3 显示了 2016 年全球各国风电累计装机容量处于前十名的国家及其累计装机容量占全球的比例。从表 9 - 3 和图 9 - 3 可以看出，中国的风电发展迅速，2016 年的累计装机容量达到 168732MW，占全球累计装机容量的 34.7%。而美国和德国紧随其后，累计风电装机容量占全球累计装机的比例分别为 16.9% 和 10.3%，其他国家累计装机容量占全球累计装机的比例均小于 10%。

表 9 - 3 全球风电累计装机容量前十位国家

项目 国家或地区	2016 年年底累计装机容量（兆瓦）	百分比（%）
中国	168732	34.7
美国	82184	16.9
德国	50018	10.3
印度	28700	5.9
西班牙	23074	4.7
英国	14543	3.0
法国	12066	2.5
加拿大	11900	2.4
巴西	10740	2.2
意大利	9257	1.9
全球前十合计	411214	84.5
全球其他	75576	15.5
全球总计	486790	100.0

资料来源：全球风能理事会，The Global Wind Energy Council（GWEC），www. gwec. net。

2016 年的风电市场由中国、美国、德国和印度引领，法国、土耳其和荷兰等国的表现也较好。尽管在年新增装机水平上，2016 年未能超过 2015 年，但仍然达到了一个较满意的水平。根据全球风能理事会发布的

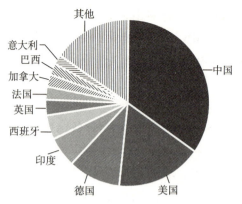

图 9 – 3　2016 年年底全球累计风电装机容量前十位国家

《全球风电发展年报》显示，2016 年全球风电新增装机容量 54600 兆瓦，同比下降 14.2%。到 2016 年年底，全球风电累计装机容量达到 486749 兆瓦，累计同比增长 12.5%。按照 2016 年年底的风电累计装机容量计算，全球前五大风电市场依次为中国、美国、德国、印度和西班牙。

随着全球发展可再生能源的共识不断增强，风电在未来能源电力系统中将发挥越来越重要的作用。美国提出到 2030 年 20% 的用电量由风电供应，丹麦、德国等国把开发风电作为实现 2050 年高比例可再生能源发展目标的关键措施。

风电开发利用的经济性显著提升。随着全球范围内风电开发利用技术不断进步、应用规模持续扩大，风电开发利用成本在过去五年下降了约 30%。巴西、南非、埃及等国家的风电招标电价已低于当地传统化石能源上网电价，美国风电的长期协议价格已下降到化石能源电价同等水平，风电开始逐步显现出较强的经济性。

9.2　风电在中国的发展

9.2.1　我国风能资源概况

我国幅员辽阔、海岸线长，陆地面积约为 960 万平方千米，海岸线（包括岛屿）达 3.2 万千米，拥有丰富的风能资源，并具有巨大的风能发展潜力。根据中国气象局 2014 年公布的最新评估结果，我国陆地 70 米高度、风功率密度达到 150 瓦/平方米以上的风能资源，技术可开发量为 72

亿千瓦；风功率密度达到 200 瓦/平方米以上的风能资源，技术可开发量为 50 亿千瓦。80 米高度、风功率密度达到 150 瓦/平方米以上的风能资源，技术可开发量为 102 亿千瓦；达到 200 瓦/平方米以上的风能资源，技术可开发量为 75 亿千瓦。

我国的风能资源分布广泛，其中风能资源较为丰富的地区主要包括东南沿海及附近岛屿以及北部（东北、华北、西北）地区，内陆也有个别地区风能资源丰富。此外，近海风能资源也非常丰富。

9.2.2 我国风能发展形势

我国风电场建设始于 20 世纪 80 年代，在其后的十余年中，经历了初期示范阶段和产业化初步建立阶段，装机容量平稳、缓慢增长。自 2003 年起，随着国家发改委首期风电特许权项目的招标，风电场建设进入规模化及国产化阶段，装机容量增长迅速。特别是从 2006 年开始，连续四年装机容量翻番，形成了爆发式的增长。近年来我国风电的快速发展，得益于明确的规划和不断更新升级的发展目标，使得地方政府、电网企业、运营企业和制造企业坚定了对风电发展的信心，并且有了一个努力的方向和目标。风电的快速发展，也促使规划目标不断地修正和完善。在 2003 年召开的全国大型风电场建设前期工作会议上，国家发改委部署开展全国大型风电场建设前期工作，要求各地开展风能资源详查、风电场规划选址和大型风电场预可行性研究工作。通过此项工作，各省（自治区、直辖市）基本摸清了风能资源储量，结合风电场选址，提出了各自的规划目标，为风电的快速发展打下了良好的基础。

目前，我国已经成为全球风力发电规模最大、增长最快的市场。根据全球风能理事会（Global Wind Energy Council）统计数据，全球风电累计装机容量从截至 2001 年 12 月 31 日的 23900 兆瓦增至截至 2016 年 12 月 31 日的 486790 兆瓦，年均增长率为 22.25%，而同期我国风电累计装机容量的年均增长率为 49.53%，增长率位居全球第一。2016 年，我国新增风电装机容量 23370 兆瓦，占当年全球新增装机容量的 42.8%，位居全球第一。

"十二五"期间，全国风电装机规模快速增长，开发布局不断优化，技术水平显著提升，政策体系逐步完善，风电已经从补充能源进入到替代能源的发展阶段。

风电成为我国新增电力装机的重要组成部分。"十二五"期间，我国风电新增装机容量连续五年领跑全球，累计新增10063万千瓦，占同期全国新增装机总量的18%，在电源结构中的比重逐年提高，中东部和南方地区的风电开发建设取得积极成效。到2015年年底，全国风电并网装机达到1.29亿千瓦，年发电量1863亿千瓦时，占全国总发电量的3.3%，比2010年提高2.1个百分点。风电已成为我国继煤电、水电之后的第三大电源。我国近几年风电装机容量如表9-4和图9-4所示。

表9-4　　　　　　　　　我国近年来风电装机容量　　　　　　单位：万千瓦

项目 年份	全国风电新增装机容量	全国风电累计装机容量
2011	1763	6236
2012	1296	7532
2013	1609	9141
2014	2320	11461
2015	3075	14536
2016	2337	16873

资料来源：全球风能理事会，The Global Wind Energy Council（GWEC），www. gwec. net。

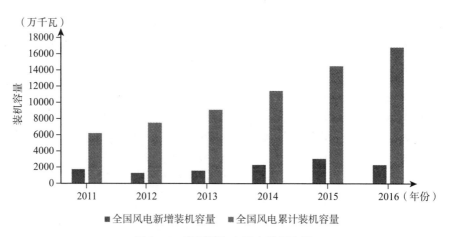

图9-4　我国近年来风电装机容量

表9-5和图9-5显示了我国风电装机新增并网容量和累计并网容量。从图9-5可以看出，我国风力发电并网能力在大大增强，有助于替代化石能源发电，改善环境，减少环境污染和二氧化碳排放。

项目 年份	新增并网容量	累积并网容量
2011	1677	4784
2012	1482	6266
2013	1449	7716
2014	1981	9637
2015	3297	12900
2016	1930	14900

资料来源：中国可再生能源学会风能专业委员会（CWEA）

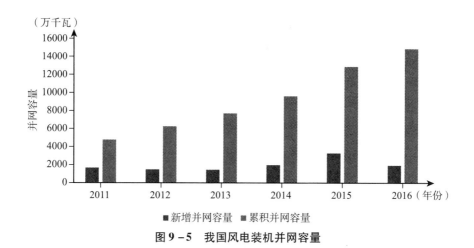

图 9 - 5   我国风电装机并网容量

表 9 - 6 列出了我国 2011 ~ 2015 年期间风电上网电量、风电上网电量占总发电量的比例，以及各年完成的风电投资额。从表 9 - 6 可以发现，我国风电上网电量增长迅速，占总发电量的比例在逐年上升，在 2015 年已经达到 3.32%。风电投资额也在增加，有些波动，但总的趋势是上升的。

表 9 - 6   我国风电上网电量和风电投资

项目 年份	我国总发电量 （亿千瓦时）	风电上网电量 （亿千瓦时）	风电上网电量 占比（%）	风电投资完成额 （亿元）
2011	47001	800	1.70	890
2012	49378	1008	2.04	607

项目 年份	我国总发电量 （亿千瓦时）	风电上网电量 （亿千瓦时）	风电上网电量 占比（%）	风电投资完成额 （亿元）
2013	53976	1349	2.50	631
2014	56496	1534	2.71	993
2015	56184	1863	3.32	1159

资料来源：中国可再生能源学会风能专业委员会（CWEA）

　　我国风电产业技术水平在显著提升。风电全产业链基本实现国产化，产业集中度不断提高，多家企业跻身全球前10名。风电设备的技术水平和可靠性在不断提高，基本达到世界先进水平，在满足国内市场需求的同时还出口到28个国家和地区。风电机组高海拔、低温、冰冻等特殊环境的适应性和并网友好性显著提升，低风速风电开发的技术经济性明显增强，全国风电技术可开发资源量也大幅增加。

　　我国风电行业的管理和政策体系在逐步完善。"十二五"期间，我国基本建立了较为完善的促进风电产业发展的行业管理和政策体系，出台了风电项目开发、建设、并网、运行管理及信息监管等各关键环节的管理规定和技术要求，简化了风电开发建设管理流程，完善了风电技术标准体系，开展了风电设备整机及关键零部件型式认证，建立了风电产业信息监测和评价体系，基本形成了规范、公平、完善的风电行业政策环境，保障了风电产业的持续健康发展。

　　为实现2020年和2030年非化石能源占一次能源消费比重15%和20%的目标，促进能源转型，我国必须加快推动风电等可再生能源产业发展。

　　国家能源局2016年11月发布了《我国风电发展"十三五"规划》，"十三五"风电规划的总量目标：到2020年底，风电累计并网装机容量确保达到2.1亿千瓦以上，其中海上风电并网装机容量达到0.05亿千瓦以上；风电年发电量确保达到4200亿千瓦时，约占全国总发电量的6%。

　　"十三五"期间，我国正按照"统筹规划、集散并举、陆海齐进、有效利用"的原则，严格开发建设与市场消纳相统筹，着力推进风电的就地开发和高效利用，积极支持中东部分散风能资源的开发，在消纳市场、送出条件有保障的前提下，有序推进大型风电基地建设，积极稳妥开展海上风电开发建设，完善产业服务体系。按照"十三五"风电发展规划，到2020年年底，全国风电并网装机确保达到2.1亿千瓦以上，主要举措包括：

　　（1）加快开发中东部和南方地区风电。到2020年，中东部和南方地区陆上风电装机规模将达到 0.7 亿千瓦，江苏省、河南省、湖北省、湖南省、四川省、贵州省等地区风电装机规模均将达到 0.05 亿千瓦以上。

（2）有序建设"三北"大型风电基地。在解决现有弃风问题的基础上，结合电力供需变化趋势，逐步扩大"三北"地区风电开发规模，推动"三北"地区风电规模化开发和高效利用。到 2020 年，"三北"地区风电装机规模将确保 1.35 亿千瓦以上，其中本地消纳新增规模约 0.35 亿千瓦。另外，利用跨省跨区通道消纳风电容量将达到 0.4 亿千瓦。

（3）积极稳妥推进海上风电开发。到 2020 年，海上风电开工建设将达到 0.1 亿千瓦，确保建成 0.05 亿千瓦。

（4）切实提高风电消纳能力。到 2020 年，水电新增装机约 0.6 亿千瓦，新增投资约 5000 亿元，新增风电装机约 0.8 亿千瓦，新增投资约 7000 亿元。

风电资源的开发利用，可替代大量化石能源消耗，减少温室气体和污染物排放，显著增加新的就业岗位，对环境和社会发展起到重要且积极作用。根据规划实施效果的测算研究结果，"十三五"期间，风电新增装机容量将达到 0.8 亿千瓦以上，其中海上风电新增容量 0.04 亿千瓦以上。按照陆上风电投资 7800 元/千瓦、海上风电投资 16000 元/千瓦测算，"十三五"期间风电建设总投资将达到 7000 亿元以上。风电建设的投资具有较好的环境社会效益。（1）2020 年，全国风电年发电量将达到 4200 亿千瓦时，约占全国总发电量的 6%，为实现非化石能源占一次能源消费比重达到 15% 的目标提供重要支撑。（2）按 2020 年风电发电量测算，相当于每年节约 1.5 亿吨标准煤，减少排放二氧化碳 3.8 亿吨、二氧化硫 130 万吨、氮氧化物 110 万吨，对减轻大气污染和控制温室气体排放起到重要作用。（3）"十三五"期间，风电带动相关产业发展的能力显著增强，就业规模不断增加，新增就业人数 30 万人左右。到 2020 年，风电产业从业人数将达到 80 万人左右。可见，风电投资不仅增大清洁能源比例，改善能源结构，减少二氧化碳排放，有利于能源安全，而且增大对其他产业的产品需要，对经济增长具有拉动作用。

9.3　TECGE 模型

可计算的一般均衡（Computable General Equilibrium，CGE）模型，是一种重要的政策经济分析的工具。经过 50 多年的发展，已在世界各地得到了广泛的应用，并逐渐发展成为应用经济学的一个重要分支领域。约翰森（Johansen）1960年提出了世界上第一个CGE模型。20世纪70年代以来，世界经济面临能源价格或国际货币系统的变化、实际工资率的迅速提高、环境污染、国际贸易等较大的冲击，同时计算机和软件技术的发展和提高，人们运用CGE模型研究政策效果的兴趣大大提高。目前可计算一般均衡模型在发达国家与发展中国家都被广泛应用于税收、贸易、环境保护、收入分配与发展策略等问题的分析之中。

运用可计算一般均衡模型研究可再生能源投资对宏观经济的影响，国外研究主要集中在欧洲一些国家；国内运用CGE模型研究可再生能源投资的经济影响，在公开的文献上较少。德阿底斯·坎科斯和汉斯·克瑞莫斯（d'Artis Kancs and Hans Kremers）运用CGE模型考察波兰生物能源部门，对可再生能源政策的经济影响进行了定量评价。阿瑞阿纳和罗伯·德林科（Adriana M. Ignaciuk and Rob B. Dellink，2006）运用CGE模型考察了波兰农林副产品生物质发电的潜力。德阿底斯·坎科斯和诺伯特·沃尔格莫斯（d'Artis Kancs and Norbert Wohlgemuth，2008）运用CGE模型定量分析和评价了波兰可再生能源政策。本惕纳和桑佳（Bettina Kretschmer and Sonja Peterson，2008）对将生物能源引入CGE模型的研究进行了综述。齐天宇（Tianyu Qi，2013）运用CGE模型研究了中国可再生能源的发展对能源和排放的影响。戴翰程（Hancheng Dai，2016）运用CGE模型研究了中国大规模的可再生能源发展的经济影响。

本章的研究将构建一个包括风电部门的可计算一般均衡模型，运用模型就风电投资对中国经济增长的拉动作用、对宏观经济和产业部门的影响进行定量分析。

9.3.1 模型设置

TECGE模型是自主构建的一个中国的递推动态CGE模型。模型包括4个行为主体，即家庭、企业、政府和国外；两种生产要素即劳动和资本。将整个宏观经济系统划分为12个产业部门，即农业、重工业、轻工业、建筑业、交通运输业、商业、其他服务业、煤、油、气、其他电力和风电。包括8个模块，即生产模块、价格模块、收入模块、消费和储蓄模块、投资和资本积累模块、贸易模块、环境模块和市场均衡模块。

TECGE模型中生产函数大都采用CES函数，而非能源中间投入品的合成函数采用列昂惕夫（Leontief）生产函数。在中间投入中，煤炭、石油、天然气、其他电力和风电之间有替代性，它们组成能源组合。资本、能源之间也有替代性，共同组成资本—能源组合。能源—资本与劳动之间也有替代性，共同组成能源—资本—劳动组合。其他非能源中间投入彼此之间没有替代性，它们与资本—劳动—能源组合形成总产出。如图 9-6 所示。总产出有两个去向，一部分用于出口，另一部分用于国内生产和消费使用。满足国内消费总需求也有两个供给来源，一个就是国内生产的产品，另一个来源就是进口。

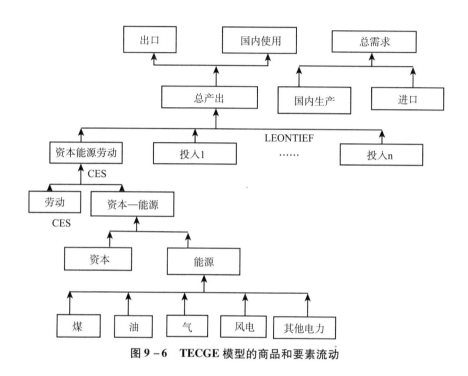

图 9-6　TECGE 模型的商品和要素流动

　　假设所有生产者是同质的，各经济部门不同生产者的技术水平是同步的，家庭是由为数众多的同质的消费者组成。生产者以利润最大化、消费者以效用最大化为决策目标。市场是完全竞争的，生产者和消费者在决策时，把价格作为外生变量。

　　TECGE 模型中，大部分商品都存在着国内外进出口贸易。采用"小国假设"来刻画与国外间的贸易，假定国际市场价格外生设定。国外进口品与国内生产的产品具有不完全替代性，存在着产品的差异。采用阿明顿（Armington）假设来描述进口商品与国内产品之间的不完全替代关系，通过 CES 函数描述最终消费在最小成本下的优化，即进口品与国内产品通过 CES 组合为总消费品。国内企业生产，根据收入最大化原则，按常转换弹性（CET）函数在出口与国内市场间分配。产品流动如图 9-6

所示。

在收入模块，劳动收入用工资率与就业量表示。资本收入定义为总产出中的增加值减去劳动收入和折旧后的余额。企业收入定义为资本总收入加上折旧和政府转移支付。家庭收入来源于劳动收入、企业转移支付、政府转移支付、国外捐赠及汇入。家庭收入扣除个人所得税后为家庭可支配收入。政府收入来源于企业间接税、家庭和企业的收入所得税、国外净借款。

家庭消费用线性消费函数（LES）表示，并通过一个转换矩阵转换为最终消费需求。家庭储蓄定义为家庭可支配收入乘以边际储蓄倾向。政府消费需求用政府总消费与固定的部门产品消费份额乘积表示。政府储蓄为政府收入减去政府消费、企业补贴、居民补贴后的剩余额。企业储蓄为企业收入扣除企业税收、企业转移后的剩余额。总储蓄由家庭储蓄、企业储蓄、政府储蓄和国外净储蓄组成。

模型采用新古典闭合原则，假定经济中劳动充分就业，总投资由储蓄内生决定。在任何一年，各部门资本存量是固定的，不能在部门间流动；在年与年之间，各部门资本通过投资和折旧而增减。在任何时候，劳动力可以在部门间流动。投资分为固定资产投资与库存增加。库存增加用外生的库存增加系数与产出的乘积表示。总的固定资产投资等于总投资减去库存增加后的余额。假设部门的固定资产投资占总固定资产投资中一定的份额，部门投资份额参考部门的资本收入在总资本收入中的份额，并结合经济系统的投资惯性参数设置。对投资品的需求定义为部门实际投资与资本构成系数的乘积。固定资产折旧用各部门相应的折旧率换算得到。环境模块中，二氧化碳排放量为不同能源品种的总需求量与排放系数、转换系数、固碳率等要素的乘积之和。

市场均衡模块包括商品市场均衡、劳动市场均衡、资本市场均衡、国内外进出口贸易均衡和储蓄投资均衡。

9.3.2 模型数据

TECGE 模型基于中国 2012 年投入产出表，对数据进行归并。将 139 个产品部门归并为 12 个部门。编制 2012 年 12 部门社会核算矩阵，所要求的数据，大多数可以从《2012 年中国投入产出表》和 2013 年《中国统计年鉴》获得，少数数据来自其他参考文献和统计资料。编制的 2012 年中国社会核算矩阵如表 9-7 所示。

表 9 - 7　　　　　　　　　　2012 年中国社会核算矩阵　　　　　　单位：百亿元

收入账户 ＼ 支出账户	活动	商品	增加值	家庭	企业	政府	资本账户	世界其他	总收入
活动		16016. 27							16016. 27
商品	10648. 27			1985. 37	0. 00	731. 82	2483. 90	1394. 47	17243. 83
增加值	4631. 94								4631. 94
家庭			3681. 64						3681. 64
企业			950. 30						950. 30
政府	736. 06	27. 84		210. 57	139. 55				1114. 02
资本账户				1485. 70	810. 76	382. 20	0. 00	- 194. 76	2483. 90
世界其他		1199. 72							1199. 72
总支出	16016. 27	17243. 83	4631. 94	3681. 64	950. 30	1114. 02	2483. 90	1199. 72	

在 TECGE 模型中，除了社会核算矩阵得到的数据外，还需要一些参数。有些参数可根据时序数据和有关的经验数据模拟后外生地给定，如居民的边际储蓄倾向、政府消费的增长率、政府收入转移支付给居民的比例、技术进步率等。有些参数是由作者根据经验或有关参考文献设置，如生产函数中的资本与劳动的替代弹性、进口品与国内产品的替代弹性、出口与国内销售的转换弹性。还有些参数需要校准，如 CES 生产函数中的转移参数和份额参数、阿明顿函数中的转移参数和份额参数、出口需求函数中的转移参数和份额参数等。

TECGE 模型在具体应用和模拟前，需要对模型进行检验。模型通过了有效性和一致性检验，均达到了所要求的结果，可以作为有效的模拟工具。

9.4　模　型　模　拟

9.4.1　情景设置

我国近几年来，风电发展速度迅速。《2017 年中国风力发电行业现状及未来发展趋势分析》（中国产业信息网，2017/08/08）显示，从 2012 年到 2016 年，风电累计装机容量从 7532 万千瓦增长到 16873 万千瓦，新增装机容量从 1296 万千瓦增长到 2337 万千瓦，产值从 828 亿元增长到 1949 亿元。2015 年，我国风电发电累计装机容量达到 14536 万千瓦，产值将达到 1679 亿元。按照《中国风电发展路线图 2050》（国家发展和改革委员会能源研究所可再生能源中心发布，2014 年），2020年，我国风电发电累计装机容量将达到 2 亿千瓦；2030 年我国风电发电装机容量达到 4 亿千瓦；2050 年，我国风电发电装机容量达到 10 亿千瓦，满足国内 17% 的电力需求。

为了模拟我国风电投资对经济增长的拉动效果，采用构建的 12 部门递推动态 CGE 模型，分析增加风电投资对经济增长和产业部门的影响。

首先进行比较静态分析。静态 CGE 模型，描述的是有一个外生的因素冲击经济系统时，经济系统在价格和市场的作用下重新达到新的一般均衡结果。本研究以各年份风电投资为外生变量，考察风电投资对经济系统的影响，也就是对经济的拉动作用，对部门产出和消费的影响。

接着进行动态情景分析。对于不同年份风电投资的经济影响，我们采用递推动态 CGE 模型，即在不同年份之间，各部门资本通过投资和折旧而增减，同时整个宏观经济的增长路径按照最优增长路径设置。递推动态 CGE 模型可以描述在未来一系列独立时间期限内（如一年），增加风电投资的一般均衡效果，并可描述增加风电投资所产生的长期影响。在动态设置中，风电投资额外生给定，经济中其他部门的投资额参考各个部门经济收益在总经济收益中的比例系数、结合经济系统的投资惯性等因素配置。

比较静态分析中的情景设置如表 9－8 所示。首先设定基准情景，即没有额外增加风电投资的政策情况下，中国经济系统运行的状态。再设定比较情景。考虑到 2012 年到 2016 年风电投资的实际状况，设置 4 个比较情景，即经济中风电部门的投资是基准情景下投资的 5 倍、10 倍、15 倍和 20 倍。总之，风电部门的投资为冲击变量，不同情景下风电部门的投资不同。

表 9－8 比较静态分析中的情景设置

情景 \ 方案说明	情景方案含义
基准情景	没有额外增加的风电投资，中国经济系统正常运行
情景 1	风电投资是基准情景下的 5 倍，其他部门的投资类似基准情景的分配
情景 2	风电投资是基准情景下的 10 倍，其他部门的投资类似基准情景的分配
情景 3	风电投资是基准情景下的 15 倍，其他部门的投资类似基准情景的分配
情景 4	风电投资是基准情景下的 20 倍，其他部门的投资类似基准情景的分配

资料来源：课题组根据研究目标设置。

长期基准情景的数据设置如表 9 - 9 所示。从 2012 年到 2050 年期间，2012~2016 年的经济增长数据来自统计资料，2017~2050 年的数据，根据有关资料和文献，按照对经济增长的预测得出。

表 9 - 9　　　　　　　　　长期基准情景的参数设置

项目 年份	人口（亿人）	GDP（万亿元）	经济增长率（%）
2005	13.08	18.73	
2006	13.14	21.94	
2007	13.21	27.02	
2008	13.28	31.95	
2009	13.35	34.91	
2010	13.60	48.93	
2015	14.00	68.91	
2020	14.40	95.30	6.70
2030	14.70	158.22	5.20
2040	14.70	245.71	4.50
2050	14.60	350.10	3.60

资料来源：根据历年统计年鉴数据和课题组的预测设置。

长期模拟情景的设置如下：

基准情景：经济按照新古典经济中的最优增长路径发展；各个部门的投资按照最优增长的投资分配。

比较情景：经济中风电部门的投资按照可再生能源管理部门的投资规划，即 2050 年，我国风电发电装机容量达到 10 亿千瓦；其他部门的投资按照经济最优增长率增长。

9.4.2　模拟结果分析

通过比较静态分析的方法，运用构建的 CGE 模型，模拟了风电部门的投资对 GDP 等宏观经济变量的影响。由于 2012 年到 2016 年，我国风电部门发展非常迅速，在模拟中假定在风电部门的投资规模，与 2012 年基年的部门投资相比，分别是 2012 年投资的 1 倍、5 倍、10 倍、15 倍、20 倍等不同倍数。模拟结果如表 9 - 10 和图 9 - 7 所示。

表 9 - 10 风电部门投资的宏观经济影响 单位：%

情景 / 宏观变量	基准情景	情景1	情景2	情景3	情景4
GDP	0.0000	0.0085	0.0190	0.0295	0.0400
碳排放量	0.0000	0.0186	0.0417	0.0649	0.0867
物价指数	0.0000	0.0000	0.0000	0.0000	0.0000
居民消费	0.0000	0.0000	0.0000	0.0000	0.0000
政府消费	0.0000	0.0000	0.0000	0.0000	0.0000
固定资产投资	0.0000	0.0487	0.1095	0.1703	0.2311
存货增加	0.0000	0.0126	0.0283	0.0445	0.0587
进口	0.0000	0.0631	0.1426	0.2229	0.3013
出口	0.0000	0.0067	0.0150	0.0233	0.0299
总供给	0.0000	0.0170	0.0382	0.0594	0.0797
总需求	0.0000	0.0115	0.0259	0.0403	0.0538

资料来源：模型模拟结果。

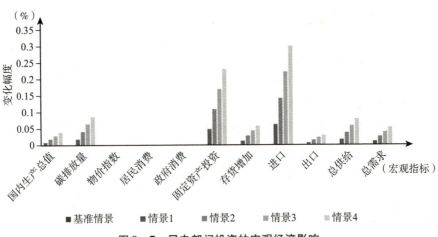

图 9 - 7 风电部门投资的宏观经济影响

从图 9 - 7 和表 9 - 10 可以看出，风电部门投资增加对宏观经济的影响相对较小。当投资增大 20 倍时，对国内生产总值的影响在 0.04%，即增加 0.04 个百分点。这是与我国可再生能源行业较小、风电部门生产总值更小的现实是相符的。当投资增大 20 倍时，碳排放量增加 0.0867%，这是与现实相符的。增加投资，需要增加设备制造部门的生产，需要交通、建筑部门的服务，因此投资建设过程中，碳排放量是增加的，但建成后，由于风电是清洁能源，有利于减少碳排放量。由于风电部门小，增大投资对物价指数、居民消费、政府消费几乎没有影响。风电部门投资对固定资产投资、进口的影响相对较大，分别增长0.2311%和0.3013%。因为突然增加的投资需求，导致整个经济的固定资产投资增加，进口增加。由于风电投资对经济的促进作用，存货变化、进口、出口、总供给和总需求都在增长。

从风电部门投资的增长率来看，随着投资比例的增加，各个宏观经济变量也在相应增加。由于风电是一个较小的部门，整个经济系统具有平滑作用，各个宏观经济变量的变化并不是完全成正比例变化，但趋近于正比例变化。

风电部门投资的增长对进口的影响见图9-8和表9-11。从图9-8和表9-11可以看出，随着风电部门投资的增长，重工业部门、建筑部门、商业部门的进口增加相对较大，尤其是商业部门进口增长比例很大。这是与风电部门的投资需求增大有关。要完成增加的投资，需要购买设备、建设风电场，特别是目前我国风电设备生产技术尚不完全成熟，部分核心设备需要进口。同时，交通、其他服务业、煤、油、气的进口也有所增加，而轻工业的进口相对下降，这可能是重工业部门、建筑部门、商业部门的进口增加的挤出效应所致。

表9-11　　　　　　　　　风电部门投资对进口的影响　　　　　　　　单位：%

情景 部门	基准情景	情景1	情景2	情景3	情景4
农业	0.000	0.000	0.000	0.000	0.000
重工业	0.000	0.026	0.058	0.090	0.126
轻工业	0.000	0.000	-0.001	-0.002	-0.002
建筑	0.000	0.045	0.103	0.162	0.220
交通	0.000	0.009	0.021	0.033	0.045
商业	0.000	3.286	7.448	11.668	15.491
其他服务业	0.000	0.002	0.005	0.007	0.010
煤炭	0.000	0.021	0.042	0.062	0.088
石油	0.000	0.018	0.040	0.062	0.082
天然气	0.000	0.016	0.037	0.058	0.078
其他电力	0.000	0.015	0.036	0.055	0.074
风电	0.000	0.000	0.000	0.000	0.000

资料来源：模型模拟结果。

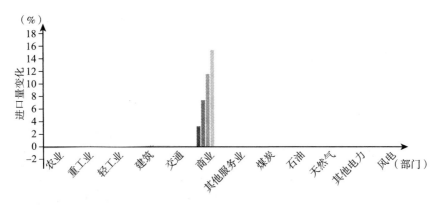

■基准情景 ■情景1 ■情景2 ■情景3 ■情景4

图9-8 风电部门投资对进口的影响

　　风电部门投资的增长对出口的影响见图9-9和表9-12。从图9-9和表9-12可以看出，随着风电部门投资的增长，重工业部门、建筑部门、煤炭部门的出口增加相对较大，建筑部门出口增长比例较大。比较建筑部门的进口增长，几乎是接近相同的比例，可见，风电部门投资的增长引起建筑部门进出口的活跃。重工业部门和煤炭部门，进口和出口都在增长，但重工业部门出口增长速度小于进口增长速度，而煤炭部门出口增长速度大于进口增长速度。这是与中国的贸易现实相符合的。由于风电部门的投资需求增大，商业和轻工业出口下降，交通、其他服务业、煤、油等部门的出口也有所增加。

表9-12　　　　　　　　　　风电部门投资对出口的影响　　　　　　　　　　单位：%

部门 ＼ 情景	基准情景	情景1	情景2	情景3	情景4
农业	0.000	0.000	0.000	0.000	0.000
重工业	0.000	0.026	0.058	0.090	0.116
轻工业	0.000	-0.001	-0.001	-0.002	-0.002
建筑	0.000	0.047	0.106	0.164	0.222
交通	0.000	0.009	0.021	0.033	0.045
商业	0.000	-0.144	-0.325	-0.505	-0.665
其他服务业	0.000	0.002	0.005	0.007	0.010
煤炭	0.000	0.025	0.051	0.076	0.102
石油	0.000	0.022	0.044	0.066	0.088

情景 部门	基准情景	情景 1	情景 2	情景 3	情景 4
天然气	0.000	0.029	0.044	0.058	0.087
其他电力	0.000	0.000	0.000	0.000	0.000
风电	0.000	0.000	0.000	0.000	0.000

资料来源：模型模拟结果。

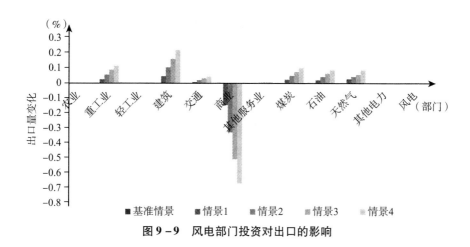

图 9-9　风电部门投资对出口的影响

风电部门投资的增长对经济系统总供给的影响见图 9-10 和表 9-13。从图 9-10 和表 9-13 可以看出，随着风电部门投资的增长，经济系统总供给会相应变化。轻工业和商业部门，总供给在下降，这可能与部门产出和进口下降有关。而其他部门，总供给在提高，特别是重工业部门和建筑部门。而其他部门，增长速度相对较小。

表 9-13　　　　　　　　风电部门投资增长对经济总供给的影响　　　　　　　单位：%

情景 部分	基准情景	情景 1	情景 2	情景 3	情景 4
农业	0.000	0.000	0.000	0.000	0.000
重工业	0.000	0.026	0.058	0.090	0.118
轻工业	0.000	-0.001	-0.001	-0.002	-0.002
建筑	0.000	0.047	0.105	0.164	0.222
交通	0.000	0.009	0.021	0.033	0.045
商业	0.000	-0.067	-0.151	-0.235	-0.309

情景 部分	基准情景	情景1	情景2	情景3	情景4
其他服务业	0.000	0.002	0.005	0.007	0.010
煤炭	0.000	0.019	0.042	0.065	0.087
石油	0.000	0.018	0.040	0.062	0.083
天然气	0.000	0.017	0.038	0.058	0.078
其他电力	0.000	0.016	0.035	0.055	0.074
风电	0.000	0.014	0.028	0.056	0.070

资料来源：模型模拟结果。

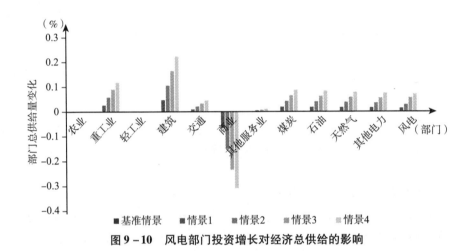

图 9-10　风电部门投资增长对经济总供给的影响

　　风电部门投资的增长对经济系统总需求的影响见图 9-11 和表 9-14。从图 9-11 和表 9-14 可以看出，随着风电部门投资的增长，经济系统总需求也会相应发生变化。轻工业总需求略有下降，其他部门总需求都在提高，特别是建筑部门和重工业部门。而除了轻工业、重工业和建筑三个部门，其他部门的产品总需求增长速度相对较小。

表 9-14　　　　　　　　风电部门投资增长对经济总需求的影响　　　　　　　　单位：%

情景 部门	基准情景	情景1	情景2	情景3	情景4
农业	0.000	0.000	0.000	0.000	0.000
重工业	0.000	0.026	0.058	0.090	0.119

部门 \ 情景	基准情景	情景 1	情景 2	情景 3	情景 4
轻工业	0.000	− 0.001	− 0.001	− 0.002	− 0.002
建筑	0.000	0.047	0.105	0.164	0.222
交通	0.000	0.009	0.021	0.033	0.045
商业	0.000	0.008	0.019	0.029	0.039
其他服务业	0.000	0.002	0.005	0.007	0.010
煤炭	0.000	0.019	0.042	0.065	0.087
石油	0.000	0.018	0.040	0.062	0.083
天然气	0.000	0.017	0.038	0.058	0.078
其他电力	0.000	0.016	0.035	0.055	0.074
风电	0.000	0.013	0.027	0.054	0.067

资料来源：模型模拟结果。

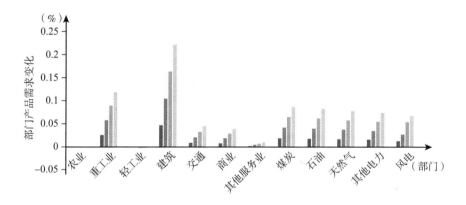

图 9 − 11　风电部门投资增长对经济总需求的影响

采用前面所述的动态假设和参数设置，模拟了整个宏观经济系统的增长路径，结果如表 9 − 15 和图 9 − 12 所示。从表 9 − 15 和图 9 − 12 可以看出，随着经济的增长，增长速度的差微乎其微。而比较情景与基准情景相比，随着时间的变化，国民生产总值都有一定比例的变化，二者相差的比例先增大，后缩小。

表 9 – 15　　　　　不同情景下经济国民生产总值相对 2012 年的比例　　　　单位：%

年份 情景	基准情景	发展风电情景
2012	100	100
2015	128	128
2020	176	181
2030	293	300
2040	455	466
2050	648	664

资料来源：模型模拟结果。

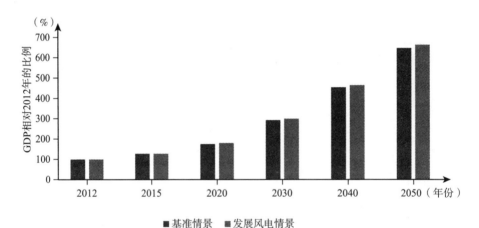

图 9 – 12　不同情景下长期经济国民生产总值和碳排放路径

比较不同情景下的国民生产总值，可以看出，两种情景下国民生产总值的差距，与基准情景下 2012 年国民生产总值相比，比例较小。随着时间的延伸，差距在扩大。到 2050 年两种情景差距相当于 2012 年 GDP 的16%，如图 9 – 13 所示。因为基准情景的设置，是按照新古典经济学的最优增长理论设置方程的，而比较情景，是在我国可再生能源部门的风电发展规划的数据基础上设置的，因此，根据结果可以判断，我国风电发展和投资增加，对经济具有促进作用，但是由于部门经济规模较小，对整个经济的拉动作用较小，不太显著。

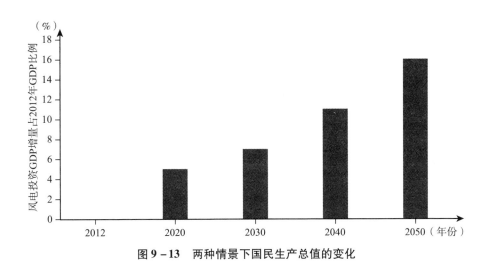

图 9 - 13　两种情景下国民生产总值的变化

9.5　结　　论

本章的研究分析了全球和我国的风电发展形势，分析了我国的风电发展规划，构建了一个包括风电部门的 12 个部门的动态递推的可计算一般均衡模型，运用 2012 年中国投入产出的数据，模拟了我国风电投资对宏观经济和部门经济的影响。

首先，根据 2012～2016 年我国风电部门投资的实际状况，设置 4 个比较情景，即经济中风电部门的投资是基准情景下投资的 5 倍、10 倍、15 倍和 20 倍。风电部门的投资作为外生的冲击变量，模拟不同情景下风电部门的投资增加所产生的经济影响。

模拟结果表明，风电部门的投资对宏观经济具有拉动作用。风电部门投资增大 20 倍时，对国内生产总值（GDP）的影响在 0.04%，即增加 0.04 个百分点。由于风电部门在我国经济规模很小，投资对宏观经济的影响相对较小。风电部门投资增加对物价指数、居民消费、政府消费几乎没有影响，导致存货变化、进口、出口、总供给和总需求增长。

随着风电部门投资增长的比例变化，各个宏观经济变量也在相应变化。由于风电是一个较小的部门，整个经济系统具有平滑作用，各个宏观经济变量的变化趋近于正比例变化。

风电部门投资的增长对各个部门产品的进口、出口、经济系统的总供给和总需求都有影响，特别是建筑部门、重工业部门、商业和轻工业。

设置了整个宏观经济系统的最优增长路径，模拟风电投资的增加对经济系统的影响，可以发现风电投资的增加对经济具有拉动作用和长期促进作用。从长期看，设置了基准情景和比较情景。随着时间的变化，两种情景下国内生产总值有一定的差距，而且差距逐渐增大。与基准年2012年GDP相比，2050年两种情景下的GDP分别为2012年GDP的648%和664%，有差距，但差距不太显著。

第 10 章　西部开发投资的经济和
　　　　　　环境影响

为了评价西部开发投资的经济效果和环境影响，本章构建了一个两地区十部门的动态可计算一般均衡模型，分析了我国西部开发投资不同规模对区域经济和环境的影响。基于 2012 年陕西省投入产出表，定量分析了投资增加不同比例情景下，GDP、居民可支配收入、居民消费、区域调入和调出、进出口、二氧化碳排放等宏观经济变量的变化。同时，应用递推动态的方法分析了不同规模的一次性投资对经济和环境的长期影响。研究表明：当总投资量以 0～40% 的比例增加时，区域生产总值 GDP 增长率在 0～29.55% 之间；居民收入增长率为 0～28.59%，二氧化碳排放增长率为 0～19.25%；而部门产出中建筑部门产出增长率最大，在 0～60.44% 之间。对于后续九个经济期的 GDP 和二氧化碳排放，一次性投资对前四期的影响较剧烈，后逐渐减弱。

10.1　导　　言

由于历史和自然环境等因素，我国西部 12 个省、自治区社会经济发展落后于东部地区。为缩小区域差距，促进社会经济的可持续发展，1999年中央提出并实施了西部大开发战略。根据《大开发促进大发展——西部大开发新成就巡礼》（新华网 2008 年 3 月 1 日），到 2005 年国家在西部地区投资总规模 6600 多亿元。2003～2006 年人均地区生产总值由 6438 元增加到 10960 元，全社会固定资产投资年均增长 26.8%。根据《陕西省统计年鉴》的数据，陕西省投资规模从 1999 年的 619.27 亿元，增加到 2004年的 1544.19 亿元；经济增长率也从 1999 年的 7.68% 提高到 2004 年的22.7%。在 2005 年以后，西部开发投资一直在进行，投资规模和区域生产总值也在不断增加，西部开发投资产生了较好的社会效果和经济效果，人均收入增加，经济得到发展，经济结构发生变化。

表 10-1 和图 10-1 显示了陕西省 2000～2016 年全社会固定资产投资的变化。从表 10-1 和图 10-1 可以看出，2000～2016 年陕西省全社会固定资产投资总额在快速增加。2000 年陕西省全社会固定资产投资总额为 746 亿元，到了 2003 年就增加到了 1279 亿元，到 2011 年就增加到 10024 亿元，到了 2016 年达到 20825 亿元。全社会固定资产投资总额的增长速度波动较大，2003 年增长速度达到 31.2%，而 2006～2010 年增长速度都大于 30%。2012～2013 年增长速度大于 20%，2015～2016 年，陕西省全社会固定资产投资增长速度小于 10%。

表 10-1　　　　　陕西省全社会固定资产投资的变化

项目 年份	全社会固定资产投资（亿元）	增长率（%）
2000	746	
2001	851	14.1
2002	975	14.6
2003	1279	31.2
2004	1544	20.8
2005	1982	28.4
2006	2610	31.7
2007	3642	39.5
2008	4851	33.2
2009	6553	35.1
2010	8561	30.6
2011	10024	17.1
2012	12840	28.1
2013	15934	24.1
2014	18709	17.4
2015	20178	7.8
2016	20825	3.2

资料来源：陕西省统计年鉴 2017。

表 10-2 和图 10-2 列出了陕西省 2012～2016 年人口变化情况。2012～2016 年陕西省人口变化不大，总人口从 2012 年的 3753 万人增长到 2016 年的 3813 万人，但是农村人口在减少，城镇人口在增加，城镇化进程在加快。城镇人口从 2012 年的 1877 万人增长到 2016 年的 2110 万人。

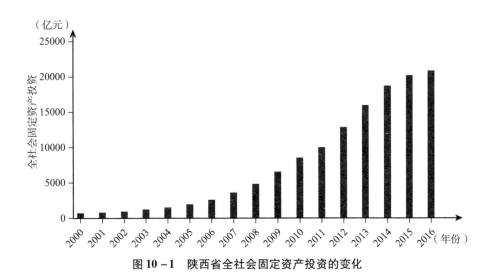

图 10-1 陕西省全社会固定资产投资的变化

表 10-2 　　　　　　　　　陕西省人口变化情况 　　　　　　　　单位：万人

项目 年份	城镇人口	农村人口	总人口
2012	1877	1876	3753
2013	1931	1833	3764
2014	1985	1790	3775
2015	2045	1748	3793
2016	2110	1703	3813

资料来源：陕西省统计年鉴 2017。

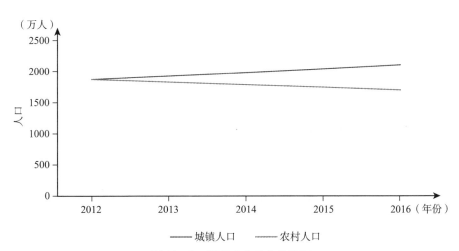

图 10-2 陕西省人口变化情况

表 10 - 3 和图 10 - 3 列出了陕西省 2000 年以来地区生产总值的增长状况。从表 10 - 3 和图 10 - 3 可以看出，陕西省 2000 年以来地区生产总值在快速增长。2001~2005 年增长速度在快速上升，增长速度从 2001 年的 11.5% 提高到 2005 年的 23.9%；2006~2011 年，除了 2009 年的增长率在 11.7%，其他年份经济增长率都在 20% 以上。2012~2016 年，经济增长率在回落，经济进入新常态。

表 10 - 3   陕西省 2000 年以来的地区生产总值的变化

项目 年份	地区生产总值（亿元）	增长速度（%）
2000	1804	
2001	2010.62	11.5
2002	2253.39	12.1
2003	2587.72	14.8
2004	3175.58	22.7
2005	3933.72	23.9
2006	4743.61	20.6
2007	5757.29	21.4
2008	7314.58	27.0
2009	8169.8	11.7
2010	10123.48	23.9
2011	12512.3	23.6
2012	14453.68	15.5
2013	16205.45	12.1
2014	17689.94	9.2
2015	18021.86	1.9
2016	19165.39	6.3

资料来源：陕西省统计年鉴 2017。

从图 10 - 3 可以看出，经济增长与固定资产投资、经济总投资增长有较大的关联。2000 年以来，西部开发投资对西部地区的经济效果和环境影响，成为许多学者和政府官员关心的话题。国内许多学者研究了西部开发的经济效果和环境影响，但定量的分析和模拟政策的研究较少。

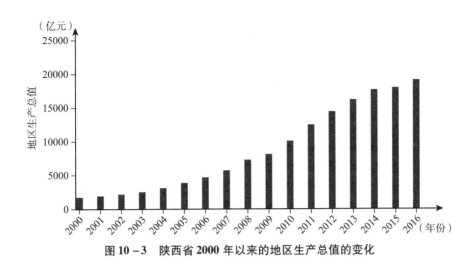

（亿元）

图 10 - 3 陕西省 2000 年以来的地区生产总值的变化

本章将定量分析西部开发投资对当地经济增长、产业结构和二氧化碳排放的影响。由于数据的限制，暂以陕西省为例加以分析。动态 CGE 模型是分析这类问题的主流方法之一。本章将构建一个两区域十部门的递推动态可计算一般均衡模型，名称为 TECGE - MRDR，下文简称 MRDR 模型。

10.2　MRDR 模型

MRDR 模型包括 6 个行为主体，即家庭、企业、地方政府、中央政府、国内其他及国外；两种生产要素即劳动和资本。将经济系统划分为 10 个部门，即农业、采矿业、重工业、轻工业、建筑业、交通运输业、服务业、煤、油气和电力。包括 7 个模块，即生产模块、价格模块、收入模块、消费和储蓄模块、投资和资本积累模块、贸易模块和市场均衡模块。

假设所有生产者是同质的，各经济部门不同生产者的技术水平是同步的，家庭是由为数众多的同质的消费者组成。生产者以利润最大化、消费者以效用最大化为决策目标。市场是完全竞争的，生产者和消费者在决策时，把价格作为外生变量。在任何一年，各部门资本存量是固定的，不能在部门间流动；在年与年之间，各部门资本通过投资和折旧而增减。在任何时候，劳动力可以在部门间流动，并且是充分就业的。生产模块中生产函数采用常替代弹性（CES）函数，而中间投入品的需求采用列昂惕夫（Leontief）函数。

MRDR 模型中，大部分商品都存在着国内外进出口的双向贸易、省内外调入和调出的双向流动。采用"小国假设"来刻画与区域外间的贸易，假定国际市场价格、区域外市场价格外生设定。国外进口品、国内其他地区调入品与区域内生产商品具有不完全替代性，存在着产品的差异。采用阿明顿（Armington）假设来描述进口商品与调入产品间及其和地区产品之间的不完全替代关系，通过 CES 函数描述最终消费在最小成本下的优化。即进口品与国内其他地区调入品，通过 CES 组合为区域进口品。区域进口品与区域内生产且在区域内消费的产品通过 CES 组合为区域内消费品。区域内企业生产的产品，根据收入最大化原则，按常转换弹性（CET）函数在出口、调出与省内市场间分配。产品和要素流动如图 10 - 4 所示。

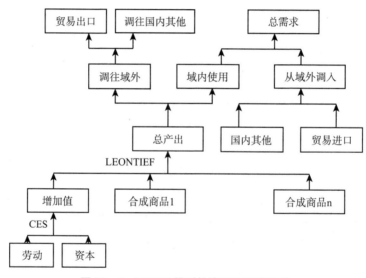

图 10 - 4　MRDR 模型的产品和要素流动

在收入模块，劳动收入用工资率与就业量表示。资本收入定义为总产出中的增加值减去劳动收入和折旧后的余额。企业收入定义为资本总收入加上折旧和政府转移支付。家庭收入来源于劳动收入、企业转移支付、政府转移支付、域外捐赠及国外汇入。家庭收入扣除个人所得税后为家庭可支配收入。区域政府收入来源于企业间接税的分成、家庭和企业的收入所得税、中央政府转移支付、国外净借款。中央政府收入来源于企业间接税的分成、关税、国外援助和借款。

家庭消费用线性消费函数（LES）表示，并通过一个转换矩阵转换为最终消费需求。家庭储蓄定义为家庭可支配收入乘以边际储蓄倾向。政府消费需求用政府总消费与固定的部门产品消费份额的乘积表示。中央政府储蓄为中央政府收入减去中央政府消费、对区域政府的转移支付、出口补贴后的剩余部分。区域政府储蓄为区域政府收入，减去区域政府消费、企业补贴、居民补贴后的剩余额。企业储蓄为企业收入扣除企业税收、企业转移后的剩余额。总储蓄由家庭储蓄、企业储蓄、中央政府储蓄、区域政府储蓄、国内其他地区净储蓄和国外净储蓄组成。

投资分为固定资产投资与库存增加。库存增加用外生的库存增加系数与产出的乘积表示。总的固定资产投资等于总投资减去库存增加后的余额。假设部门的固定资产投资占总固定资产投资中一定的份额，部门投资份额设为部门 i 的资本收入在总资本收入中的份额。对投资品 i 的需求定义为部门实际投资与资本构成系数的乘积的加权和。固定资产折旧用各部门相应的折旧率换算得到。

市场均衡模块包括商品市场的均衡、劳动市场均衡、资本市场均衡、国内区域外商品调入调出均衡、国内外贸易均衡和储蓄投资均衡。

10.3 数　　据

MRDR 模型基于陕西省 2012 年投入产出表，对数据进行归并。将 42 个产品部门归并为 10 个部门。编制 2012 年 10 部门社会核算矩阵，所要求的数据，大多数可以从《2012 年陕西省投入产出表》和 2013 年《陕西统计年鉴》获得，少数数据来自其他参考文献和统计资料。编制后的社会核算矩阵如表 10 - 4 所示。

表 10 - 4　　　　　　　　2012 年陕西省社会核算矩阵　　　　　　单位：亿元

收入账户 ＼ 支出账户	部门	商品	增加值	家庭	企业	地方政府	中央政府	资本账户	国内省外	世界其他	总收入
部门		35409									35409
商品	20955			4478		1962		9895	14761	3486	55537
增加值	11736										11736
家庭			6224								6224
企业			5512								5512

收入账户＼支出账户	部门	商品	增加值	家庭	企业	地方政府	中央政府	资本账户	国内省外	世界其他	总收入
地方政府	2597			42	161		524				3324
中央政府	120	625									745
资本账户				1704	5351	1361	222		2822	−1565	9895
国内省外		17583									17583
世界其他		1921									1921
总支出	35409	55537	11736	6224	5512	3324	745	9895	17583	1921	

在 MRDR 模型中，除了社会核算矩阵得到的数据外，还需要一些参数。有些参数可根据时序数据和有关的经验数据模拟后外生地给定，如居民的边际储蓄倾向、政府消费的增长率、政府收入转移支付给居民的比例、技术进步率等。有些参数是由作者根据经验或有关参考文献设置，如生产函数中的资本与劳动的替代弹性、区域进口品与区域产品的替代弹性、区域出口与区域内销售的转换弹性。还有些参数需要校准，如 CES 生产函数中的转移参数和份额参数、阿明顿函数中的转移参数和份额参数、出口需求函数中的转移参数和份额参数等。

MRDR 模型采用 GAMS 软件为平台求解。在具体模拟前，对模型的有效性需要进行检验。模型通过了有效性和一致性检验，均达到了所要求的标准，可以作为有效的模拟工具。

10.4 西部投资增加的社会经济影响

我国实施西部大开发战略，主要目标是政府通过增加向西部的投资，改善西部的基础设施和投资环境，吸引民间资本和海外资本向西部投资，从而加快西部地区的经济建设，促进西部社会经济可持续发展。西部大开发战略的实施，必将增大西部地区的投资需求，增大西部地区的资本存量和生产力，促进西部地区相关产业的发展，从而带动西部经济的发展。

为了模拟我国西部开发投资的效果，采用构建的两地区十部门递推动态 CGE 模型，分析西部地区的投资增加对经济增长和结构的影响。因为比较静态 CGE 模型，描述的是有一外生的因素冲击经济系统后所达到的新的一般均衡状态的结果，但不能描述经济系统从受到冲击到新的一般均衡状态所经历的过程。所以，静态 CGE 模型可以描述投资外生增加的一般均衡效果，也就是投资增加，导致部门和整个经济系统的需求增加、产出增加。而递推动态 CGE 模型，描述的是一系列独立时间期限内（如一年）经济系统达到一般均衡的效果。本章将描述投资发生后、资本存量增加所产生的长期影响。

下面首先以西部地区陕西省经济系统总投资变化作为冲击变量，模拟开发投资增加不同比例对陕西省经济系统的冲击和影响，包括对宏观经济变量和部门经济变量的影响。接着，应用动态模型，模拟开发投资增加不同比例对陕西省经济系统的长期影响。需要说明的是，模型针对不同的情景，选择了不同的投资 – 储蓄闭合原则。在考虑总投资增加的短期效应时，采用了凯恩斯闭合原则，假定总投资外生给定，而通过劳动力供给的内生变化来达到储蓄与投资的平衡。对于长期效应，模型采用新古典闭合原则，假定经济中充分就业，总储蓄由总投资内生决定。

10.4.1　短期影响

研究西部开发投资增加对陕西省经济的短期影响，采用比较静态的方法。首先设定基准情景，即没有西部投资政策情况下，陕西省经济系统运行中的总投资。再设定比较情景。考虑到自西部开发以来，陕西省社会固定资产投资年增长率在 3.2% ~ 39.5%，因此，设置三个比较情景，即情景 1、情景 2 和情景 3。经济中总投资为基准情景中总投资的 120%、130%、140%。总之，总投资为冲击变量，不同情景下总投资分别为基准情景下总投资的 120%、130%、140%，即不同情景下总投资分别比基准情景下总投资增加 20%、30%、40%。

10.4.1.1　对宏观经济的影响

当总投资外生变化不同比例时，运行模型，得到一些宏观经济变量如地区生产总值（GDP）、居民可支配收入、二氧化碳排放总量等的变化情况。这些宏观经济变量的数量比例变化结果如表 10 – 5 和图 10 – 5 所示。

表 10 – 5　　　　　**总投资增加不同比例对宏观经济变量的影响**　　　　单位：%

情景 宏观变量	基准情景	情景 1	情景 2	情景 3
地区 GDP	0.00	9.49	19.36	29.55
CO_2 排放量	0.00	6.17	12.59	19.25
居民可支配收入	0.00	9.11	18.67	28.59

宏观变量 \ 情景	基准情景	情景1	情景2	情景3
居民消费	0.00	9.11	18.67	28.59
固定资产投资	0.00	20.82	41.77	62.85
存货投资	0.00	5.12	10.50	16.05
总进口和调入	0.00	12.49	25.37	38.60
总出口和调出	0.00	2.48	5.24	8.22
总产出	0.00	7.95	16.13	24.48
总需求	0.00	10.37	20.97	31.76

资料来源：模型模拟结果。

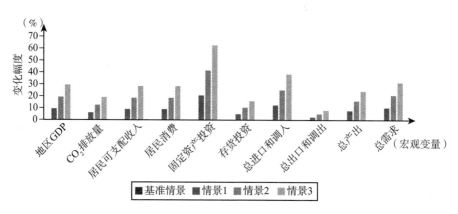

图10-5　总投资增加对宏观经济变量的影响

从表10-5和图10-5可以看出，随着总投资的增加，投资需求增大，区域生产总值（GDP）、二氧化碳排放总量、居民可支配收入、居民消费、固定资产投资、存货投资、总进口和调入、总出口和调出、经济总产出、市场总需求等都在逐渐增加。其中，固定资产投资的增幅最大，因为总投资等于固定资产投资和存货投资之和，而存货投资增加的比例较小，所以固定资产投资的增幅大于总投资的增幅。

随着总投资的增加，投资需求增大，GDP增大。GDP的增幅小于投资需求的增幅，因为投资活动只是区域社会生产总值的一部分。

居民可支配收入和居民消费的增幅一致，略小于GDP的增幅。这是因为居民消费等于居民可支配收入与边际消费倾向之乘积，同时，居民收入扣除所得税后，为居民可支配收入。在其他条件不变的情况下，随着经济中投资需求增加,劳动就业量增加,劳动报酬增加,居民可支配收入上升。可见,西部开发中增加投资,有利于提高当地人民的收入水平。

随着总投资的增加,二氧化碳排放量增加,但增幅小于 GDP 的增幅。因为新的投资往往采用较先进的技术,在节能减排和减少二氧化碳排放方面具有优势。可见,新增投资需求有利于提高 GDP,并减少二氧化碳排放量。

在对外经济联系上,随着投资的增加,总进口和调入、总出口和调出也在逐渐增加。当资本存量按照 0 ~ 40% 的比例增加时,增长速度分别为 0 ~ 38.60% 和 0 ~ 8.22%。总出口和调出的增长速度,小于总进口和调入的增长速度。可见,西部投资增加,需要从东部和国外进口部分产品,才能满足投资需求。

从产品市场的配置看,随着投资的增加,产品的总产出和市场总需求都在增加。当资本存量按照 0 ~ 40% 的比例增加时,增长速度分别为 0 ~ 24.48% 和 0 ~ 31.76%。总产出的增长速度小于总供给的增长速度,同样说明,满足西部投资需求,需要从东部调入和国外进口产品。

10.4.1.2 对部门生产的影响

西部开发投资增加,拉动了西部地区的经济增长,也促进了部门产出的增加。表 10 - 6 和图 10 - 6 显示了西部开发投资增加不同比例对部门产出的比例的影响。

表 10 - 6 投资增加对部门产出的影响 单位:%

情景 部门	基准情景	情景 1	情景 2	情景 3
农业	0.00	7.30	14.92	22.79
采掘业	0.00	4.41	9.00	13.71
重工业	0.00	7.14	14.42	21.83
轻工业	0.00	4.21	8.80	13.68
建筑业	0.00	20.02	40.17	60.44
交通运输业	0.00	6.40	13.03	19.84
服务业	0.00	5.51	11.23	17.13
煤炭	0.00	2.57	5.44	8.56
油气	0.00	3.45	7.30	11.49
电力	0.00	2.46	4.89	7.29

资料来源:模型模拟结果。

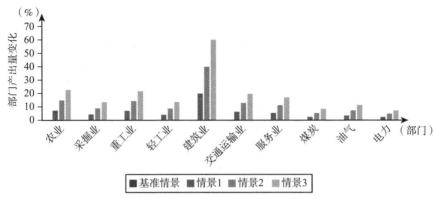

图 10 - 6　投资增加对部门产出的影响

从表 10 - 6 和图 10 - 6 可以看出，随着西部开发投资增加，各个部门产出都出现不同程度的增加。在各个部门比较中，建筑业增长最快，略高于总投资增长速度。其次分别是农业、重工业、交通运输业、服务业，增长速度约为总投资增长速度的三分之一。而增长较慢的部门是煤炭和电力。这些数字与现实经济是相符的。西部开发，首先满足投资需要的是建筑、农业、重工业、交通运输业、服务业等部门，而能源部门的产品，只是中间和最终消费品，并不作为投资品。新增的投资转化为生产能力，一般有一个过程，时间上存在滞后，因此对能源产品的供给也存在时滞。

表 10 - 7 和图 10 - 7 显示了西部开发投资增加不同比例对部门产出的价格的影响。从表 10 - 7 和图 10 - 7 可以看出，随着西部开发投资增加，各个部门产出的价格都出现不同程度的增加。在各个部门的比较中，建筑、交通、油气、电力等部门产品价格增长较快，而农业、采掘业、重工业、轻工业产品的价格增长较慢。这种结果表明，西部投资增加，投资活动增加，经济出现繁荣和扩张的景象，导致商品需求旺盛，价格上涨。

表 10 - 7　　　　　　　　投资增加对部门产出价格的影响　　　　　　　　单位：%

部门 ＼ 情景	基准情景	情景 1	情景 2	情景 3
农业	0	1	2	2
采掘业	0	1	2	3
重工业	0	1	2	3

部门＼情景	基准情景	情景1	情景2	情景3
轻工业	0	1	2	3
建筑业	0	3	5	7
交通运输业	0	3	5	7
服务业	0	1	2	4
煤炭	0	1	3	4
油气	0	2	4	6
电力	0	2	3	5

资料来源：模型模拟结果。

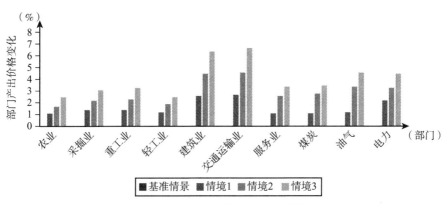

图 10－7　投资增加对部门产出价格的影响

10.4.1.3　对部门消费的影响

西部开发投资增加，拉动了西部地区的经济增长，也拉动了居民消费。表 10－8 和图 10－8 显示了西部开发投资增加不同比例对居民消费的数量比例的影响。

表 10－8　　　　　　投资增加对居民消费的影响　　　　　　单位：%

部门＼情景	基准情景	情景1	情景2	情景3
农业	0.00	9.11	18.66	28.59
采掘业	0.00	9.32	18.64	28.81
重工业	0.00	9.11	18.67	28.59

情景 部门	基准情景	情景1	情景2	情景3
轻工业	0.00	9.10	18.67	28.59
建筑业	0.00	9.10	18.67	28.59
交通运输业	0.00	9.10	18.66	28.59
服务业	0.00	9.11	18.66	28.59
煤炭	0.00	9.06	18.62	28.55
油气	0.00	8.75	18.75	27.50
电力	0.00	9.16	18.73	28.63

资料来源：模型模拟结果。

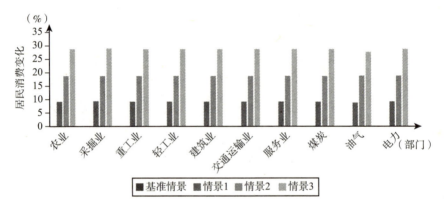

图 10 - 8　投资增加对居民消费的影响比例

从表 10 - 8 和图 10 - 8 可以看出，随着西部开发投资增加，各个部门产品的消费都出现相同程度的增加。在总投资分别变化 20%、30%、40% 时，各个部门产品的消费分别比基准状态增长 9.11%、18.67%、28.59%。而采掘业、煤炭、油气、电力等部门，由于数量相对较小，出现的差异，属于计算误差。这种结果表明，随着投资的增加，消费者收入也得到提高，但是消费者对各个行业产品的消费偏好次序和消费偏好系数没有变化。这种结果符合实际情况，因为静态模拟考察的是同一个时间点。在同一时间点，消费者的消费偏好和边际消费倾向是不会变化的。

表 10 - 9 和图 10 - 9 显示了西部开发投资增加不同比例对部门产品销售价格的影响。从表 10 - 9 和图 10 - 9 可以看出，随着西部开发投资增加，各个部门产品的销售价格都出现不同程度的增加。在各个部门产品销

售价格的比较中，油气、交通、建筑、电力等部门产品销售价格增长较快，而农业、采掘业、重工业、轻工业产品的价格增长较慢。这种模拟结果很符合现实。投资增加，建筑行业任务重，需求增加；在实现投资过程中，能源、交通需求增加。在供给不变的情况下，需求增加，导致商品销售价格增加。从模拟结果可以看出，各个部门商品销售价格都有所上升，油气部门商品增幅最大，达到10%，其次是交通和建筑部门商品，销售价格增幅分别达到9%和7%；而其他部门商品销售价格增幅在2%～4%左右。

表10-9		投资增加对部门产品销售价格的影响		单位：%
情景 部门	基准情景	情景1	情景2	情景3
农业	0.0	1.0	2.0	3.0
采掘业	0.0	1.0	2.0	3.0
重工业	0.0	1.0	2.0	2.0
轻工业	0.0	1.0	2.0	3.0
建筑业	0.0	3.0	5.0	7.0
交通运输业	0.0	3.0	6.0	9.0
服务业	0.0	1.0	2.0	3.0
煤炭	0.0	1.0	3.0	4.0
油气	0.0	4.0	7.0	10.0
电力	0.0	1.0	2.0	3.0

资料来源：模型模拟结果。

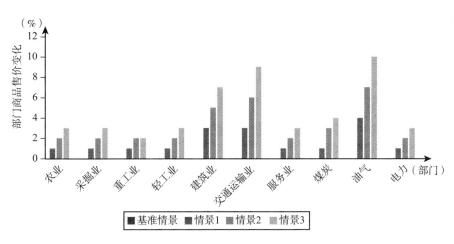

图10-9　投资增加对部门产品销售价格的影响

10.4.1.4　对域外商品贸易的影响

西部开发投资增加，拉动了西部地区经济的增长，也促进了西部地区与国外和国内其他地区的经济联系。表10－10和图10－10显示了西部开发投资引起的进口与区域外商品调入的影响。

表10－10　　　　　西部投资增加对各部门进口/调入的影响　　　　　单位：%

部门 ＼ 情景	基准情景	情景1	情景2	情景3
农业	0	10	20	31
采掘业	0	11	23	34
重工业	0	14	28	43
轻工业	0	10	20	30
建筑业	0	0	0	0
交通运输业	0	21	45	71
服务业	0	9	18	28
煤炭	0	9	18	28
油气	0	15	31	47
电力	0	13	26	41

资料来源：模型模拟结果。

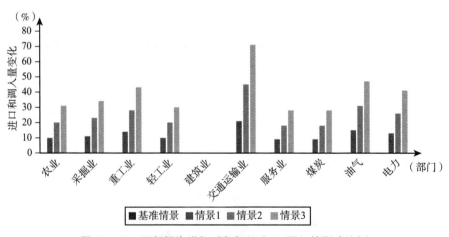

图10－10　西部投资增加对各部门进口/调入的影响比例

从图10－10和表10－10可以看出，西部投资增加，需要来自东部地区、国外的产品和技术，也就是进口国外商品和从国内其他地区调入商品。当投资按照0～40%的比例增加时，交通运输部门进口和调入需求最大，为 0 ~71%，高于总投资增长的速度；而煤炭部门进口和调入需求较小，建筑部门进口和调入需求为 0。因为煤炭部门主要用于中间消费和最终消费，不用于固定资产投资；而建筑部门的产品没有进口和调入，生产过程发生在当地，这是由 2012 年陕西省投入产出表所决定的。除了建筑部门，其他部门商品的进口和调入比例均在 10% ~40% 左右。

在西部开发过程中，随着投资的增加，西部地区不仅从国外进口和从国内其他地方调入产品，也向国外和国内其他地区出口产品。表 10 – 11 和图 10 – 11 显示了西部地区向国外出口和往国内其他地方调出产品的数量比例的变化情况。

表 10 – 11　　　　西部投资增长对出口/调出商品数量的影响　　　　单位：%

情景 部门	基准情景	情景 1	情景 2	情景 3
农业	0.00	5.85	11.95	18.25
采掘业	0.00	2.07	4.34	6.78
重工业	0.00	2.34	4.91	7.66
轻工业	0.00	1.66	3.76	6.18
建筑业	0.00	14.15	28.13	41.95
交通运输业	0.00	3.30	6.77	10.37
服务业	0.00	1.63	3.53	5.61
煤炭	0.00	2.13	4.27	6.40
油气	0.00	0.25	0.95	2.02
电力	0.00	2.67	3.67	4.33

资料来源：模型模拟结果。

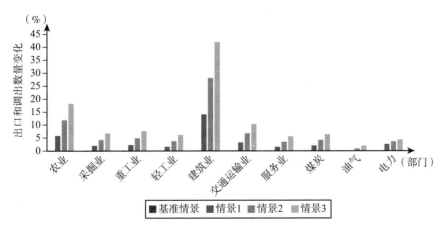

图 10 – 11　西部投资增长对出口/调出商品数量的影响

从表 10 - 11 和图 10 - 11 可以看出，随着西部投资的增加，产品出口和调出数量以不同的速度在增加。其中，建筑业出口和调出的增长速度较大，油气出口和调出的增长速度较小。当总投资按照 0 ~ 40% 的比例增加时，建筑业和油气行业出口和调出的增长速度分别为 0 ~ 41.95% 和 0 ~ 2.02%。可以看出，西部投资增加，拉动了建筑业的发展，促进国内外企业在西部地区投资建厂。

10.4.2　对区域经济的长期影响

总投资增加，导致区域经济中投资需求和总需求的增加，拉动了经济的增长。当期投资需求得到满足后，转化为第二期的资本存量。但投资需求不可能没有任何约束地增加，必须有可靠的投资品的供给。所以从长期来看，投资的数量仍取决于经济总量和经济中的边际储蓄倾向或边际投资倾向。资本存量的变化满足于资本变化规律，即下一期的资本存量等于当期的资本存量，减去当期的资本折旧，加上当期的投资量。

本章基于新古典经济理论，构建动态递推 CGE 模型，模拟总投资变化的长期影响。模拟时，以 2012 年为基年，分别在总投资变化 20%、30%、40% 的情景下，即情景 1、情景 2 和情景 3，模拟后续 9 个周期（2013 ~ 2020 年）的经济影响。由于宏观变量较多，本章主要选择了对区域生产总值 GDP 和二氧化碳排放的影响。表 10 - 12 和图 10 - 12 列出了总投资变化不同比例情景下后续年份 GDP 相对于基准年的比例变化。表 10 - 13 和图 10 - 13 列出了总投资变化不同比例情景下后续年份 GDP 的经济增长率。

表 10 - 12　总投资变化时后续年份 GDP 相对基年 GDP 的变化　　单位：%

年份 情景	2012	2013	2014	2015	2016	2017	2018	2019	2020
基准情景	100.0	112.1	122.4	132.1	140.4	149.3	158.5	168.2	178.3
情景 1	109.5	130.9	146.7	158.8	168.8	179.4	190.5	202.1	214.3
情景 2	119.4	151.9	174.9	189.7	201.7	214.4	227.7	241.6	256.1
情景 3	129.5	175.2	207.1	225.4	239.6	254.6	270.4	286.9	304.1

资料来源：模型模拟结果。

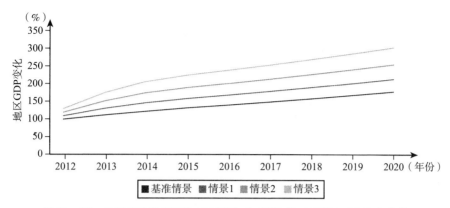

图 10 − 12　总投资变化不同比例后续年份 GDP 相对于基年 GDP 的变化

表 10 − 13　　　　总投资变化不同比例情景下后续年份 GDP 增长率　　　　单位：%

情景 ＼ 年份	2012	2013	2014	2015	2016	2017	2018	2019	2020
基准情景	0.0	12.1	9.2	7.9	6.3	6.3	6.2	6.1	6.0
情景 1	9.5	19.5	12.1	8.2	6.3	6.3	6.2	6.1	6.0
情景 2	19.4	27.3	15.1	8.5	6.3	6.3	6.2	6.1	6.0
情景 3	29.5	35.3	18.2	8.8	6.3	6.3	6.2	6.1	6.0

资料来源：模型模拟结果。

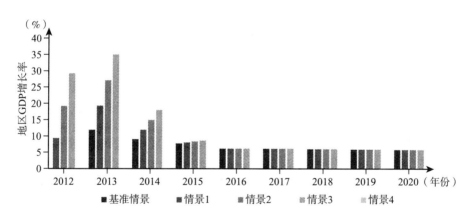

图 10 −13　总投资变化不同比例情景下后续年份 GDP 增长率

从表 10 − 12、表 10 − 13、图 10 − 12 和图 10 − 13 可以看出，在基准年份总投资变化不同比例对后续年份 GDP 会产生不同的影响。在总投资变化的当年，总投资变化越大，GDP 增长越快。当总投资由 100% 变化到 140% 时，GDP 相对于基准情景下的 GDP 变化率分别从 0% 到 29.5%。从时间维度看，当总投资不发生变化时，整个经济系统自动运行，处于快速变化阶段。到第9个周期，即2020年，区域经济GDP为基年的178.3%，从基准年到第5个周期，即2012~2016年，区域经济GDP，与陕西经济发展的历史是相符的。按照年度变化，可以发现在所有情景下，年度GDP增长速度在逐年下降，而且到了第5个周期，GDP增长速度趋于相同。可见，总投资外生变化的影响周期为4个周期，而后影响甚微，基本没有影响。可见，一次性的投资对经济系统的拉动作用，主要发生在4个周期，也就是4年，4个周期后经济系统又回到了基准状态。因此，为了保持经济系统稳定和持续地增长，投资的作用是很明显的，需要保持一定的投资规模。

图10-12和图10-13描述了基年一次性投资的长期经济影响。图10-12表示了不同情景、不同年份GDP相对于基准年GDP的累计变化情况。图10-13表示了不同情景、不同年份GDP的增长速度。从图10-12和图10-13同样可以发现，总投资外生变化的影响周期为4个周期，而后影响甚微。

表10-14列出了总投资变化不同比例情景下后续年份二氧化碳排放相对于基年排放的比例。表10-15列出了总投资变化不同比例情景下后续年份二氧化碳排放增长率。

表10-14　总投资变化情景下后续年份碳排放相对于基年排放的变化　　　单位：%

情景＼年份	2012	2013	2014	2015	2016	2017	2018	2019	2020
基准情景	100.0	108.2	113.8	118.2	120.7	123.1	125.2	127.0	128.3
情景1	106.2	122.5	132.4	137.8	140.8	143.5	146.0	148.0	149.6
情景2	112.6	138.3	153.4	160.2	163.6	166.8	169.6	172.0	173.9
情景3	119.3	155.7	177.5	185.8	189.8	193.5	196.8	199.6	201.7

资料来源：模型模拟结果。

表10-15　　　　总投资变化情景下后续年份碳排放增长率　　　单位：%

情景＼年份	2012	2013	2014	2015	2016	2017	2018	2019	2020
基准情景	0.0	8.18	5.24	3.84	2.14	1.97	1.69	1.40	1.09
情景1	6.2	15.39	8.04	4.12	2.14	1.97	1.69	1.40	1.09
情景2	12.6	22.81	10.94	4.40	2.14	1.97	1.69	1.40	1.09
情景3	19.3	30.61	13.95	4.70	2.14	1.97	1.69	1.40	1.09

资料来源：模型模拟结果。

从表 10-14、表 10-15 可以看出，在基准年份总投资变化不同比例时，对后续年份二氧化碳排放会产生不同的影响。在总投资变化的当年，总投资变化越大，二氧化碳排放增加越快。当总投资变由 100% 变化到 140% 时，二氧化碳排放相对于基准情景下排放增长率分别从 0% 到 19.3%。总投资需求增加，拉动了经济增长，也增加了二氧化碳排放。尽管新增加的投资项目中应用了最新的技术，在节能降耗、减排和提高能效以及二氧化碳减排方面具有优势，但是只能减缓二氧化碳排放增长的速度，二氧化碳排放总的趋势仍是上升的。

从时间维度看，基准情景总投资不发生变化时，整个经济系统自动运行，二氧化碳排放的增长率逐渐递减。到了第 5 个周期后，四种情景的二氧化碳增长速度一致。这种模拟结果与经济发展战略和规划有关，与模型参数设置有关。因为我国的规划要求到 2020 年单位 GDP 的二氧化碳排放强度相对 2005 年下降到 40% ~ 45%。这种规划和要求就影响到模型的技术进步参数、能效参数变化率等参数的设置。

按照年度变化，可以发现在所有情景下，从第 3 个周期开始，二氧化碳排放的增长率在逐年下降，而且速度逐渐趋于相同。受投资需求冲击大的情景，二氧化碳排放的速度较大，但是 4 个周期后仍回到基准状态。

图 10-14 和图 10-15 描述了基年一次性投资对二氧化碳排放的长期影响。从图 10-14 和图 10-15 同样可以发现，总投资外生变化的影响周期为 4 个周期，而 4 个周期后影响甚微。

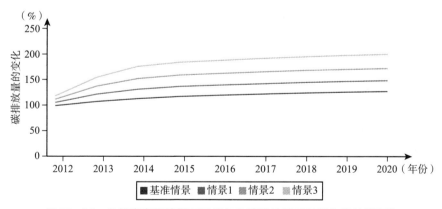

图 10-14 总投资变化情景下后续年份碳排放相对于基年排放的变化

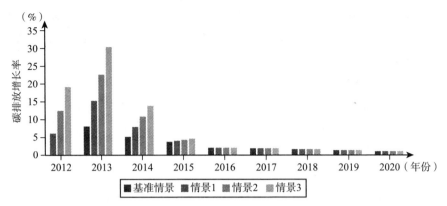

图 10 - 15　总投资变化情景下后续年份碳排放增长率

10.5　结　　论

通过以上分析可以发现，随着我国西部开发政策的实施，西部投资需求将增加，西部经济系统中的资本存量也将增加，区域生产总值 GDP 将增加，居民可支配收入和居民消费将增加，同时二氧化碳排放量也会增加。居民可支配收入的增长略低于区域 GDP 的增长，投资是改善居民收入水平的重要手段。

随着投资的增加，各经济部门生产的商品产值都出现不同程度的增加，各个部门产品的消费量也在增加，进出口、调入和调出的数量也会增加。其中，建筑业增长较快，略高于总投资增长速度。农业、重工业、交通运输业、服务业等部门增长速度也较快。

以陕西省为例，当新增加的投资按照 0～40% 的比例增加时，GDP 增长率为 0～29.55%，居民可支配收入的增长率为 0～28.59%，二氧化碳排放的增长率为 0～19.25%，总进口和调入、总出口和调出增长率分别为 0～38.60% 和 0～8.22%，产品的总产出和总供给增长率分别为 0～24.48% 和 0～31.76%。

当投资按照 0～40% 的比例增加时，建筑业增长较快，其次分别是农业、重工业、交通运输业，服务业，增长较慢的部门是煤炭和电力。

在总投资变化的同一情景下，各个部门产品的消费与比基准状态相比增长速度相同；而不同情景下，消费增长速度不同。

西部投资增加，需要进口和从国内其他地区调入商品。当投资按照 0～40% 的比例增加时，交通运输部门进口和调入需求较大，为 0～71%，建筑部门进口和调入需求为0。产品出口和调出数量以不同的速度在增加。其中建筑业出口和调出的增长速度较大，油气出口和调出的增长速度较小。当总投资按照0~40%的比例增加时，两行业出口和调出的增长速度分别为0~41.95%和0~2.02%。西部投资增加，拉动了建筑业的发展。

在总投资变化的基年，总投资变化越大，GDP增长越快。当总投资变由100%变化到140%时，GDP相对于基准情景下的GDP增长率分别从0到29.55%。而后续9个年份，累计增长率分别从178.3%~304.1%。总投资变化，拉动了经济增长，对后续年份也有正面影响，特别是第二年影响较大，随后快速减弱。

在总投资变化的基年，总投资变化越大，二氧化碳排放增加越快。当总投资由100%变化到140%时，二氧化碳排放相对于基准情景下的排放增长率分别从0~19.3%。而后续9个年份，累计增长率分别从28.3%~101.7%。总投资变化，拉动了经济增长，也增加了二氧化碳排放，不过，二氧化碳排放增长速度低于GDP的增长速度。对后续年份二氧化碳排放也有影响，特别是第二年影响较大，二氧化碳排放显著增加，随后以逐渐降低的速度增长。

参 考 文 献

中文部分

北京理工大学能源与环境政策研究中心，2017 年国际原油价格分析与趋势
预测［R］.能源经济预测与展望研究报告，CEEP – BIT – 2017 – 002，
2017.

毕清华，范英，等.基于 CDECGE 模型的中国能源需求情景分析［J］.中
国人口资源与环境，2013，23（1）：41 – 48.

曹静.走低碳发展之路：中国碳税政策的设计及 CGE 模型分析［J］.金融
研究，2009（12）：19 – 29.

曹骏飞.国际油价波动对中国经济的影响研究［J］.时代金融，2014
（7）：23 – 24.

陈虹，杨成玉.“一带一路”国家战略的国际经济效应研究——基于 CGE
模型的分析［J］.国际贸易问题，2015，394（10）：4 – 13.

陈洪宛，张磊.我国当前实行碳税促进温室气体减排的可行性思考［J］.
财经论坛，2009（1）：35 – 40.

陈凯杰.当前国际油价变化趋势及其影响［J］.经济与贸易，2015（3）：
14 – 15.

陈伟.日本新能源产业发展及其与中国的比较［J］.中国人口资源与环
境，2010（6）：103 – 111.

程海芳，张子刚，黄卫来.基于社会核算矩阵的高新技术产业政策分析的
CGE 模型研究［J］.武汉理工大学学报（交通科学与工程版），2003
（3）：333 – 336.

程娜.发展绿色经济背景下的中日能源与环境合作［J］.求实学刊，2017，
1（44）：68 – 76.

戴彦德，吴凡.基于低碳转型的宏观经济情景模拟与减排策略［J］.北京
理工大学学报（社会科学版），2017（2）：1 – 8.

党玮.社会核算矩阵的数据平衡技术：交叉熵方法及其实现［J］.统计与

决策, 2009 (19): 24 – 25.

定军. "十三五"能源结构将调整可再生能源大幅提升 [J]. 化工管理, 2014 (12): 48 – 49.

董婉璐, 杨军, 等. 中国对非洲国家减让进口关税的经济影响分析——基于全球均衡模型视角的分析 [J]. 国际贸易问题, 2014 (8): 68 – 78.

段志刚, 冯珊, 岳超源. 基于 CGE 模型的所得税改革效应分析——以广东为例 [J]. 系统工程学报, 2005 (2): 185 – 193.

樊明太, 郑玉歆, 齐舒畅, 陈杰. 中国贸易自由化及其对粮食安全的影响——一个基于中国农业 CGE 模型的应用分析 [J]. 农业经济问题, 2005 (S1): 3 – 13.

樊星, 马树才, 朱连洲. 中国碳减排政策的模拟分析——基于中国能源 CGE 模型的研究 [J]. 生态经济, 2013 (9): 50 – 54.

范前进, 孙培源, 唐元虎. 公共基础设施投资对区域经济影响的一般均衡分析 [J]. 世界经济, 2004 (5): 58 – 62.

冯珊. 中国经济可计算一般均衡模型 C – CGE [J]. 华中理工大学学报, 1989 (3): 1 – 10.

冯之浚. 关于推行低碳经济促进科学发展的若干思考 [N]. 光明日报, 2009 年 4 月 21 日.

高鹏飞, 陈文颖. 碳税与碳排放 [J]. 清华大学学报 (自然科学版), 2002 (10): 1335 – 1338.

高颖, 李善同. 基于 CGE 模型对中国基础设施建设的减贫效应分析 [J]. 数量经济技术经济研究, 2006 (6): 14 – 24.

高颖, 李善同. 征收能源消费税对社会经济与能源环境的影响分析 [J]. 中国人口资源与环境, 2009 (2): 30 – 35.

龚益. 关于可计算一般均衡模型的几个问题 [J]. 数量经济技术经济研究, 1997 (8): 21 – 29.

国家发改委. 关于进一步完善成品油价格形成机制有关问题的通知 (发改价格〔2016〕64 号) [Z]. 2016 年 1 月 13 日.

国家发展和改革委员会能源研究所, 国际能源协会. 中国风电发展路线图 2050 [R]. 2014.

国家能源局. 风电发展"十三五"规划 [Z]. 2016 年 11 月.

郭正权, 刘海滨, 牛东晓. 基于 CGE 模型的我国碳税政策对能源与二氧化碳排放影响的模拟分析 [J]. 煤炭工程, 2012 (1): 138 – 140.

何建坤，陈文颖，等．应对气候变化研究模型与方法学［C］．北京：科学出版社，2015.

何建武，李善同．二氧化碳减排与区域经济发展［J］．管理评论，2010（6）：9－16.

何晓群，魏涛远．世界石油价格上涨对我国经济的影响［J］．经济理论与经济管理，2002（4）：11－15.

贺菊煌，沈可挺，徐嵩龄．碳税与二氧化碳减排的 CGE 模型［J］．数量经济技术经济研究，2002（10）：39－47.

霍利斯·钱纳里，等．工业化和经济增长的比较研究［M］．三联书店，上海人民出版社，2015.

侯宇鹏，段志刚，鞠晓峰．北京奥运经济 CGE 模型的数据构建——社会核算矩阵［J］．哈尔滨工业大学学报（社会科学版），2008（5）：73－78.

胡秀莲，姜克隽，等．中国温室气体减排技术选择及对策评价［M］．北京：中国环境科学出版社，2001.

胡宗义，刘亦文．统一内外资企业所得税率的动态 CGE 研究［J］．数量经济技术经济研究，2008（12）：124－138.

胡宗义，刘静，刘亦文．不同税收返还机制下碳税征收的一般均衡分析［J］．中国软科学，2011（9）：55－64.

姜春海，王敏，田露露．基于 CGE 模型的煤电能源输送结构调整的补贴方案设计——以山西省为例［J］．中国工业经济，2014（8）：31－43.

姜克隽，胡秀莲，庄幸，等．中国 2050 年的能源需求与 CO_2 排放情景［J］．气候变化研究进展，2008，4（5）：296－302.

姜林．环境政策的综合影响评价模型系统及应用［J］．环境科学，2006，5（27）：1035－1040.

金成晓，马颖奇．日资出逃对中国制造业的影响——基于可计算一般均衡模型 CGE 的模拟分析［J］．东北亚论坛，2007（4）：113－116.

金乐琴，刘瑞．低碳经济与中国经济发展模式转型［J］．经济问题探索，2009（1）：84－87.

金艳鸣，雷鸣．环境税收对区域经济环境影响的差异性分析［J］．经济科学，2007（3）：104－112.

景峰．"十二五"西部大开发基础设施建设回顾、评价与建议［J］．中国工程咨询，2014（7）：35－38.

橘川武郎. 中日能源合作的可能性 [J]. 东北亚学刊, 2014 (3): 23 - 27.

李洪心. 人口经济动力学与 CGE 模型仿真 [J]. 信息与控制, 2004 (2): 236 - 240.

李丽, 陈迅, 汪德辉. 我国产业结构变动趋势预测: 基于动态 CGE 模型的实证研究 [J]. 经济科学, 2009 (1): 5 - 16.

李丽. 国际油价波动对我国经济影响研究——基于不完全竞争假设下的一般均衡分析 [J]. 深圳信息职业技术学院学报, 2013 (3): 71 - 76.

李继峰, 张亚雄. 基于 CGE 模型定量分析国际贸易绿色壁垒对我国经济的影响——以发达国家对我国出口品征收碳关税为例 [J]. 国际贸易问题, 2012 (5): 105 - 118.

李娜, 石敏俊, 王飞. 区域差异和区域联系对中国区域政策效果的作用: 基于中国八区域 CGE 模型 [J]. 系统工程理论与实践, 2009 (10): 35 - 44.

李娜, 石敏俊, 袁永娜. 低碳经济政策对区域发展格局演进的影响——基于动态多区域 CGE 模型 [J]. 地理学报, 2010 (12): 1569 - 1580.

李善同, 段志刚, 胡枫. 政策建模技术——CGE 模型的理论与实现 [M]. 北京: 清华大学出版社, 2009.

李善同, 何建武. 中国可计算一般均衡模型及其应用 [M]. 北京: 经济科学出版社, 2010.

李田田, 高志远. 能源价格上涨对居民消费的影响——基于 CGE 模型 [J]. 企业经济, 2016 (2): 184 - 188.

李雪松. 一个中国经济多部门动态的 CGE 模型 [J]. 数量经济技术经济研究, 2000 (12): 49 - 53.

梁伟. 基于 CGE 模型的环境税 "双重红利" 研究——山东省为例 [D]. 天津: 天津大学, 2013.

林伯强, 牟敦国. 能源价格对宏观经济的影响——基于可计算一般均衡 (CGE) 的分析 [J]. 经济研究, 2008 (11): 88 - 100.

林鑫, 安毅, 王小宁. 国际原油价格变动对我国宏观经济的影响——基于行业层面可计算一般均衡模型的研究 [J]. 价格理论与实践, 2012 (8): 48 - 49.

刘多多. 碳税政策对内蒙古经济与环境的影响分析 [D]. 内蒙古: 内蒙古工业大学, 2013.

刘洪涛, 郭菊娥, 席西民, 郭广涛. 基于陕西投资效应分析的西部能源开发策略研究［J］. 科技进步与对策, 2009（15）: 41 - 44.

刘珊珊. 碳税政策对北京经济环境能源系统的影响研究［D］. 河北: 华北电力大学, 2014.

刘小敏, 付加锋. 基于 CGE 模型的 2020 年中国碳排放强度目标分析［J］. 资源科学, 2011（4）: 634 - 639.

刘亦文, 胡宗义. 能源技术变动对中国经济和能源环境的影响——基于一个动态可计算一般均衡模型的分析［J］. 中国软科学, 2014（4）: 43 - 57.

刘宇, 肖宏伟, 吕郢康. 多种税收返还模式下碳税对中国的经济影响——基于动态 CGE 模型［J］. 财经研究, 2015, 41（1）: 35 - 48.

刘忠, 牛文涛, 廖冰玲. 我国"西部大开发战略"研究综述及反思［J］. 经济学动态, 2012（6）: 77 - 84.

娄峰. 碳税征收对我国宏观经济及碳减排影响的模拟研究［J］. 数量经济技术经济研究, 2014（10）: 84 - 96.

芦琳娜, 等. 国际石油价格波动对经济的影响: 研究综述和本土化拓展［J］. 资源与产业, 2011（4）: 153 - 159.

卢延杰. 碳税, 看上去很美［J］. 中国石油石化, 2009（10）: 46 - 47.

鲁传一. 经济模型 TECGE 的初步研究［R］. 清华大学博士后研究报告, 2002.

鲁传一, 刘智. 国际油价高位运行对我国社会经济发展的影响和对策［J］. 能源政策研究, 2006（2）: 35 - 41.

罗平. 国际石油价格变动对中国经济的影响研究——基于 CGE 模型的分析［J］. 经济问题探索, 2015（2）: 31 - 34.

马晓哲, 王铮, 唐钦能, 等. 全球实施碳税政策对碳减排及世界经济的影响评估［J］. 气气候变化研究进展, 2016, 12（3）: 217 - 229.

马颖奇. 北京市 CGE 模型的构建及应用［D］. 吉林大学, 2007.

孟猛, 郑昭阳. TPP 与 RCEP 贸易自由化经济效果的可计算一般均衡分析［J］. 国际经贸探索, 2015（4）: 67 - 75.

庞军, 傅莎. 环境经济一般均衡分析——模型、方法及应用［M］. 北京: 经济科学出版社, 2007.

庞军, 邹骥, 等. 应用 CGE 模型分析中国征收燃油税的经济影响［J］. 经济问题探索, 2008（11）: 69 - 73.

彭曦, 陈仲常. 西部大开发政策效应评价［J］. 中国人口·资源与环境, 2016, 26（3）: 136 - 144.

朴英爱. 论低碳视角下的中日韩环保合作 [J]. 学习与探索，2010 (4)：148 - 151.

沈可挺，李钢. 碳关税对中国工业品出口的影响——基于可计算一般均衡模型的评估 [J]. 财贸经济，2010 (1)：75 - 84.

时佳瑞，蔡海琳，汤铃，余乐安. 基于 CGE 模型的碳交易机制对我国经济环境影响研究 [J]. 中国管理科学，2015 (23)：801 - 805.

苏明，傅志华，许文，等. 我国开征碳税的效果预测和影响评价 [J]. 环境经济，2009 (9)：1 - 5.

宋春子. 低碳视角下的中日气候合作的现状与未来发展 [J]. 日本研究，2013 (3)：24 - 29.

宋建新. 基于 CHINA3E 模型的中国能源需求与碳减排问题分析 [D]. 中国矿业大学（北京）博士学位论文，2016.

谭秀杰，刘宇，王毅. 湖北碳交易试点的经济环境影响研究——基于中国多区域一般均衡模型 $TermCO_2$ [J]. 武汉大学学报（哲学社会科学版），2016，69 (2)：64 - 72.

涂涛涛，马强. 农产品贸易自由化的福利效应分析——基于中国劳动力市场分割视角 [J]. 国际经贸探索，2014 (9)：4 - 12.

王灿，陈吉宁，邹骥. 基于 CGE 模型的 CO_2 减排对中国经济的影响 [J]. 清华大学学报（自然科学版），2005 (12)：1621 - 1624.

王德发. 能源税征收的劳动替代效应实证研究——基于上海市 2002 年大气污染的 CGE 模型的试算 [J]. 财经研究，2006 (2)：98 - 105.

王飞，郭颂宏，江崎光男. 中国区域经济发展与劳动力流动——使用区域连接 CGE 模型的数量分析 [J]. 经济学（季刊），2006 (3)：1067 - 1090.

王浩. 中日韩新能源开发与技术合作机制设计 [J]. 现代日本经济，2013 (4)：43 - 49.

王金南，严刚，姜克隽，等. 应对气候变化的中国碳税政策研究 [J]. 中国环境科学，2009，29 (1)：101 - 105.

王韬，叶文奇. 电力和天然气补贴对经济及产业结构的影响——基于 CGE 建模的分析 [J]. 系统工程，2014 (9)：61 - 67.

王文利. 试论基础设施投资对促进区域经济增长的作用——以甘、宁、青、藏、新五省区为例 [J]. 甘肃社会科学，2012 (6)：99 - 103.

王昳玢. 基础设施对西部地区全要素生产率影响的计量分析 [J]. 中国管理信息化，2014 (17)：88 - 90.

汪昊，娄峰．中国间接税归宿：作用机制与税负测算 ［J］．世界经济，
　　2017（9）：123 – 146.

汪鹏，戴瀚程，赵黛青．基于 GD_CGE 模型的广东省碳排放权交易政策评
　　估 ［J］．环境科学学报，2014.34（11）：2925 – 2931.

汪忠杰．低碳经济视角下的我国清洁能源产业发展路径设计 ［J］．改革与
　　战略，2015（12）：138 – 141.

魏传江，王浩．GAMS 用户指南 ［M］．北京：中国水利水电出版社，2009.

魏涛远，格罗姆斯洛德．征收碳税对中国经济与温室气体排放的影响 ［J］.
　　世界经济与政治，2002（8）：47 – 49.

魏巍贤．人民币升值的宏观经济影响评价 ［J］．经济研究，2006（4）：47 –
　　57.

魏巍贤．基于 CGE 模型的中国能源环境政策分析 ［J］．统计研究.2009，
　　7（26）：3 – 13.

魏巍贤，等．国际油价波动对中国经济影响的一般均衡分析 ［J］．统计研
　　究，2014（8）：46 – 51.

魏巍贤，马喜立．人民币汇率双向波动对中国及世界经济的影响——基于
　　单一国家和多国的动态 CGE 模型 ［J］．财经研究，2017，43，422
　　（1）：98 – 109.

魏一鸣，廖华．中国能源报告（2010）能源效率 ［R］．北京：科学出版
　　社，2009.

吴静，王铮，吴兵．石油价格上涨对中国经济的冲击——可计算一般均衡
　　模型分析 ［J］．中国农业大学学报（社会科学版），2005（2）：69 –
　　75.

夏军，黄浩．海河流域水污染及水资源短缺对经济发展的影响 ［J］，资源
　　科学，2006（2）：2 – 7.

夏元．"低碳经济"将成中日经贸合作新领域 ［N］．重庆日报/2010 年 4
　　月 29 日/第 A06 版.

全球风能理事会（GWEC）．全球风电报告—2016 年度市场报告 ［R］.2017.

许士春，张文文．不同返还情景下碳税对中国经济影响及减排效果——基
　　于动态 CGE 的模拟分析 ［J］．中国人口资源与环境，2016，26
　　（12）：46 – 53.

许士春，张文文，戴利俊．基于 CGE 模型的碳税政策对碳排放及居民福
　　利的影响分析 ［J］．工业技术经济，2016，35（5）：52 – 59.

徐滇庆．可计算一般均衡模型（CCE）及其新发展 ［C］//汤敏，茅予轼.

现代经济学前沿专题（第二集）.北京：商务印书馆，1993，109.

宣晓伟.用 CGE 模型分析征收硫税对中国经济的影响 ［D］，北京大学博士学位论文，2003.

姚洁.我国工业行业碳税政策效应及最优税率研究——基于 CGE 模型 ［D］.华侨大学硕士学位论文，2016.

姚云飞，梁巧梅，魏一鸣.国际能源价格波动对中国边际减排成本的影响：基于 CEEPA 模型的分析 ［J］.中国软科学，2012（2）：156 - 165.

杨超，王峰.征收碳税对二氧化碳减排及宏观经济的影响分析 ［J］.统计研究，2011（7）：45 - 54.

杨宏伟，崔成.应用 CGE 模型分析中国电力部门气代煤的环境与社会效益 ［J］.能源与环境，2006（1）：10 - 14.

杨元伟，焦瑞进.税收政策分析模型——一般均衡理论在税收政策数量分析中的应用 ［J］.税务研究，2000（5）：14 - 23.

袁永娜，石敏俊，李娜，等.碳排放许可的强度分配标准与中国区域经济协调发展——基于 30 省区 CGE 模型的分析 ［J］.气候变化研究进展，2012（1）：60 - 67.

查笑梅.中日韩新能源合作探析 ［J］.价格月刊，2012（8）：83 - 85.

赵旭梅.中日合作发展低碳经济的双赢效果分析 ［J］.世界经济研究，2011（1）：82 - 87.

曾令秋.基于 CGE 模型的国际油价变动对中国经济的影响研究 ［D］.北京：清华大学硕士学位论文，2006.

翟凡，李善同，王直.关税减让、国内税替代及其收入分配效应 ［J］.经济研究，1996（12）：41 - 50.

翟凡，李善同.一个中国经济的可计算一般均衡模型 ［J］.数量经济技术经济研究，1997（3）：38 - 44.

翟凡，李善同.结构变化与污染排放——前景及政策影响分析 ［J］.数量经济技术经济研究，1998（8）：8 - 14.

张军令，魏巍贤.国际油价和人民币汇率波动对中国经济的影响——基于全球动态一般均衡分析 ［J］.中国人口资源与环境，2017（5）：303 - 307.

张为付，李逢春，胡雅蓓.中国二氧化碳排放的省际转移与减排责任度量研究 ［J］.中国工业经济，2014（3）：57 - 69.

张晓娣，刘学悦.征收碳税和发展可再生能源研究——基于 OLG - CGE 模型的增长及福利效应分析 [J]. 中国工业经济, 2015 (3): 18 - 30.

张兴平, 朱锦晨, 徐岸柳, 等. 基于 CGE 碳税政策对北京社会经济系统的影响分析 [J]. 生态学报, 2015, 35 (20): 6798 - 6805.

张友国. 碳强度与总量约束的绩效比较: 基于 CGE 模型的分析 [J]. 世界经济, 2013 (7): 138 - 159.

郑玉歆, 樊明太, 等. 中国 CGE 模型及政策分析 [M]. 北京: 社会科学文献出版社, 1999.

中国可再生能源学会风能专业委员会 (CWEA). 2016 年中国风电装机容量统计 [J]. 风能, 2017 (2): 32 - 43.

中国气候变化国别研究组. 中国气候变化国别研究 [R]. 北京: 清华大学出版社, 2000.

宗刚, 夏可. 西部基础设施投资与区域经济增长 [J]. 江汉论坛, 2014 (5): 12 - 16.

周晟吕, 石敏俊, 李娜, 等. 碳税政策的减排效果与经济影响 [J]. 气候变化研究进展, 2011, 7 (3): 210 - 216.

周大地. 中国能源状况和新能源产业发展方向与亮点 [J]. 中国经贸导刊. 2017 (1): 39 - 40.

周建军, 王韬. 流转税制与所得税制的比较研究——中国税收 CGE 模型的应用 [J]. 当代经济科学, 2001 (2): 52 - 59.

周建军, 王韬. CGE 模型的方程类型选择及其构建 [J]. 决策借鉴, 2002 (5): 69 - 74.

周建军, 王韬. 社会核算矩阵平衡与更新的 Cross - Entropy 方法研究 [J]. 管理评论, 2003, 7 (15): 20 - 26.

周焯华, 张宗益. 中国经济的可计算一般均衡模型框架及分析 [J]. 重庆大学学报 (自然科学版), 2000 (4): 110 - 114.

周焯华. 社会核算矩阵的建立和平衡—交互熵方法 [J]. 数学的实践与认识, 2004, 34 (12): 100 - 107.

朱孟楠, 郭小燕. 中国国际资本流动的经济增长效应分析——基于 CGE 方法 [J]. 深圳大学学报 (人文社会科学版), 2005 (3): 55 - 59.

朱艳鑫, 王铮. 地区间一般性转移支付对要素流动、社会福利的影响 [C]. 资源环境与区域发展中的计算问题研讨会论文集, 2006 (3): 28.

朱永彬, 刘晓, 王铮. 碳税政策的减排效果及其对我国经济的影响分析 [J]. 中国软科学, 2010 (4): 1 - 9.

外文部分

Aaron Lusby. The Effect of Increased Investment in Transportation Infrastructure on Oklahoma's Economic Development [D]. Dissertation of Ph. D. , Agricultural Economics, Oklahoma State University, 2003.

Aasness J. , Bye T, Mysen H. T. Welfare effects of emissions taxes in Norway [J]. Energy economics, 1996, 18 (4): 335 – 346.

Abler, D. , Rodrigues, A. , Shortle, J. Parameter uncertainty in CGE modeling of the environmental impacts of economic policies [J]. Environmental and Resource Economics, 1999, 14 (2): 75 – 94.

Adam, C. and D. Bevan. Aid and the Supply Side: Public Investment, Export Performance and Dutch Disease in Low Income Countries [R]. World Bank Economic Review, 2006, 20 (2): 261 – 290.

Adriana M. Ignaciuk, Rob B. Dellink. Biomass and multi-product crops for agricultural and energy production—an AGE analysis [J]. Energy Economics, 2006 (28): 308 – 325.

Anan Wattanakuljarus. The Nationwide Economic and Environmental Impacts of Tourism: A Computable General Equilibrium Approach for Thailand [R]. EEPSEA Special and Technical Paper tp200607t1, Economy and Environment Program for Southeast Asia (EEPSEA), 2006.

Antonio Estache, Jean – Franco, Perrault and Luc Savard. Impact of infrastructure spending in Mali: a CGE modeling approach [R]. 2007, 24, Working Paper by Groupe de Recherche en économie et Dévelopement International Cahier de recherché.

Arndt, C. , Robinson, S. , Tarp, F. An introduction to systematic sensitivity analysis via Gaussian quadrature. GTAP [R]. Technical Paper No. 2, Center for Global Trade Analysis, Purdue University, 1996.

Arndt C. , K. R. Pearson. How to Carry Out Systematic Sensitivity Analysis via Gaussian Quadrature and GEMPACK [R]. GTAP Technical Paper No. 3, Center for Global Trade Analysis, Purdue University, 1996.

Armington, P. A Theory of Demand for Products Distinguished by Place of Production [J]. IMF Staff Papers, 1969 (16): 159 – 78.

Arrow K. J. , Debreu G. Existence of an equilibrium for a competitive economy [J]. Econometrica, 1954, 22 (3): 265 – 290.

Bergman, L. Energy and Environmental Constraints on Growth: A CGE Modeling Approach [J]. Journal of Policy Modeling, 1990, 12 (4): 671 – 691.

Bettina Kretschmer, Sonja Peterson. Integrating bioenergy into computable general equilibrium models—A survey [J]. Energy Economics, 2010 (32): 673 – 686.

Bollen, J. , A. Gielen and H. Timmer. Clubs, Ceilings and CDM; Macroeconomics of Compliance with the Kyoto Protocol [J]. The Energy Journal, Special Issue; The Costs of the Kyoto Protocol; A Multi – Model Evaluation, 1999.

Bohringer, Christoph & Boeters, Stefan & Feil, Michael, Taxation and unemployment; an applied general equilibrium approach [J]. Economic Modelling, 2005, 22 (1): 81 – 108.

Bureau B. Distributional effects of a carbon tax on car fuels in France [J]. Energy economics, 2011, 33 (1): 121 – 130.

Burniaux J M, Nicolett G, Oliveira – Martins J. GREEN; A global model for quantifying the cost of policies to curb CO_2 emissions [J]. OECD Economic Studies, 1992 (19): 49 – 90.

Byron, R. The Estimation of Large Social Accounting Matrices [J]. Journal of the Royal Statistical Society, Series A, 1978, 141 (3): 359 – 367.

Cao J, Ho M S, Jorgenson D W. China clear skies; The impact of market instruments for environmental policy in China [R]. CCICED Research Report, 2005, Beijing, China.

Chuanyi Lu, Qing Tong, Xuemei Liu. The impacts of carbon tax and complementary policies on Chinese economy [J]. Energy Policy, 2010, 38 (11): 7278 – 7285.

Chuanyi Lu. Effects of investment growth in energy sectors of western areas on local economy and emissions: Case of Shaanxi Province of China based on a CGE model [J]. International Journal of Energy Sector Management, 2009, 3 (1): 29 – 49.

Chuanyi Lu, Xiliang Zhang, Jiankun He. A CGE analysis to study the impacts of energy investment on economic growth and carbon dioxide emission; A case of Shaanxi Province in western China [J]. Energy, 2010, 35 (11): 4319 – 4327.

Chun – Yuan Ye, Jie – Min Lee, and Sheng – Hong Chen. Economic gains and health benefits from a new cigarette tax scheme in Taiwan; a simulation using the CGE model [J]. BMC Public Health, 2006 (6): 1 –9.

d'Artis Kancs & Hans Kremers. Assessing Impacts of Alternative Renewable Energy Strategies [R]. EERI Research Paper Series EERI_RP_2002_03, Economics and Econometrics Research Institute (EERI), Brussels, 2002.

d'Artis Kancs, Norbert Wohlgemuth. Evaluation of renewable energy policies in an integrated economic-energy-environment model [J]. Forest Policy and Economics, 2008 (10): 128 – 139.

Dale W. Jorgenson, Peter J. Wilcoxen. The Economic Impact of the Clean Air Act Amendments of 1990 [J]. The Energy Journal, International Association for Energy Economics, 1993 (1): 159 –182.

Decaluwe, M. and Monette. Macroclosures in open economy CGE models; A numerical reappraisal [J]. International Journal of development planning literature, 1988 (3): 69 –90.

Dervis, K., J. de Melo, and Sherman Robinson. General Equilibrium Models for Development Policy [M]. Cambridge, Cambridge University Press, 1982.

Diao, Xinshen, Fan, Shenggen and Zhang, Xiaobo. How China's WTO Accession Affects Rural Economy in the Less-developed Regions; a Multi-region General Equilibrium Analysis [R]. TMD Discussion Paper, No. 87, 2002.

Dixon P. B., Parmenter B. R., Sutton J. and Vincent D. P.. ORANI: A Multi-sectoral Model of the Austrilian Economy [M]. Amsterdam; North – Holland, 1982.

G. R. Timilsina. Oil prices and the global economy; A general equilibrium analysis [J]. Energy Economics, 2015 (49): 669 –675.

Garbaccio R F, Ho M S, Jorgenson D W. Controlling carbon emissions in China [J]. Environment and Development Economics, 1999, 4 (4): 493 –518.

Goulder L H. Effects of Carbon Taxes in an Economy with Prior Tax distortions; An Intertemporal General Equilibrium Analysis [J]. Journal of Environmental Economics and Management, 1995, 29 (3): 271 –297.

Grant Allana, Patrizio Leccaa, Peter McGregora, Kim Swalesa. The Economic and Environmental Impact of A Carbon Tax forScotland; A Computable

General Equilibrium Analysis [J]. Ecological Economics, 2014 (100): 40 – 50.

Hancheng Dai, Xuxuan Xie, etc. Green growth; The economic impacts of large-scale renewable energy development in China [J]. Applied Energy, 2016 (162): 435 – 449.

Hans Lofgren, Rebecca Lee Harris, Sherman Robinson. A standard computable general equilibrium (CGE) model in GAMS [R]. Micro computers in policy research 5, International Food Policy Research Institute, 2002.

Harberger A. The Incidence of the Corporation Income Tax [J]. Journal of Political Economy, 1962 (70): 215 – 240.

Hatano, T., Okuda, T. Water Resource Allocation In the Yellow River Basin, China Applying A CGE Model [C]. In Proceedings of the Intermediate Input – Output Conference, Sendai, Japan, 26 – 28 July 2006.

Harrison W. J. and K. R. Pearson. Computing Solutions for Large General Equilibrium Models Using GEMPACK [J]. Computational Economics, 1996 (9): 83 – 127.

Harrison W., Jones R., Kimbell L., Wigle J. How robust is applied general equilibrium analysis? [J]. Journal of Policy Modeling, 1993, 15 (1): 99 – 115.

Jian Xie and Sidney Saltzman. Environmental Policy Analysis; An Environmental Computable General Equilibrium Approach for Developing Countries [J]. Journal of Policy Modeling, 2000 (22): 453 – 489.

Johansen, L. A Multi – Sectoral Study of Economic Growth [M]. North – Holland, Amsterdam, 1960.

Jong – Wha Lee. Globalization and disease; The case of SARS [J]. Asian Economic Papers, 2004, 3 (1): 113 – 131.

Jorgenson, D. W. Growth. Volume 1; Econometric General Equilibrium Modeling [C]. Cambridge; The MIT Press, 1998.

Jorgenson, D. W. Growth. Volume 2; Energy, the Environment and Economic Growth [C]. Cambridge; The MIT Press, 1998.

Jung, Hong – Sang & Thorbecke, Erik, The impact of public education expenditure on human capital, growth, and poverty in Tanzania and Zambia; a general equilibrium approach [J]. Journal of Policy Modeling, 2003, 25 (8): 701 – 725.

K. Doroodian, Roy Boyd. The linkage between oil price shocks and economic growth with inflation in the presence of technological advances; a CGE model [J]. Energy Policy, 2003 (31): 989 – 1006.

Kessides C. The contributions of infrastructure to economic development; a review of experience and policy implications [R]. World Bank Discussion Papers No. 213, 1993.

Kevin H. O'Rourke, War and Welfare; Britain, France and the United States 1807 – 14 [R]. The Institute for International Integration Studies Discussion Paper Series iiisdp119, IIIS, 2006.

Koike. A, L. Tavasszy and K. Sato. Spatial Computable General Equilibrium model "RAEM – Light" for Highway Network Projects in Japan [C]. Proceedings for Presentation of 88th Annual Meeting of Transportation Research Board, DVD, 2008.

Koike. and K. Sato. Spatial Economic analysis on the tourism industry by development of transport network-an approach based on the estimation of value added on tourism industry by municipalities at tottori and hyog region – [J]. Journal of Infrastructure Planning and Management, 2012, 291 – 349. (in Japanese)

Leontief Wassily. Quantitative Input and Output relations in the Economic System of the United States [J]. The Review of Economic Statistics, 1936, 18 (3): 105 – 125.

Liang Q M, Fan Y, Wei Y M. Carbon taxation policy in China; How to protect energy-and trade-intensive sectors [J]. Journal of Policy Modeling, 2007, 29 (2): 311 – 333.

LU Chuanyi. The impacts of energy technology cooperation among North – East Asia Countries on low carbon development of China; base on CGE analysis [C]. 2009 Northeast Asia Petroleum Economy Forum, Tokyo, Japan, Oct. 26 – 27, 2009.

Miyagi, T., Economic appraisal for multiregional impacts by a large scale expressway project; a spatial computable general equilibrium approach [R]. Tinbergen Institute, The Netherlands, Discussion Paper 2001 – 066/3, Amsterdam, 2001.

Nestor, Deborah Vaughn & Pasurka Jr, Carl A. CGE model of pollution abatement processes for assessing the economic effects of environmental policy

[J]. Economic Modelling, 1995, 12 (1) 53 –59.

Norman V. D. and J. Haaland. VEMOD—a Ricardo – Viner – Heckscher – Ohlin – Jones Model of Factor – Price Determination [J]. Scandinavian Journal of Economics, 1987, 89 (3): 251 –70.

O'Ryana R, Miguel C. J. D, Miller S. , et al. Computable general equilibrium model analysis of economy wide cross effects of social and environmental policies in Chile [J]. Ecological economics, 2005, 54 (4): 447 –472.

Orlovd A. , Grethe H. , Mcdonald S. Carbon taxation in Russia; prospects for a double dividend and improved energy efficiency [J]. Energy economics, 2013, 37 (1): 128 – 140.

Pagan, R. Shannon, H. Sensitivity analysis for linearized computable general equilibrium models. In Piggot and Whalley, eds. , New Developments in Applied General Equilibrium Analysis [C]. Cambridge; Cambridge University Press, 1985.

Pyatt, G. , Commodity Balances and National Accounts; A SAM Perspective [J]. Review of Income and Wealth, 1985, 31 (2): 155 – 169.

Pyatt, G. , A SAM Approach to Modeling [J]. Journal of Policy Modeling, 1988, 10 (3): 327 –352.

Qi T. , Winchester N. , Karplus V. J. , et al. An analysis of China's climate policy using the China-in – Global Energy Model [J]. Economic modelling, 2016 (52): 650 –660.

Qiao – Mei Liang, Yi – Ming Wei. 2012. Distributional impacts of taxing carbon in China; Results from the CEEPA model [J]. Applied Energy, 2012 (92): 545 –551.

Robinson S. Pollution, Market Failure, and Optimal Policy in an Economy-wide Framework [R]. Working Paper no. 559, Department of Agricultural and Resource Economics. Berkeley; University of California, 1990.

Robinson S. , Burfisher M. E. , Hinojosa – Ojeda R. , Thierfelder K. E. Agricultural Policies and Migration in a US – Mexico Free Trade Area; A Computable General Equilibrium Analysis [J]. Journal of Policy Modeling, 1993 (15): 673 –702.

Scarf H. E. On the Computation of Equilibrium Prices, in Feliner, W. J. (ed), Ten Economic Studies in the Tradition of Irving Fisher [C]. New York; John Wiley & Sons, 1967.

Sen, A. Neo-classical and Neo – Keynesian theories of distribution [J]. Economic Record, 1963 (85): 53 – 64.

Sherman Robinson, Antonio Yunez – Naude, etc. From stylized to applied models; Building multi-sector CGE models for policy analysis [J]. North American Journal of Economics and Finance, 1999 (10): 5 – 38.

Shoven J. B. and J. Whalley. Applied General Equilibrium Models of Taxation and Trade; An Introduction and Survey [J]. Journal of Economics Literature, 1984 (22): 1007 – 51.

Shi M, Li N, Zhou S. et al. Can China realize CO_2 mitigation target toward 2020 [J]. Journal of Resource and Ecology, 2010, 1 (2): 145 – 154.

Silvia Calderóna, Andrés Camilo Alvareza, etc. Achieving CO_2 Reductions in Colombia; Effects of Carbon Taxes and Abatement Targets [J]. Energy Economics, 2015 (5): 10 – 22.

Thomas W. Hertel. Global Trade Analysis; Modeling and Application [M]. Cambridge University Press, 1996.

Tianyu Qi, Xiliang Zhang, Valerie J. Karplus. The energy and CO_2 emissions impact of renewable energy development in China [J]. Energy Policy, 2014 (68): 60 – 69.

Wang Zhi. China and Taiwan Access to the World Trade Organization; Implications for U. S. Agriculture and Trade [J]. Agricultural Economics, 1997, 17 (4): 239 – 264.

Webster M. , A. Sokolov. Quantifying the Uncertainty in Climate Predictions [R]. MIT Global Change Joint Program Report No. 37, Massachusetts Institute of Technology, Joint Program on the Science and Policy of Global Change, 1998.

Whalley J, Wigle R. Cutting CO_2 Emissions; The Effect of Alternative Policy Approaches [J]. The Energy Journal, 1991, 12 (1): 109 – 124.

Wendne R. R. An applied dynamic general equilibrium model of environmental tax reforms and pension policy [J]. Journal. of policy modeling, 2001, 23 (1): 25 – 50.

Wieck C. , T. I. Wahl. The Modeling of an Open Regional Economy; Effects of Imports and Trade Liberalization [C]. Brussels; International Conference on Regional and Urban Modeling, 2007.

Wissema W. , Dellink R. AGE Analysis of the Impact of a Carbon Energy Tax

on the Irish Economy [J]. Ecological Economics, 2007, 61 (4): 671 –
683.

Wu L, Yin X, Li C, et al. Trade and investment among BRICS; analysis of
impact of tariff reduction and trade facilitation based on dynamic global
CGE model [C]. 16th Annual Conference on Global Economic Analysis,
2013.

Xiliang Zhang, Tianyu Qi, and Valerie J. Karplus. The Energy and CO_2 Emis-
sions Impact of Renewable Energy Development in China [R]. TSINGHUA –
MIT China Energy & Climate Project, Report No. 242, 2013.

Yue Wan, HongWei Yang, et al. Health and economic impacts of air pollution
in china: A comparison of the general equilibrium approach and human
capital approach [J] . Biomedical and Environmental Sciences, 2005
(18): 427 –441,

Zhang D, Rausch S. , Karplus V. , et al. Quantifying regional economical im-
pacts of the CO_2 intensity reduction target allocation in China [R]. Bei-
jing; Tsinghua University, 2012.

Zhang D, Karplus V, Rausch S, et al. Analyzing the regional impact of a fossil
energy cap in China [R]. Cambridge, Massachusetts; MIT Joint Program
on the Science and Policy of Global Change, 2013.

Zhang Zhongxiang. Integrated Economic – Energy – Environment Policy Analysis:
A Case study for the People" s Republic of China [D]. 1996. University of
Groningen. The Netherlands.

Zhang Z X. Macroeconomic effects of CO_2 emission limits; A computable general
equilibrium analysis for China [J]. Journal of Policy Modeling, 1998, 20
(2): 213 –250.

后　记

　　本书是作者近十几年来从事可计算一般均衡（CGE）模型及其在能源和气候变化减排领域的应用研究的部分课题研究成果的总结和提炼，是国家社会科学基金后期资助课题的研究成果。

　　在 CGE 模型的构建和应用研究过程中，作者得到了许多国内外专家、教授和学者的指导和帮助。在模型研究和模拟过程中，得到了清华大学能源环境经济研究所何建坤教授、张阿玲教授、张希良教授；国家发改委能源研究所周大地研究员、姜克隽研究员等专家的指导、评论和建议，在此表示崇高的敬意和衷心的感谢。同时，还得到了德国柏林哈莫柏德特大学（Humboldt – University of Berlin）国际农业贸易和发展部斯科特·莫克丹纳德（Scott McDonald）教授、国际粮食政策研究所汉斯·罗福格仁（Hans Lofgren）教授的帮助，在此表示衷心的感谢。

　　在 CGE 模型应用研究过程中，得到了清华大学核能与新能源技术研究院、清华大学能源环境经济研究所各位老师的支持和帮助，在此深表感谢和敬意。

鲁传一

2018 年 7 月

图书在版编目（CIP）数据

能源环境一般均衡分析/鲁传一著 . —北京：经济
科学出版社，2018.9
ISBN 978 - 7 - 5141 - 9807 - 2

Ⅰ.①能…　Ⅱ.①鲁…　Ⅲ.①能源经济学 - 环境
经济学 - 研究　Ⅳ.①F407.2

中国版本图书馆 CIP 数据核字（2018）第 233674 号

责任编辑：李　雪
责任校对：曹育伟
责任印制：邱　天

能源环境一般均衡分析

鲁传一　著

经济科学出版社出版、发行　新华书店经销

社址：北京市海淀区阜成路甲 28 号　邮编：100142

总编部电话：010 - 88191217　发行部电话：010 - 88191522

网址：www. esp. com. cn

电子邮件：esp@ esp. com. cn

天猫网店：经济科学出版社旗舰店

网址：http://jjkxcbs. tmall. com

固安华明印业有限公司印装

710 × 1000　16 开　17 印张　300000 字

2018 年 12 月第 1 版　2018 年 12 月第 1 次印刷

ISBN 978 - 7 - 5141 - 9807 - 2　定价：60.00 元

（图书出现印装问题，本社负责调换。电话：010 - 88191510）

（版权所有　侵权必究　打击盗版　举报热线：010 - 88191661

QQ：2242791300　营销中心电话：010 - 88191537

电子邮箱：dbts@ esp. com. cn）